企業とNPOの
パートナーシップ・ダイナミクス

馮　晏　著

文眞堂

刊行に寄せて

　著者は本書で企業がNPOとパートナーシップを組んで，協働事業を行うことが今後，日本において増加するであろうという予測のもとに，それを説明するための分析枠組を構築し，それを使用して事例研究を行っている。そこで，本書は，きわめて意欲的な研究であり，とりわけ組織間関係論や戦略的提携などの分野で，新生面を切り拓くものとして期待している。

　東日本大震災（2011年3月11日）によって，日本人だけでなく，世界の人びとは「つながり」や関係性の重要性を認識することになった。そして，企業だけでなく，社会を構築しているさまざまな組織についても，相互に協力しあうパートナーシップや連携（アライアンス）の時代が確実に到来している。

　企業間においてはきびしい競争が行われ，支配や服従の関係が依然として存在しているが，他方でパートナーシップや連携の戦略も展開されている。そして，このパートナーシップや連携には，自立と協調，平等と自由の思想があり，さらにいえば相互作用・相互依存性とそれによって生じる効率性や創造性への信頼があると思われる。現代においても競争の原理は尊重されなければならない。しかし，これと矛盾することになるが，パートナーシップや連携の原理も重要なのである。

　さて，パートナーシップや連携を推進するためには，企業は競争優位，つまり独自の強みをつくるとともに，企業間や他の組織（NPO，行政など）との関係についてもオープンなものにしていかなければならない。この強みがなければ，対等な関係をつくることはできないが，あわせて自社がどのような企業であるかをステークホルダー（利害関係集団）や社会に明らかにする必要がある。そうすることが，パートナーシップや連携を推進するための前提になるし，これが21世紀の企業のひとつのあり方を示している。

本書は，これまで研究成果があまり多くなかった企業とNPOの協働事業に関して，先行研究にもとづきながら，ダイナミックに分析できる枠組の開発に努力している。そして，4社の事例研究を行い，分析枠組の有効性を検証している。ここまでのところで，とりあえず一定の成果をあげることができたと評価している。

　もっとも，今後，増加するであろうこの種の協働事業の事例研究をさらに展開することが大切となる。また，行政がこのようなパートナーシップに加わる動きも現在，みられているので，近い将来，分析枠組の修正や発展を試みることも必要となるであろう。

　著者の馮晏氏は，大学院への進学は遅くなったが，創造的かつ精力的な学徒であり，短期間に本書をまとめている。彼女の今後のご発展を祈念している。本書は，ISS研究会叢書の第5巻となるものであるが，出版事情が厳しき折，文眞堂には今回もお世話になった。前野弘社長，前野隆取締役，編集部の前野眞司氏には心からの感謝を申しあげたい。

　2012（平成24）年12月

ISS研究会代表
関東学院大学教授・横浜市立大学名誉教授
齊藤　毅憲

読者へのメッセージ

　本書は，企業間関係とは異なり，異質性の高い企業とNPOの組織間関係がどのような動機のもとで，どのように形成され，どのような結果をもたらすのか，というダイナミクスを分析することをねらっている。この企業とNPOの組織間関係は，これまでのような企業側からのNPOへの一方的な支援関係ではなく，企業の長期的な投資や経営戦略の一環として，NPOとほぼ対等な立場で協働事業を行うというパートナーシップに変化したものである。

　さて，なぜこのような変化がみられるようになったのであろうか。その背景について簡単にふれたい。1995年の阪神・淡路大震災以来，NPOの存在が日本においても広く認識されるようになり，成長を遂げている。また，社会性に対する消費者の製品の関心や環境意識が高まることによって，企業は生活者の代表であるNPOの活動に熱く注目している。さらに，2011年3月の東日本大震災後に，"絆"を深めることが日本社会全体のひとつのテーマとなった。被災地域を再生するために，個人間の協力関係だけでなく，行政や企業，NPOとの間に多様なパートナーシップが形成されたり，求められている。

　このような社会環境の変化により，本書でいう企業とNPOのパートナーシップが新たに形成され始めた。このようなパートナーシップは近年増えてきており，多様な成果を生み出し，社会に大きな価値を創造するようになっているとはいえ，企業間のそれに比べて，まだ少ないのである。しかしながら，このような組織間関係は今後のトレンドとなり，一層増えていくことが予想されるので，本書ではそれをテーマとして取りあげることにする。

　ところで，多くの議論が重ねられてきた企業間のパートナーシップと異なり，企業とNPOのパートナーシップに関する研究はきわめて少なく，組織

間関係論のフロンティアのひとつであると考える。また，限られた少数の先行研究は，事例の紹介やパートナーシップの類型化，形成プロセスに関するものが中心となっている。

本書はこのような研究分野における新たな挑戦として，冒頭で述べたパートナーシップのダイナミクスに焦点をあてることにし，理論の構築に資することを試みる。そして，パートナーシップのダイナミクスを明らかにするために，具体的には2段階に分けて検討する。

まず，既述のように企業とNPOのパートナーシップに関する既存研究が不十分ななかで，組織間関係論のうちの資源依存論と，戦略的提携論の考え方を援用する。とりわけ，戦略的提携論のなかでも，組織間信頼，組織間学習，提携パフォーマンスに関する議論に着目して，企業とNPOのパートナーシップの動態的分析枠組（Ⅰ）を作り上げる。この枠組はパートナーシップの形成動機から，形成プロセス，そしてそれがもたらす結果であるパフォーマンスといった一連の変化プロセスに重点をおいている。

つぎに，4つの先進的な事例を取り上げて，インタビュー調査を実施し，定性分析を行う。そして，事例の比較考察から得られた新しい知見を分析枠組（Ⅰ）に取り入れることで，精緻化した分析枠組（Ⅱ）を提示する。この枠組（Ⅱ）は組織間信頼，組織間学習，パフォーマンスといった変数間の相互作用に力点をおいており，よりパートナーシップをダイナミックにとらえることができると考える。

つまり，本書は理論と実践を融合することで，プロセスだけでなく，各変数間の相互作用にも着目した企業とNPOのパートナーシップのダイナミクスを解明しようとしている。また，本書は両者の関係に関する新しい理論を探索するものであるが，同時に，企業が主な研究対象となっている既存の組織間関係論や戦略的提携論を援用することで，既存理論が企業とNPOの関係にどの程度適用できるのかについても示唆を与えていると考える。

そして，本書は企業とNPOの両者がパートナーシップに取り組む動機づけとなるとともに，実務家に対して実践的な指針を与えることができるであろう。言い換えれば，企業とNPOのパートナーシップに関する理論研究に

役立ち，協働事業を促進することを願っている。

　本研究は，多くの方々の助力によって成し遂げることができた。とりわけ，貴重な時間をさいていただき，インタビュー調査に応じていただいた企業とNPOの皆様にこの場を借りて，厚く感謝の意を表する。

　また，出版事情がきびしいなかで，貴重な機会を与えてくださった文眞堂社長前野弘氏，ならびに編集部前野眞司氏に感謝し，お礼を申し上げたい。

　なお，本書は公益財団法人横浜学術教育振興財団の平成24年度研究論文刊行費助成を受けている。

　　平成24（2012）年7月

　　　　　　　　　　　　　　　　　　　　　　　　　　馮　　晏

目　次

刊行に寄せて　齊藤毅憲
読者へのメッセージ

序　章　本研究の問題意識，研究の方法と構成 …… 1

第 1 節　本研究の問題意識 …… 1
第 2 節　研究目的と方法 …… 3
第 3 節　本研究の主な構成 …… 4

第 1 章　新たな組織間パートナーシップの登場 …… 7

第 1 節　進展する組織間関係の多様化 …… 7
　1. 組織間関係のコアとしての企業間の関係 …… 7
　2. 組織間関係の拡大と多様性 …… 9
第 2 節　企業とNPOの組織間関係の成立 …… 10
　1. NPOの意味と範囲 …… 11
　2. NPOと企業の相違点 …… 12
　3. 企業とNPOの関係パターン …… 14
第 3 節　企業とNPOによる新たなパートナーシップの形成 …… 16
　1. 企業とNPOのパートナーシップの出現 …… 16
　2. 日本におけるパートナーシップの現状 …… 17
　3. パートナーシップの事例 …… 19

第2章　企業とNPOのパートナーシップに関する先行研究 ── 23

第1節　パートナーシップと関連する概念 ── 23
  1. パートナーシップの意味 ── 23
  2. 類似概念との関係 ── 24

第2節　パートナーシップの類型化に関する見解 ── 26
  1. オースチンによる「発展連続体」の主張 ── 26
  2. 谷本寛治の「活動内容」による類型 ── 28
  3. 岩田若子の戦略的社会貢献活動をめぐる分類 ── 28

第3節　パートナーシップの形成プロセスに関する研究 ── 30
  1. セタニディ＝クレインのミクロプロセス・モデル ── 30
  2. ロンドン＝ロンディネリ＝オニールによる形成ステージ ── 33

第4節　その他の視点からの考察 ── 37
  1. アブザグ＝ウェブのステークホルダー・パースペクティブにもとづく研究 ── 37
  2. 横山恵子の総合的な視点にもとづく研究 ── 39

第5節　先行研究に対する評価 ── 42

第3章　組織間関係論におけるパートナーシップに関する先行研究 ── 45

第1節　組織間関係論の形成と展開 ── 45
第2節　先駆的支配理論としての資源依存論 ── 46
  1. 資源依存論の源流 ── 47
  2. フェファー＝サランシックによる体系化 ── 48
    (1) 相互依存の分類 ── 48
    (2) 組織間資源交換の促進要因 ── 49
  3. 組織間の交換関係における依存とパワー ── 50
    (1) 組織間依存の条件 ── 50
    (2) 組織間依存とパワーの関係 ── 52

4. 組織間関係の変動 ……………………………………………………… 53
　　　(1) 資源依存論の2つの前提 …………………………………………… 53
　　　(2) 組織間依存関係の調整 ……………………………………………… 54
第3節　組織間信頼に関する研究 …………………………………………… 56
　　1. 組織間信頼の分類 ……………………………………………………… 57
　　　(1) 酒向真理の見解 ……………………………………………………… 57
　　　(2) 延岡健太郎＝真鍋誠司の主張 …………………………………… 58
　　　(3) チャイルド＝フォークナー＝トールマンの主張 ……………… 59
　　2. 組織間信頼の形成 ……………………………………………………… 61
　　　(1) 酒向真理による「相互作用」に関する見解 …………………… 61
　　　(2) チャイルド＝フォークナー＝トールマンの「段階性」
　　　　　に関する見解 ………………………………………………………… 62
　　3. 組織間信頼の範囲 ……………………………………………………… 64
第4節　組織間学習に関する研究 …………………………………………… 65
　　1. 組織間学習アプローチの概観 ………………………………………… 65
　　2. 組織学習と組織間学習の概念 ………………………………………… 66
　　　(1) 組織学習の定義 ……………………………………………………… 66
　　　(2) 組織間学習の概念とプロセス ……………………………………… 67
　　3. バダラッコによる組織間学習の形態 ………………………………… 69
　　4. 組織間における学習の促進要因 ……………………………………… 72
　　5. 組織間学習におけるジレンマの発生 ………………………………… 74
　　6. 組織間学習の進化 ……………………………………………………… 75
第5節　パートナーシップにおけるパフォーマンスに関する主張 …… 77
　　1. パフォーマンスの分析レベルに関する見解 ………………………… 78
　　　(1) ヴェンカトラマン＝ラマヌジャンの見解 ……………………… 78
　　　(2) プローヴァン＝シドーの主張 …………………………………… 79
　　2. パフォーマンスに影響する主な要因 ………………………………… 80
　　　(1) 組織間信頼との関連性──ザヒーア＝ハリスの見解 ………… 81
　　　(2) 組織間学習との関連性──ハメル＝ドズの見解 ……………… 82

第4章　動態的な分析枠組の構築 ……………………………………… 91

第1節　パートナーシップの形成動機 …………………………………… 91
  1. 企業とNPOの依存関係を生み出す社会環境の変化
     ――CSRの実践 …………………………………………………… 91
  2. 資源依存論にもとづく分析 ……………………………………… 93
    (1) 資源交換の観点による検討 …………………………………… 93
    (2) パワーの観点による検討 ……………………………………… 95
第2節　企業とNPOとの組織間信頼関係の構築 ……………………… 98
  1. 組織間信頼をとらえる2つの視点 ……………………………… 98
  2. 組織間信頼の源泉 ………………………………………………… 99
  3. 組織間信頼の深化過程 …………………………………………… 100
第3節　企業とNPOの組織間学習 ……………………………………… 102
  1. 組織間学習のパターン …………………………………………… 102
  2. 組織間学習の発展プロセス ……………………………………… 105
第4節　パートナーシップにおけるパフォーマンス ………………… 108
  1. 既存研究の再考 …………………………………………………… 108
  2.「意図的パフォーマンス」と「随伴的パフォーマンス」による
     評価 ………………………………………………………………… 110
第5節　動態的な分析枠組と仮説の提示 ……………………………… 114
  1. 分析枠組の構築 …………………………………………………… 114
  2. 分析枠組から導かれる仮説 ……………………………………… 116
第6節　事例調査の概要 ………………………………………………… 118

第5章　社会起業家の育成を目指すパートナーシップ
　　　　――日本電気（NEC）とETIC.の事例―― ……………… 122

第1節　NECのプロフィール …………………………………………… 122
  1. 同社の設立と現状 ………………………………………………… 122

    2. 企業理念とCSRの取り組み ……………………………… 122
  第2節　ETIC.のプロフィール ……………………………… 124
    1. 設立の目的 ……………………………………………… 124
    2. 主な活動内容 …………………………………………… 125
  第3節　パートナーシップの成立 …………………………… 126
    1. パートナーシップ形成の背景 ………………………… 126
    2. パートナーシップ形成のプロセス …………………… 128
  第4節　パートナーシップ事業の展開 ……………………… 130
    1. ビジネスプランの支援（2002年～2003年） ………… 131
    2. 創業期の支援（2003年～2007年） …………………… 131
    3. 本業連携支援（2008年以降） ………………………… 133

第6章　UD製品の開発を目指すパートナーシップ
　　　　──トステムとユニバーサルデザイン生活者ネットワーク
　　　　　の事例── ……………………………………………… 135

  第1節　トステムのプロフィール …………………………… 135
    1. 同社の設立と現状 ……………………………………… 135
    2. 企業理念とCSRの取り組み …………………………… 136
  第2節　ユニバーサルデザイン生活者ネットワークのプロフィール …… 137
    1. 設立の背景 ……………………………………………… 137
    2. 活動目的と内容 ………………………………………… 138
  第3節　パートナーシップの成立 …………………………… 138
    1. パートナーシップ形成の背景 ………………………… 138
    2. パートナーシップ形成のプロセス …………………… 141
  第4節　玄関ドア「ピクシア」の共同開発 ………………… 143
    1. 企画段階 ………………………………………………… 143
    2. 開発段階 ………………………………………………… 144

第7章　子育てアドバイザーの育成を目指すパートナーシップ
　　　　——アイクレオと日本子育てアドバイザー協会の事例—— …… 148

　第1節　アイクレオのプロフィール …………………………………… 148
　　1. 同社の設立と現状 ………………………………………………… 148
　　2. 企業理念とCSRの取り組み …………………………………… 149
　第2節　日本子育てアドバイザー協会のプロフィール ……………… 150
　　1. 設立の背景 ………………………………………………………… 150
　　2. 主な事業内容 ……………………………………………………… 152
　第3節　パートナーシップ事業の成立 ………………………………… 152
　　1. パートナーシップ形成の背景 …………………………………… 153
　　2. パートナーシップ形成のプロセス ……………………………… 154
　第4節　パートナーシップ事業の展開 ………………………………… 155
　　1. 子育てアドバイザー養成講座の委託事業（2002年）………… 156
　　2. 子育てアドバイザー講師認定制度の導入（2003年〜2004年）
　　　 ……………………………………………………………………… 157
　　3. 子育てアドバイザー認定の実施（2005年以降）……………… 158

第8章　環境保全米づくりの共同研究を目指すパートナーシップ
　　　　——一ノ蔵と環境保全米ネットワークの事例—— …………… 162

　第1節　一ノ蔵のプロフィール ………………………………………… 162
　　1. 同社の設立と現状 ………………………………………………… 162
　　2. 企業理念とCSRの取り組み …………………………………… 163
　第2節　環境保全米ネットワークのプロフィール …………………… 164
　　1. 設立の背景 ………………………………………………………… 164
　　2. 主な事業内容 ……………………………………………………… 165
　第3節　パートナーシップ事業の展開 ………………………………… 166
　　1. パートナーシップ形成の背景 …………………………………… 167
　　2. 環境保全型酒米認証の委託（2001年以降）…………………… 168

3. 環境保全型酒米の共同栽培（2005 年以降） ———————— 170
　　4. 環境保全型酒米栽培の共同研究（2007 年以降） ———————— 171
　　　(1) 環境保全型酒米の栽培試験（2007 年〜 2010 年） ———— 171
　　　(2) 環境保全型酒米栽培テキストの作成（2010 年以降） ——— 173

第 9 章　事例の分析 ———————————————————— 175

　第 1 節　仮説の検証 ——————————————————— 175
　　1. 資源依存アプローチに関する検証 ————————————— 175
　　　(1) 資源交換について ——————————————————— 175
　　　(2) パワーについて ——————————————————— 181
　　2. 組織間信頼に関する検証 ————————————————— 185
　　3. 組織間学習に関する検証 ————————————————— 199
　　4. パートナーシップにおけるパフォーマンスに関する検証 ——— 211
　第 2 節　事例の比較考察 ————————————————— 220
　　1. 資源依存論の視点 ———————————————————— 221
　　　(1) 新たな資源交換関係 ————————————————— 221
　　　(2) パワーの依存関係 —————————————————— 223
　　2. 組織間信頼の視点 ———————————————————— 226
　　3. 組織間学習の視点 ———————————————————— 231
　　4. パフォーマンスの視点 —————————————————— 235
　　5. パートナーシップの発展プロセス ————————————— 239
　　　(1) 組織間信頼と組織間学習のダイナミックな関係 ————— 240
　　　(2) 3 つの要素に関するダイナミックな関係 ———————— 242
　第 3 節　小括 ——————————————————————— 244

終　章　本研究の総括と課題 ———————————————— 250

　第 1 節　本研究の要約と結論 ——————————————— 250
　　1. 全体の要約 ——————————————————————— 250
　　2. 本研究の結論 —————————————————————— 251

(1) 資源の補完的交換 ……………………………………………… 252
　　　(2) パワーの限定的行使 …………………………………………… 252
　　　(3) 深化する組織間信頼 …………………………………………… 253
　　　(4) 組織間信頼の非対称性 ………………………………………… 253
　　　(5) 効果的な組織間学習 …………………………………………… 254
　　　(6) パフォーマンスに関する3つの効果 ………………………… 254
　　　(7) 3つの要素によるパートナーシップの発展 ………………… 255
　　3. 動態的分析枠組の精緻化 …………………………………………… 255
　第2節　本研究のインプリケーション …………………………………… 258
　　1. 実践面におけるインプリケーション …………………………… 258
　　　(1) 企業側──NPOとのパートナーシップ形成への動機づけ …… 258
　　　(2) NPO側──企業とパートナーシップを構築するための指針 … 258
　　2. 理論面におけるインプリケーション …………………………… 259
　　　(1) 企業をベースにした組織間関係論への適用可能性の示唆 …… 259
　　　(2) 企業をベースにした組織間関係論への刺激 ……………… 260
　　　(3) 企業とNPOの関係に関する理論研究の新たな試み ……… 261
　　　(4) 本研究における新たな発見 ………………………………… 262
　第3節　今後の課題 ………………………………………………………… 263
　　1. 事例研究から実証研究への転換 ………………………………… 263
　　2. 複数の異セクター間パートナーシップに関する研究への拡大 … 263

参考文献 ……………………………………………………………………… 265
参考ホームページ …………………………………………………………… 280
あとがき ……………………………………………………………………… 281
事項索引 ……………………………………………………………………… 283
人名索引 ……………………………………………………………………… 286

序章
本研究の問題意識,研究の方法と構成

第1節　本研究の問題意識

　企業経営とそれをとりまく環境は依然として大きく変化している。経済のグローバル化,ITの進展,少子・高齢化,産業構造の変化にともなって企業間の競争がいっそう激化している。それだけでなく,生活レベルの向上により,消費者のニーズや価値観が多様化しており,社会的意識が高まっている。

　このようななかで,企業はどのように生き残り,発展していくのかという大きな課題に直面している。これまでは,企業は単独で環境の変化に対して適応してきたが,今日では複数の主体間の協力が必要となる問題も多数生じている。そのために,グループ経営や企業間提携などによってそれに対応するケースが増加している。さらに,新しい試みのひとつとして,企業は異なるセクターのNPOとの交流・接触が以前にも増してみられるようになり,新しい価値を追求しようとしている。

　また,コーポレート・ガバナンスや企業倫理をはじめとする企業の社会性が重要な課題になっている。現代の企業はCSR（Corporate Social Responsibility）を果さない限り,持続的に経済活動を遂行することがますます困難になっている。

　これまでの企業のCSRでは,余裕のあるときにのみ,資金援助や製品提供という自社の活動と直接関係のない,いわば慈善活動を行うことがほとんどであった。しかし,現在では,本業を通じたCSR活動が出現し,経済価値と社会価値の同時実現を目指している。

一方，1995年に発生した阪神・淡路大震災を契機に，日本においてNPOの存在が広く知られるようになり，それから3年後の1998年には，「特定非営利活動促進法（NPO法）」が施行されるまでに至った。それ以降，NPO法人の数は急速に増加し続けており，「新たな経済主体」として環境，福祉，人権，教育，まちづくり，国際交流などの幅広い分野で活動を展開して，新しい社会価値をつくりだしている。

2011年3月に発生した東日本大震災は，きわめて甚大な被害をもたらしたが，復旧，復興のためには行政だけでなく，企業やボランティア，NPOの活動，さらにはそれらの間の協働，つまり"絆"が大きな力を発揮したことは周知のとおりである。

このような背景のもと，社会的ニーズを把握し，それに応える専門知識と革新性をもつNPOとの協働が企業において重視されるようになった。財団法人中部産業活性化センターや福岡県が行った調査によると，企業がNPOと協働する第1の理由にCSRがあげられており，行政や企業が単独ではできない分野の活動や地域問題の解決が期待されている[1]。

企業は製品の開発，生産，販売には長い経験とすぐれた能力を有しているが，社会的課題を解決するためのスキルやノウハウを十分に蓄積しているとはいえない。これに対して，NPOには地域社会の先端的なニーズをとらえたり，社会的課題に対する専門知識やネットワークをもっている組織が多い。したがって，企業がこのようなNPOとパートナーシップを組んで，それぞれのもつ能力を出し合うことは，社会的課題を克服し，なおかつCSRをも実践することにつながる。

また，最近の動向をみると，企業とNPOの関係はそれまでの企業側からの一方的な支援関係だけでなく，両者がそれぞれの経営資源を提供し合い，それを活用するという双方向的な協働の関係に変化してきている。言い換えると，これからの企業が求めるNPOとの関係は，従来の慈善活動というより，自社の競争力が強化されたり，良好なパフォーマンスが得られるという，企業にとって新しい価値の獲得を目指すものである。それは企業が本業の領域でNPOとパートナーシップをもつことを意味する。

谷本寛治［2004］によると，CSR を先進的に行っている欧米企業は，すでに本業の領域で NPO とパートナーシップを組み，積極的に社会的課題を解決していくことに注力しているという[2]。しかし，日本では，企業が収益と関連づけて NPO とパートナーシップを組んで新しいビジネスを開拓するような事例は多くはなく，このようなパートナーシップはまだ「発展途上」といえる。

　しかし，おそらくこのような創造的な関係は社会だけでなく，企業の持続的な発展に欠かせないものになるので，今後いっそう発展し，促進されるであろう。つまり，企業が NPO とパートナーシップを形成することが実践面において必要であり，それとともに，企業と NPO のパートナーシップに関する研究もますます重要なテーマになりつつある。

　これまでのところ，企業と NPO のパートナーシップの構築に関する研究は，進められるようになったとはいえ，まだ少数である[3]。それらは主に形態の類型化や形成プロセスに焦点をあてた研究にとどまっている。また，既存の組織間関係論は，営利を目的とする企業どうしを中心に議論されてきた。企業と NPO の組織体がそれぞれ別個のものであり，かかわりあいが少なかったために，両者のパートナーシップを扱う組織間の関係については，これまでほとんど議論されてこなかったのである。つまり，理論面においても，企業と NPO のパートナーシップに関する研究は大きな意味をもつものであると考える。

第2節　研究目的と方法

　本研究では，組織の目的と編成の原理がともに異なる企業と NPO について，パートナーシップを構築する目的，方法そして結果などをテーマにして検討していきたい。具体的にいえば，企業と NPO はなぜパートナーシップを形成するのか，どのようにそれを発展させるのか，さらにそこからどのような成果が得られるのか，という3つである。

　この3つの課題を明らかにするために，本研究では理論研究と事例研究の

方法を併用する。企業とNPOのパートナーシップに関する理論研究が少ないため，企業を主な対象としている既存の組織間関係論にもとづいて分析枠組を構築し，それを用いて，事例研究を行う。そして，事例研究から得られる新しい知見を分析枠組に取り入れて，枠組をさらに発展させるという方法をとることにする。具体的には，以下のようになる。

まず，理論研究については，NPO論や企業とNPOのパートナーシップに関する代表的な先行研究，そして組織間関係論のうちの資源依存論，組織間信頼，組織間学習，パフォーマンスに関する主な先行研究をサーベイする。

そのうえで，取り上げた組織間関係論の考え方を用いて，企業とNPOのパートナーシップをダイナミックに分析する枠組を構築する。ここでいうダイナミックとは，①パートナーシップの形成，発展，結果というプロセスでみる，②組織間信頼と組織間学習のそれぞれの変化でみる，③組織間信頼，組織間学習，パフォーマンスの相互作用でみる，という意味である。

さらに，この分析枠組にもとづき，企業どうしの組織間関係との関連性を意識して，いくつかの仮説を導出する。そして，分析枠組と仮説を検証するために，インタビュー調査による詳細な事例分析を行う。つまり，本研究では，「質的なデータを重視し，単一ないし少数の事例の深く多面的な分析を行う」[4] 事例研究という方法を用いる。研究テーマが理論の初期段階であったり，プロセスや，行為主体間の相互作用を解明する場合には，事例研究がとくに適しているアプローチであるからである[5]。

第3節　本研究の主な構成

本研究は，序章，終章を含め11章で構成されている。第1章では，企業とNPOの関係がどのように変わってきているかを述べ，第2章から第4章にかけて，先行研究のレビューをもとにして，本研究の分析枠組を提示する。つづく第5章以下で，事例調査と事例分析を行い，終章で総括する。具体的には，以下のようになっている。

まず，第1章の「新たな組織間パートナーシップの登場」では，多様な組織間関係やNPOの特徴を説明したうえで，企業がNPOとパートナーシップを組むまでの過程とその変化を明らかにする。

つづく第2章の「企業とNPOのパートナーシップに関する先行研究」では，企業とNPOの類型化やプロセスなどに関する代表的な先行研究を取り上げ，それらを評価する。

また，第3章の「組織間関係論におけるパートナーシップに関する先行研究」においては，資源依存論，組織間信頼，組織間学習，パフォーマンスに関する主要な文献サーベイを行う。

そして，第4章の「動態的な分析枠組の構築」では，第3章で取り上げた先行研究をベースにして，企業とNPOがパートナーシップを作り上げるための一連のプロセスに重点をおく動態的な分析枠組を提示し，それに関連する仮説を立てる。

つぎに，第5章から第8章は，インタビューによる事例調査の記述である。具体的には，NECとETIC.が社会起業家の育成のために取り組んでいる「NEC社会起業塾」，トステム[6]とユニバーサル・デザイン生活者ネットワークによるUD（ユニバーサル・デザイン）商品の共同開発，アイクレオと日本子育てアドバイザー協会が子育てアドバイザーを養成するために行っている協働事業，一ノ蔵と環境保全米ネットワークが環境にやさしい酒米づくりをめぐって実施している協働事業，という4つの事例を取り上げることにする。

さらに，第9章では，第5, 6, 7, 8章で取り上げた事例を整理し，第4章で提示した分析枠組を適用しながら，仮説の検証を試みる。そして，事例の比較考察を行い，あわせて新しい発見を示し，それぞれの事例の特徴を検討する。

最後の終章では，本研究の総括として，全体を要約して結論を導き出したうえで，事例研究より得られた新たな知見を取り入れて分析枠組の精緻化を行う。そして，本研究のインプリケーションと今後の課題を述べる。

注

1) 財団法人中部産業活性化センター編［2009］20頁，福岡県新社会推進部社会活動推進課［2009］23頁。
2) 谷本寛治［2004］211頁。
3) Seitanidi, M. M. = Crane, A.［2009］p. 414, Lodon, T. = Rondinelli, D. A. = O'Neill, H.［2006］p. 353. などがあげられる。
4) 沼上幹［1994］55頁。
5) 野中郁次郎 = 加護野忠男 = 小松陽一 = 奥村昭博 = 坂下昭宣［1978］22頁，沼上幹［1999］173-177頁，沼上幹［2000］27-38頁，131-148頁，Remenyi, D., et al.［2002］訳書，29-30頁，藤本隆宏 = 高橋伸夫 = 新宅純二郎 = 阿部誠 = 粕谷誠［2005］39頁。
6) トステムは2011年4月1日より，株式会社INAX，新日軽株式会社，サンウエーブ工業株式会社，東洋エクステリア株式会社と統合して，株式会社LIXILとなった。LIXILは，住生活グループ最大の事業会社であり，建材・設備機器の製造，販売およびその関連サービスが主な事業活動となっている。

第1章
新たな組織間パートナーシップの登場

第1節　進展する組織間関係の多様化

　現代の社会では，どのような組織であっても，単独で存続，発展することはできない。そのため，組織は外部の組織から資源や情報を獲得して，組織の目的を達成しようとしている。結果として，ひとつの組織と他の組織の間にいろいろな関係が生ずる。このような関係を「組織間関係」とよんでいる。このような関係は，企業どうし，行政どうし，NPOどうしといった同一セクターの組織間とともに，異なるセクターの組織間にも存在している。そして，むしろ異なるセクター間の関係のほうが，革新つまりイノベーションを生み出すものとして期待されている。

　もっとも，組織間関係論はこれまで企業間関係を中心に多くの研究を生み出してきたが，ここでは，企業という組織をめぐる多様で新しい組織間関係について述べる。

1．組織間関係のコアとしての企業間の関係

　日本の企業間関係でもっとも歴史のある存在として「企業集団」があげられる。企業が単独で活動するのではなく，集団を形成して緊密な連携をとりながら，活動を行うことが企業集団の特徴である。企業集団は親会社，子会社，関連会社の3つに分類され，それぞれの企業は親会社と資本的な関係がある。大きなものとして旧財閥系の三井，三菱，住友がよく知られているが，小規模の企業集団も存在している。

　しかし，今日では資本をともない企業間の関係も多数みられる。周知のよ

うに，企業と企業の関係には，水平的提携関係と，垂直的提携関係がある。前者は同じ製品やサービスを提供する企業どうしの関係であり，さらに，競争的関係と補完的な生産関係に分けられる。たとえば，同じハードウェアの企業なら競争的な関係であり，ハードウェアとソフトウェアの企業なら，補完的な生産関係である。

一方，後者の垂直的提携関係とは，同じ製品やサービスの開発から，原材料と部品の購入，生産，流通，販売にいたるまで一貫して協力し合う関係である。日本企業の「系列取引」はその典型的なものといわれている。

また，IT化の進展により，企業間の関係もネットワーク型へと変化し，流通業やサービス業におけるフランチャイズ・システムのような形態がみられるようになっている。このシステムは，仕入れは本社が行い，加盟企業は本社から経営や販売に関するノウハウの指導をうけ，その見返りに報酬の一部を本社に支払う関係である。たとえば，コンビニエンス・ストアの経営は，その代表的な例である。

この系列取引やフランチャイズ・システムにおける企業どうしは，互恵的な関係で結ばれているが，近年，共同で行う製品開発や研究開発，ジョイント・ベンチャー，アウトソーシング，サプライ・チェーン・マネジメントといった，自社の目的を達成するために戦略として形成される新しい提携関係，つまり「戦略的提携」が多くみられるようになった。

戦略的提携は組織間の緩やかな連結であり，海外の企業と行う場合もあれば，競争関係にある企業や，異なる産業に属する企業との間においてもみられる。たとえば，2002年に三洋電機が中国のハイアールと結んだ冷蔵庫事業の提携や，2006年にソフトバンクと米アップルコンピュータによる携帯電話事業は，国際的な戦略的提携の例である。

また，競争する企業の戦略的提携の例としては，2008年日本の電機業界を代表するシャープとソニーが行った液晶パネル事業での共同展開があげられる。そして，2002年には，異なる業界に属する富士ゼロックスとセブン-イレブン・ジャパンが「富士ゼロックス ネットプリント」を開発し，コンビニ店のコピー機で個人文書の入手が可能になった。2008年にローソンは

日本郵政と提携して，全店舗に郵便ポストを設置している。この2例は，異業種間で行われた戦略的提携である。

2. 組織間関係の拡大と多様性

　組織間の関係は，企業どうしのほかに，企業と行政の関係についても考える必要がある。中央と地方が行う行政には，企業の事業活動に対して，それが法律に順じているかどうかや，製品やサービスの品質や安全性が確保されているかどうかについて，監視・監督する責任がある。また，企業の経営活動に必要となる道路や鉄道などといった施設や社会インフラストラクチャを提供することも，行政という公的セクター（第1セクター）の役割である。

　これに対して，私的セクター（第2セクター）である企業は，義務として納税したり，法律に準じた事業活動を行わなければならない。そして，このような関係のほかに，企業と行政が共同で企業をつくる場合もあり，それは公私合同企業といわれる。

　また，近年，企業と行政の関係はこれにとどまらず，両者でパートナーシップが結ばれるようになっている。たとえば，東京都は一般企業と共同で「民設公園制度」という事業を実施し，都の財政支出を伴わずに，短期間で公園空間の整備と公開を実現している。また，横浜市は市内の企業とパートナーシップを組んで，事業者の寄付等により「よこはま緑の街づくり基金」を設立し，基金の運用益で民有地緑化助成等の事業を実施している。

　これまで日本では主に第1セクターとしての行政と第2セクターの企業が社会のなかで重要な役割を果たしてきた。近年，日本においてもNPOが台頭し，既存の組織である行政や企業とならんで，第3のセクターとして認知されはじめており，日本の社会にとってますます欠かせない存在となっている。

　このような状況のなかで，企業とNPOの関係に，企業による一方的な支援関係だけでなく，対等な関係のパートナーシップが登場した。また，行政とNPOの関係も変化している。行政は多様なニーズに対応するため，公共サービスの提供を多元化させてきたが，近年，福祉や教育，環境など行政が

図表 1-1　多様な組織間関係

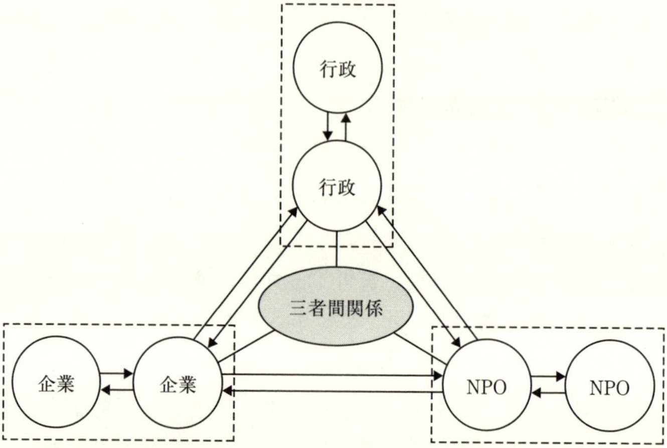

（注）点線の四角は同一セクターを示している。
（出所）筆者作成。

行ってきたサービスや，対応しにくいサービスを NPO に委託するケースが増加している。

　近年では，企業と企業，企業と行政，さらに本研究の対象となる企業と NPO といった2つの組織間による両者関係だけでなく，企業，行政，NPO といった複数の組織間の協力関係も増えてきている（図表1-1）。たとえば，水源地を再生するために，NPO 法人アサザ基金が主体となって，行政や企業，大学など多数の組織と協働して「霞ヶ浦アサザプロジェクト」を実施した。また，2010年に，NPO 法人フローレンスと証券会社ゴールドマン・サックス，横浜市は，それぞれの役割を分担し，横浜市港北区で病児保育サービスを展開しはじめている。

第2節　企業と NPO の組織間関係の成立

　ここからは，NPO という組織を検討したうえで，実践の側面で，本研究の考察対象である企業と NPO の組織間関係についてみてみよう。

1. NPOの意味と範囲

NPO（Non-Profit Organization）の定義についてはさまざまな研究者が言及している。ここでは，代表的な議論であるサラモン（Salmon, L. M.）[1994]，島田恒［2003］，藤井敦史［1999］，田尾雅夫［2004］の研究について検討を行う。

まず，サラモンによれば，アメリカのNPOには以下の6つの共通する特徴がある[1]。

① 公式に設立されており，各州法で認められると，税金が免除されたり，契約の当事者になれる。
② 民間の非政府機関であり，政府から独立している。
③ 利益はステークホルダーに配分されるのではなく，再投資される。
④ 自主管理が行われている。
⑤ 有志による組織で，有志が参加する理事会がある。
⑥ 事業の目的は，公益のためのものである。

つぎに，島田は，サラモンの定義にもとづき，NPOが社会や人間を変革することに着目し，民間のもの，利益不配分，ボランタリズムの存在，公益的ミッションが組織の基軸に適合する組織である，という4点を指摘している[2]。

これに対して，藤井はサラモンのNPOに関する定義を包括的理解に役立つものとして一定の評価を与えながらも，本質的な要素の把握や要素間の相互関係等の理解が不十分であると指摘している。藤井は，社会的ミッションがNPO概念を理解するうえでもっとも重要であると主張している[3]。

最後に田尾によれば，NPOは「公共サービスのためのビュロクラシーをシステムとして採用した組織，あるいは準組織」である[4]。彼が用いたビュロクラシーという言葉は，ネガティブなイメージをもつ「官僚制」ではなく，「管理のための仕掛け」を意味している。多くの組織は，ビュロクラシーのシステムを導入することによって規模の拡大が可能となるという。

本研究では，それが公式に設立されたものでなくても，あるいは任意団体であっても，NPOとして認めてよいと考える。したがって，以上の考察を

参考にしながら，本研究ではNPOを「民間によって自主管理されており，営利目的ではなく，社会的ミッションの実現のために機能する組織である」と定義する。

また，日本では，広義には公益法人（社団法人，財団法人，社会福祉法人，学校法人，宗教法人，医療法人）はNPOとして扱われる。したがって，大学，病院，環境保護団体，赤十字，教会などがNPOに含まれる。

本研究では，旧・経済企画庁（現・内閣府）が刊行した『国民生活白書平成12年度版』の定義にしたがい，最狭義の「特定非営利活動法人（NPO法人）」に，任意の「ボランティア団体」と「市民活動団体」を加えた狭義の意味で扱うこととする[5]。

2. NPOと企業の相違点

島田恒［2003］の議論は，組織と管理について企業とNPOは共通の基礎理論のうえに立っているとしながら，合理性と価値については両者の相違点を3つあげている[6]。

① 最終決算

企業は利益を追求するという経済活動を行っており，その成果は経済価値で評価する。これに対して，NPOの最終決算は社会的ミッションの達成である。その活動の主要な対象は人間であり，アドボカシー（advocacy，政策提言）などを通じて，社会価値を創造しようとしている。

② 組織貢献者とその誘因

企業にとって，従業員は貢献者であり，彼らに対する経済価値の提供は欠かせない誘因である。一方，NPOは有給のスタッフと無給のボランティアが混在し，これらの貢献者に対して，社会価値という非経済的誘因を提供しなければならない。

③ NPO内部でのコミュニティ形成

コミュニティとは，倫理的法則にしたがって社会価値を追求する集団であり，人間はそのなかで自己実現をしようとする。NPOは同様に社会価値を追求する集団であり，組織の内部でコミュニティを形成することが行われ，

それが組織参加者への重要な誘因となっている。

また，谷本はNPOと企業の特徴をつぎの8点で比較し，とらえようとしている[7]。

① ミッション

NPOは社会的課題に重点をおき，そのニーズを優先する社会的ミッションによって活動する。これに対して，企業は基本的には投入した資本とそれの生み出す利益の拡大をめざす経済活動を行っている。

ただし，近年営利活動とは別に社会貢献を重視する企業も増えている。逆に，活動領域が広がっているNPOは事業化，企業化しつつある。両者の境界は徐々に曖昧になってきている。

② 成果の配分

企業は事業によって得た利益を企業の所有者である株主に配分する。それに対して，NPOは非営利であるため，得られた利益は分配するのではなく，活動の目的のために再投資する。これが，NPOと企業の最大の違いである。

③ 組織の形成

NPOは自律的に活動しているとはいえ，多くの人々の支援や協力が欠かせない。したがって，組織の内部は理事，職員，ボランティア，会員などで構成されており，外部には寄付者，助成財団，行政機関，他のNPOや企業など幅広いステークホルダーが存在している。

④ 組織を支配する原理

企業の活動の主な現場は市場であり，顧客との間で貨幣による価値交換が行われる。一方，NPOは同じ価値観をもつ人びとが利害を超えて共通の社会的課題に取り組むので，ミッションに共感する人々を巻き込んで運営される。

⑤ 経営資源

NPOも企業も経営するために外部からヒト，モノ，カネ，情報といった経営資源を獲得しなければならない。NPOは企業と異なり，経営資源は広く社会から供与されている。たとえば，資金は主に企業や個人からの寄付，会費，行政や民間財団からの助成金などでまかなわれる。また，経済的報酬

と関係のない動機で活動を担うボランティアを受け入れる場合も多い。

⑥ 財・サービスの提供

NPOは利益の獲得ではなく，ミッションを目的にして活動する組織であるため，必要であれば収益のあがらない事業にも積極的に財やサービスを提供する。また，価格設定に関しては，利潤を追求する企業と異なり，柔軟に対応することが可能である。

⑦ ガバナンス

NPOの経営は理事会に委託されている。この理事が無報酬であるのは，報酬に動機づけられることなく，意思決定が公正に行われるようにするためである。これに対して，企業の場合は取締役会が所有者である株主から委託を受け，報酬を得て経営を行う。

⑧ 評価

企業は商品やサービスを提供し，その対価として代金を受け取るので，その評価は利益などの形で明確となる。一方，NPOでは，サービスを利用する人がその対価を支払うことが少ないため，サービスに対する評価は困難である。

以上の議論を整理すると，島田は企業とNPOは組織の合理性と価値の側面に相違がみられるものの，組織とマネジメントに関する基礎理論は共通していると主張する。そして，言葉の表現は異なるが，成果の分配，組織の支配原理，目的については，島田と谷本は同じような見解をとっている。ただし，谷本のほうが経営資源などの側面についてもより包括的に両者の相違点を議論しているので，NPOと企業の関係を解明するのに有用であると考える。

3. 企業とNPOの関係パターン

佐々木利廣［2003］は，企業とNPOの2つの視点で両者の関係変化を分析しており，NPOの視点からそれを以下の3つに分けている[8]。

① 監視・批判の関係

NPOは非営利であるため，客観的な立場を保ちやすい。近年，NPOには

企業に対して中立的な立場で批判的な提言や行動を行い，企業活動に対して客観的な分析を行うことが期待されている。

② 評価関係

企業が発行する環境報告書に対して，NPO は中立の立場でその内容や企業の社会的責任投資（SRI）などについて評価することができる。両者のパートナーシップも評価の対象となることが多い。

③ 協働関係

両者が共通の社会的課題の解決を目的とする協力関係であり，NPO は企業が社会的責任活動を実行するための重要なパートナーになる。たとえば，企業のコミュニティへの支援を橋渡しする役割を果たす場合である。

さらに，佐々木は企業が何を提供するのかという視点で以下の3つに分類している。

① 資金提供

これは従来型の支援関係であり，企業が無償で NPO に資金や自社製品，保有施設などを提供することを指している。この関係は「企業の社会貢献活動として寄付の贈与が基本」[9] となっていることを示している。

② 人的交流

企業が自社の社会貢献プログラムに NPO の参加・協力を依頼したり，またボランティアとして社員を NPO に派遣したり，出向させたりするという人的交流である。これは人材が不足している NPO にとって非常に重要となる。

③ コラボレーション

両者がそれぞれもっている資源や能力を持ち寄り，対等な立場で社会的課題の解決に取り組むという協力関係，いわばパートナーシップである。

このように，佐々木は企業と NPO の間の監視・評価や，支援，協働といった関係を認識し，分析している。しかし，両者間の競争関係については触れていない。実際のところ，ビジネスのスタイルをとって社会事業に取り組む事業型 NPO が台頭しつつあり，介護や医療，教育などの分野で企業との間に競争が生じることが予想される。

第3節　企業とNPOによる新たなパートナーシップの形成

1. 企業とNPOのパートナーシップの出現

　日本における企業とNPOのパートナーシップがどのように登場してきたかについて考察したい。大局的にみると、NPOと企業の関係は、以下のような4つの段階を経てきた。

　① 1960年代から1980年代のNPOとの対立関係（第1期）

　この時期、工業の急速な発展にともなって、環境が汚染され、水俣病や四日市ぜんそくなどの公害問題が発生して、企業の社会的責任が問われた。しかし、企業が社会的責任を遂行しないことで、ステークホルダーとしてのNPOから批判や要請が高まり、NPOと企業の間の対立が鮮明となる。

　また、1970年代のオイル・ショックに対する企業の対応が両者の関係をさらに悪化させ、パートナーシップを組める状況にはまったくなかった。一方、地域問題をみずからの課題として取り組む市民の意識も弱かったため、NPO自体も十分に育成されず、脆弱であった。

　② 1980年代の「メセナ」によるNPOへの一方的な支援関係（第2期）

　1980年代後半、企業は多発する不祥事により、社会からきびしい批判を受けた。しかし、その一方で、欧米に進出し、現地のコミュニティとの互恵的な関係づくりを学んだ日本企業は、「企業市民」として社会に利益を還元するという発想をもつようになる。その結果、社会貢献を行う部署を設けて、芸術、文化活動などを支援するメセナ活動を盛んに行うようになった。

　両者の関係には、前述の批判的な関係のほかに、企業がNPOを一方的に支援するというかたちも現れている。それは、企業による金銭的寄付という従来型の社会貢献であり、支援の対象は芸術や文化といったメセナに限られていた。

　③ 1990年代の本業無関連のパートナーシップ（第3期）

　1990年代に入ってバブル経済が崩壊し、メセナ活動には縮小の傾向がみられたが、当時の経団連（現在の日本経団連）は経常利益の1％を寄付しよ

うという「1％クラブ」と「社会貢献推進委員会」を設置し，企業に社会貢献活動を促進させようという取り組みをはじめている。

1995年の阪神・淡路大震災を契機に，NPOは社会的な信用を向上させて，その役割が企業に知られるようになる。これにより，企業は寄付金の提供だけにとどまらず，本業と関連しない分野で，NPOと対等に資源交換を行うパートナーシップを形成するようになっていく。

④ 2000年代以降の本業によるNPOとのパートナーシップ（第4期）

1998年のNPO法の導入により，NPOは年々増え続けており，さまざまな分野で社会的課題を解決するために力を発揮している。そして，NPOは日本の社会にとって欠かせない存在になってきている。一方，企業のCSRに対する認識にも本質的な変化が現れている。すなわち，社会からの圧力によって行われる受動的CSRが，経営戦略と位置づけて自発的に行う能動的CSR[10]に進化している。

このような背景のもと，企業は本来の事業として，対等にNPOとパートナーを組むケースがみられるようになってきている。企業にとって本業の領域での協力関係は，経済目的と社会目的を同時に達成することが期待できる。

以上の議論は，企業の社会的責任に対する認識の変化により，NPOとの距離がせばまり，これまで以上に関係が深くなっていることを示している。企業が社会を重視しない時代にあっては，NPOとの関係は対立的なものであった。その後，NPOの発展とともに，企業が徐々に社会との関係を重視するようになり，NPOとの関係に変化が現れる。両者の関係は初期の対立からメセナによる一方的な支援関係へ，そして本業無関連のパートナーシップ，さらには本業と関連するパートナーシップといった双方向的・対等な協力関係へと変質し，発展しているのである。この動きをまとめると，図表1-2のようになる。

2. 日本におけるパートナーシップの現状

日本における企業とNPOのパートナーシップの現状をより的確につかむ

図表 1-2　企業と NPO とのパートナーシップの形成過程

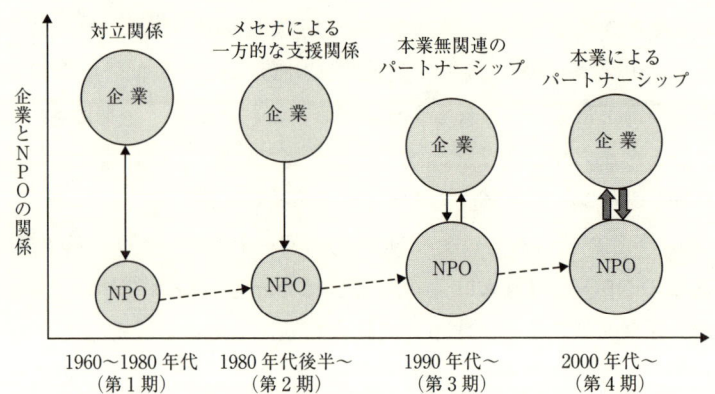

（注）矢印の長さは両者の関係の距離を表し，矢印の太さは両者の関係の深さを表す。
（出所）筆者作成。

ために，2008 年に財団法人中部産業活性化センターが中部圏企業を対象に実施した『企業側からみた NPO との協働に関する調査研究事業報告書』（有効回答数 153 社）と，2009 年の福岡県とボランティア団体暮らしのネットワークが共同で実施した『NPO と企業の協働実態調査』（有効回答数 949 社）をもとに，考察を進める。

　この 2 つの調査では NPO との協働に取り組んでいる企業は，ともに 3 分の 1 以上を占めている。その一方，過去に NPO ととくに関係をもっていない企業は，協働を実施している企業を上回っている。

　また，協働内容については，両者が資金や人材などの資源を出し合って，共同でプロジェクトを企画・実行したり，さらには本業を通じた社会的事業への取り組みが行われている。しかし，これまでのところ資金や人材などを提供するという一方的な支援関係がまだ圧倒的に多い。

　そして，2 つの調査によれば，社会的責任を果たすことを協働の目的としている企業が最も多い。そのほかに，地域の活性化や発展，NPO や社会への理解，企業イメージの向上，ノウハウの取得などがあげられている。

これに対して，企業がNPOと協働しようとしない理由の多くは，「どのような活動が一緒にできるのかわからない」と，「どのようなNPOがあるのかわからない」である。とはいえ，今後の協働について，前向きの企業がかなり多いことが2つの調査で明らかにされている。

全体として，これらの調査からは，企業が本業としてNPOとパートナーシップを組むという本研究で取り上げようとするケースはまだ少ないのが現状である。また，パートナーシップを形成したいと考えてはいるものの，必ずしも進んで実践しているとはいえない。それは，NPOに対する理解が不十分で，両者でどのような活動ができるのか，どのようにパートナーシップを進めるのかに戸惑っているからと考えられる。つまり，多くの企業が協働のメリットや価値を明確に把握していないともいえる。

3. パートナーシップの事例

前述の企業とNPOの関係の変遷に関する議論をもとに，両者のパートナーシップを本業無関連タイプと，本業によるタイプに分ける。前者の場合，企業が社会貢献活動として，本業と関連しない分野でNPOと対等に資源交換を行う。しかし，現段階で本業と関連していなくても，将来どこかでビジネスにつながっていくこと，つまり長期的な視点のなかでリターンが得られる可能性は十分ある。

これに対して，後者では，企業は社会に貢献するという目的だけでなく，競争優位の獲得といった本来の経済目的も同時に実現することを目指して，パートナーシップを形成する。つまり，企業はNPOとのパートナーシップをビジネスそのものとして位置づけている。以下では，この2つのタイプにもとづき，パートナーシップの事例を紹介したい。

まず，本業無関連型パートナーシップでは，日本マイクロソフトとNPO仙台シニアネットクラブの協働がその先進的な事例である。高齢者にパソコンを教える仙台シニアネットクラブの立ち上げに，日本マイクロソフトが葉書作成ソフトなど100のライセンスを無償提供した。しかし，ソフトが高齢者にとってわかりにくいものであったので，同クラブは他の企業の協力を得

ながら，独自にソフトの改良に取り組んだ。

それをきっかけに，日本マイクロソフトは同NPOと共同でソフトのマニュアルを作成することになった。そして，このマニュアルの完成により，日本マイクロソフトのサポートセンターへの問い合わせが40％も減少したといわれている。この事例は，本業無関連型パートナーシップが本業関連型パートナーシップへ転換していることを示している[11]。

本業関連型パートナーシップについては，注目に値するような事例はそれほど多くないが，多様な形態が出現している。第1節で述べたように，企業間のパートナーシップには，アウトソーシングや共同商品開発，共同研究開発といったケースがみられるが，このような関係は企業とNPOの間においても試行されている。

① アウトソーシング

これは企業が自社の不足している能力を補うために，専門性の高いNPOから経営資源を調達するケースである。たとえば，岩手県陸前高田市にある高田自動車学校は，NPO法人遠野山・里暮らしのネットワークと組み，共同で合宿型自動車教習所を運営している。この協働事業は，自動車運転免許の受講者が，そば打ちや陶器づくり，農業，乗馬などのさまざまな農村生活を体験しながら運転免許を取得するという新しいビジネスモデルであり，地域の活性化やNPOの自立につながっている[12]。

② 共同商品開発

企業がNPOと共同で環境配慮型商品や，高齢者・障害者を支援するユニバーサルデザインなどの商品・サービスを開発するというケースもみられる。たとえば，本業で社会貢献を実践する「ソーシャルプリンティングカンパニー®」を目指す横浜市の大川印刷は，NPO法人インターナショナルなどと協力して，料理の材料を絵文字にした「食材ピクトグラム」を開発した。同社は，日本語のわからない外国人や食物アレルギーなどの問題をかかえる人がこの絵文字を利用し，安心して食事を楽しめるような活動を展開している[13]。

③ 共同研究開発

このような事例はきわめて少ないが、宮城県の酒造会社一ノ蔵と環境保全米ネットワークのケースはこのタイプである。両者は多くの農家がより簡単に環境保全米を栽培できるようにするため、試験田をつくり、共同で栽培や除草方法について研究し、テキストも作成している。この事例の詳細は第8章であらためて取り上げる。

④ コーズ・リレーテッド・マーケティング（Cause Related Marketing, CRM）

これは、企業が社会的課題の解決といった大義（cause）を掲げ、それに共感する消費者を取り込むことによって売り上げを増加させるという販売促進の手法のひとつであり、企業間のパートナーシップではみられないタイプである。企業は、この方法で得た製品やサービスの売上の一部を、社会貢献としてNPOに寄付するとともに、自社の収益をあげる。

これには、寄付のついたカタログや自動販売機、株主優待のほか、NPOの名前やロゴを使用したライセンス料をNPOに支払うなど、さまざまなかたちがみられる。たとえば、ディノスは、寄付つき商品を扱う衣料品のカタログを発行し、収益の一部をNPO法人国連WFP協会に寄付している。また、環境活動や社会福祉への寄付などを選択できる株主優待を実施する企業として、日清食品ホールディングス、ワタミ、東日カーライフグループなどがあげられる[14]。

このように、本業上のNPOとのパートナーシップはまだ少ないとはいえ、さまざまなタイプが現れはじめており、今後さらに増加することが期待される。

注
1) Salmon, L. M.［1994］訳書，22頁。
2) 島田恒［2003］50頁。
3) 藤井敦史［1999］24-32頁。
4) 田尾雅夫［2004］21頁。
5) 経済企画庁［2000］130頁。
6) 島田恒［2003］40-43頁。
7) 谷本寛治［2002b］33-36頁。

8) 佐々木利廣［2003］297頁。
9) 谷本寛治［2002a］19頁。
10) 拙稿［2009］を参照。
11) 日本マイクロソフトのホームページより。
 （http://www.microsoft.com/japan/enable/selfhelp/hagaki2002_2.mspx，2010年4月16日アクセス）
12) 岸田真代編［2010］55-63頁。
13) 神奈川新聞社ローカルニュース（2010年3月8日）。
 （http://news.kanaloco.jp/localnews/article/1003070029/，2010年4月16日アクセス）
14) 日経MJ（2010年7月21日）。

第2章
企業とNPOのパートナーシップに関する先行研究

　前章では企業とNPOの関係が徐々に近づき，深くなりつつあるとともに，多くのパートナーシップが形成されてきていることを述べた。そこで，本章では，まず本研究におけるパートナーシップの意味を明らかにし，そのうえで，両者の関係に関する先行研究のレビューを行うことにする。

第1節　パートナーシップと関連する概念

1. パートナーシップの意味

　パートナーシップという言葉は多義的な用語である。そのなかのひとつに社会的パートナーシップという概念がある。これは，社会的課題を解決するために，ひとつまたは複数の企業が行政やNPOという異なるセクターにどのようにかかわっているのかという，コミットメントのことをさしている[1]。これには，企業とNPO，企業と行政，行政とNPO，そして，この3者によるパートナーシップ，という4つのタイプがあるとされている[2]。本研究では，そのうちの企業とNPOのパートナーシップに焦点をあてることになる。

　さて，パートナーシップの定義は多様である。張淑梅［2004］はコンセンサスはないと指摘しつつ，上述の社会的パートナーシップには含まれない企業間関係を対象にして，「基本的にそれを構成する自律的なアクター間の信頼にもとづいた協力関係である」[3] と定義している。

　また，下村博史［1996］によると，パートナーシップは「共通の目標をもって，協働して事業を運営する組織間関係」であり，コストの最適化，経営資

源の補完, 競争優位性の獲得という3つの意義をもっている, としている[4]。

そして, 長積仁［2008］は, パートナーシップを「ある特定の目的を達成するために, 個人または組織間の責任と権限に裏づけられた相互の協力関係」としてとらえ, パートナー間の対等な関係と民主的な意思決定, 利益の共有化を重視すべきである, と主張している[5]。

さらに, NPO法人パートナーシップ・サポートセンターによれば, パートナーシップとは「パートナー同士がひとつのものを作り上げていく時の, 互いの姿勢や考え方, 行動をつきあわせるプロセス」であるという。これを形成する条件として, 違いを認め合うこと, 対等な関係であること, 合意にもとづいて役割を分担すること, 互いに愉しみあえること, という4つをあげている[6]。

以上の定義では, 活動主体（アクター）は, 必ずしも明確になっておらず, 一致しているわけではない。それは異質の組織間であったり, 企業間であったり, 個人対個人など, とさまざまである。しかし, これらの議論にはほぼ共通する理解が含まれていることがわかる。それは, 2つまたはそれ以上の組織が協力して活動を行うという「共同性」または「協力性」と, ある目的にむかって活動するという「目的性」, そして, 両者が対等に活動を行うという「対等性」, という3つである。

以上の代表的な概念規定の共通点をふまえて, 本研究ではパートナーシップを,「共通の社会的課題を解決するために, 両者が補完的な資源を出し合い, 信頼にもとづいて形成される対等な協力関係である」と定義する。

2. 類似概念との関係

パートナーシップに類似した概念には, 協働, 戦略的提携, 提携などがあげられる。

① 協働（collaboration）

シュレージ（Schrage, M.）［1992］によれば, 協働は「共有された創造のプロセス, つまりあい補う技能をもつ2人以上の個人が, それまでは誰ひとりとしてもっておらず, またひとりでは到達することのできなかったであ

ろう共有された理解をつくり出すために相互作用を行うこと」[7]としている。

　この定義は活動主体としての個人に着目しているが，上述のパートナーシップに含まれる3つの共通概念「共同性」，「目的性」，「対等性」が同じように含まれていると理解することができる。そして，協働が共通目的を達成するためのパートナー間の「協力的な行為」，すなわち協力や相互作用のための活動そのものに主として着目しているのに対して，パートナーシップは，活動そのものによって作り出される関係性，つまりパートナー間の「協力関係」に重点をおいている。もっとも，このような相違を意識しているものの，協働はパートナーシップとほぼ同じ意味をもつ概念であり，本研究では協働事業という表現を用いている。

② 戦略的提携（strategic alliance）

　第1章の第1節でもふれているが，企業間関係においては，戦略的提携がしばしば使用されている。ガラティ（Gulati, R.）[1998]は，戦略的提携を「資源を交換・共有しながら，共同で製品や技術，サービスを開発するために企業間で自発的に結んだ協定である」[8]と定義している。また，ダス＝テン（Das, T. K.＝Teng, B.）[1998]によると，戦略的提携は「互いの戦略的目的を達成するために企業間で締結した協力的協定」である[9]。

　さらに，野中郁次郎[1991]は戦略的提携が単発の取引ではなく，一定の期間協力関係を継続するという長期性，自社の競争優位を獲得しようとするパートナーどうしの目的が明確になっているという戦略的意図，本質的に主従関係が存在しないという対等性，の3つの特性をもつとしている[10]。

　ガラティとダス＝テンの定義では，戦略的提携が「共同性」と「目的性」を含んでいると理解できるが，「対等性」については必ずしも明確に規定されていない一方，野中は戦略的提携の本質のひとつとして「対等性」をあげている。つまり，戦略的提携もなんらかのかたちで「共同性」，「目的性」，「対等性」を含む概念として理解できよう。

　また，上記3つの見解で共通しているのは，企業間関係に着目して活動の主体を企業としていることである。もっとも，バダラッコ（Badaracco, Jr., J. L.）[1991]は多様なステークホルダーを意識しつつ，「企業と競合企業，顧客，

サプライヤー，政府機関，大学，労働組合，その他の組織とのすべての協力関係」[11] として，企業以外に多くのパートナーを戦略的提携にいれており，NPO もこの対象になっている。

③ 提携（alliance）

これは連合や同盟を意味し，言葉の表現でもわかるように，本来は戦略意図を強調する戦略的提携よりも広義な意味をもっているが，多くの研究者（たとえば，ハメル = ドズ（Hamel, G. = Doz, Y. L.）［1998］，インクペン（Inkpen, A.）［2001］，ダス = テン［1998, 2000a, 2000b, 2001, 2002, 2003］，石井真一［2003a, b］など）は，必ずしもこの2つの言葉を厳密に区別して使用していない[12]。

以上の議論から，本研究では，協働，戦略的提携，提携をパートナーシップとほぼ同義のものとして考える。

第2節　パートナーシップの類型化に関する見解

これまでの企業と NPO のパートナーシップに関する先行研究をみてみると，主な特徴によって類型化するものが多い。ここでは，そのうちのオースチン（Austin, J. E.），谷本，岩田による3つの代表的な議論を取り上げることにしたい。

1. オースチンによる「発展連続体」の主張

オースチン［2000, 2003］は多くの企業と NPO のパートナーシップを研究・分析し，両者の関係をフィランソロピー，トランザクション，インテグレーション，の3つの段階に分類している[13]。

① フィランソロピー段階（Philanthropic Stage）

もっとも一般的で，チャリティを目的とする伝統的なタイプの関係である。すなわち，特定の社会的課題に対して，企業は善意で NPO に寄付を提供する。この初期の段階では，個人的なつながりが重視され，企業と NPO の組織間のコミュニケーションも書面上の状況報告にとどまっており，両者

のかかわりは最小限のものである。

　また，この段階では，経営資源は企業側から NPO 側へと一方的に移転するだけなので，両者の関係は対等ではなく，もとめるパフォーマンスも最低限にとどまる。

　② トランザクション段階（Transactional Stage）

　企業と NPO の間でミッションや価値観に類似点がみられ，限定された範囲で対等に経営資源を交換しあうという関係である。たとえば，第1章第3節で述べたコーズ・リレーテッド・マーケティング（CRM）は，これに含まれる。

　パフォーマンスを明確に獲得しようとするこの段階では，コーディネイトするマネジャーが現れ，協働事業が強いリーダーシップによって促進される。また，組織間では非公式な学習が行われ，両者の関係は個人間から組織間へと広がり，お互いに理解や信頼が深まっていく。

　③ インテグレーション段階（Integrative Stage）

　これは戦略的提携にまで発展できる段階である。共通の目的を達成し，新しい価値を創造するために，両者のコア・コンピタンスが統合され，精神的な一体感が生まれる。協働の範囲がトップレベルから組織の下位レベルにまで拡大し，従業員の直接関与が増加する。

　この段階では，戦略的な価値が高いだけでなく，組織文化についても相互に影響しあいながら，アクティブな学習が行われる。その結果，個人や組織間の深い関係が形成されることになる。

　オースチンによれば，企業と NPO との関係は，時間とともに低いレベルのフィランソロピーからトランザクションを経て高いレベルのインテグレーションへと進んでいく「発展する連続体」であるという。そして，このような関係の発展は自動的ではなく，意識的に行われなければならないとも指摘している。したがって，フィランソロピー段階のないトランザクション段階からスタートすることがあれば，逆にトランザクション段階がフィランソロピー段階に後退する場合もあるという。

2. 谷本寛治の「活動内容」による類型

谷本［2002］は企業とNPOが行っている活動の内容から，パートナーシップの類型を3つのレベルに分類している[14]。

① 企業の経営資源を活用した地域への支援活動

ⓐ 金銭，物品による支援

企業はカネとモノという経営資源を活かして，支援したいという目標をNPOに託す。これは，古くから行われてきた企業からNPOへの一方的な支援方法である。

ⓑ 施設・人材の活用による支援

企業が所有するホール，緑地，倉庫などを地域に開放したり，従業員を派遣してイベントに協力したりする支援であり，企業はNPOを支援することで，その知名度やイメージを上昇させることができる。

ⓒ 本来業務や技術の活用による支援

企業が本来の業務で蓄積された高度な技術やノウハウをNPOに提供し，それを活用させて，NPOを支援するというものである。

② 社会的商品・サービスや社会的事業の開発

企業が本業を通して，社会性や専門性をもつNPOとパートナーシップを組み，これまで主に行政が行ったり，企業が対応できない領域に進出し，共同で新しい商品やサービスを開発して，社会的課題の解決に取り組んでいく。たとえば，エコツアーや，フェアトレード，環境配慮型商品の開発などがあげられる。

③ 経営活動のプロセスへのNPOの参画

CSRが問われるなかで，企業はより公正かつ倫理的な経営が求められている。そのために，企業は経営活動のプロセスにNPOを参画させて，企業のイメージ・アップを図ったり，社会から信頼を得ようとする。企業とNPOが共同で作成する環境アニュアルレポートなどはこの例である。

3. 岩田若子の戦略的社会貢献活動をめぐる分類

岩田［1999］は，経済的効率性対社会的適合性，自発性対法（制度的被拘

束性）という2つの軸によって，企業の戦略的社会貢献活動を中心としたNPOとのパートナーシップを以下のように4つに分けている[15]。

① 投融資型

企業がNPOに寄付するという従来のチャリティ型と本質的に変わらないものである。しかし，寄付になんらかの投資または融資という意味をもたせるような発想の転換により，企業側は寄付が株主の利益に反する行為であるという批判をまぬがれることができ，NPO側は主導権を確保し，企業と対等な関係を構築することができる。

② 商品開発（企画）型

技術や専門的な知識をもっている従業員をボランティアとしてNPOに派遣し，消費者の代表であるNPOと組んで共同で商品企画や開発を行う。企画や開発に参加した従業員は従来の企業優先から消費者の立場に近くなり，より市場のニーズに合致する商品の開発ができるようになる。一方，NPOは企業からのボランティア支援の受け入れにより，人材不足という問題が解決される。

③ 情報公開型

商品やサービスの情報を一方的に提供するだけでは，消費者との間に情報の格差が生じやすい。そこで，第1章第2節で述べた監視・批判型NPOとパートナーシップを組んで，この問題を克服しようとする。その結果，企業は消費者から比較的良好な信頼を得て，経済的業績をあげ，健全な市場を獲得できる。企業市民としても評価され，社会的イメージの向上につながる。一方，NPOはみずからが掲げたミッションの達成がより容易になる。

④ 機会開発（再配分）型

提言を目的とするNPOとの協働のなかで，企業の運動場や会議室といった施設を地域住民に開放するなど，地域住民の要望を実現させながら，経営資源を活用・運営する機会を作り出していくタイプである。これは，①の投融資型における寄付とは異なり，「所有と経営の分離」という考え方が根底にある。

第3節　パートナーシップの形成プロセスに関する研究

　パートナーシップは組織間協力のひとつであるが、そのプロセスは、2つ以上の組織の相互作用や交渉によって、組織間に新しい協力関係が形成され、制度化されていくという「組織化過程」である。このプロセスそのものが協力の成果を規定することができるといわれている[16]。パートナーシップの形成プロセスに考察の重点をおいた研究に、セタニディ＝クレイン (Seitanidi, M. M. = Crane, A.) とロンドン＝ロンディネリ＝オニール (London, T. = Rondinelli, D. A. = O'Neill, H.) の2つの分析があげられる[17]。

1. セタニディ＝クレインのミクロプロセス・モデル
　セタニディ＝クレイン［2008］は、企業とNPOのパートナーシップをCSRの実行手段としてとらえており、2つの事例研究にもとづいて、ミクロプロセス・モデルを提示している。このモデルでは、パートナーシップの実行プロセスをパートナーシップの選択、デザイン、制度化という3つの段階に区分している（図表2-1）。

　① パートナーシップの選択

　周知のように、パートナーシップを形成するために、まずどのようなパートナーシップを望むかを選ぶ必要がある。この段階では、協働の形式を決定する、異なる選択肢を評価する、そしてリスクに対する非公式的な評価を行う、という3つのステップを経る。

　まず、協働形式の決定はコミュニティへの参画といった活動と異なり、社会の動向やそれぞれのパートナー組織がもっている戦略的目標に影響される。

　つぎのステップとして、企業とNPOは話し合いなどの方法をもちいて、パートナーになりうるいくつかの組織とコミュニケーションを図り、それらを評価する。この評価は、両者が計画的に行う場合もあれば、創発的に行われてパートナーシップの形成に至る場合もある。また、相手組織を評価する

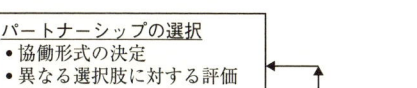

図表2-1　パートナーシップの形成段階

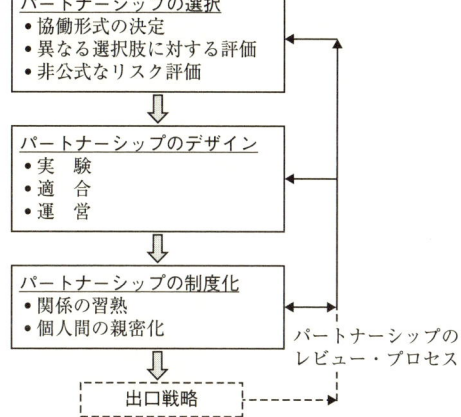

```
┌─────────────────────────┐
│ パートナーシップの選択      │
│ ・協働形式の決定           │ ←──┐
│ ・異なる選択肢に対する評価   │    │
│ ・非公式なリスク評価        │    │
└─────────────────────────┘    │
          ↓                    │
┌─────────────────────────┐    │
│ パートナーシップのデザイン   │    │
│ ・実　験                  │ ←──┤
│ ・適　合                  │    │
│ ・運　営                  │    │
└─────────────────────────┘    │
          ↓                    │
┌─────────────────────────┐    │
│ パートナーシップの制度化    │    │
│ ・関係の習熟              │ ←──┤
│ ・個人間の親密化          │    │
└─────────────────────────┘    │
          ↓                     パートナーシップの
┌─────────────────────────┐    レビュー・プロセス
│ 　　　出口戦略　　　　     │ ←──┘
└─────────────────────────┘
```

（出所）　Seitanidi, M. M. = Crane, A. [2008] p. 423.

基準は多くの要因に影響されているが，共通のものとしてコスト・パフォーマンスがあげられる。

　組織に対する非公式なリスク評価のステップには内部評価と外部評価が含まれる。前者は当該組織内の従業員間と，当該組織と相手組織の従業員間で議論が行われる。これに対して，後者は相手組織と類似している他の組織との間の議論や，他の組織がもっている相手組織に対するリスク評価によって行われている。また，このステップを経ることによって両者の関係が内部で非公式に結ばれ，将来の関係の発展に役立つという。

②　パートナーシップのデザイン

　これは試行錯誤の段階であり，実験と適合，運営という3つのステップに分けられる。ただし，組織の適合性が高く，当面の評価リスクが低い場合，実験と適合はひとつのステップになる可能性がある。

　まず実験のステップでは，どのように協働を進めていくのかを決める重要な段階であり，交渉を行いながら，協働目的に関する合意を作り上げたり，覚書を締結する。

つぎの適合のステップでは，パートナー間の情報伝達やパートナー組織を横断できるバーチャル・チームの設立が重要である。前者では主に協働目的や協働の位置づけ，パートナー間における財務的および非財務的資源の交換について明確にしたり，協働のために対応すべき問題を文章化することを行う。

一方，後者は組織間関係の構造に関連しており，パートナーシップをデザインする際の重要な要素である。初期のパートナーシップでは，バーチャル・チームは少人数から構成されており，それに参加するメンバーの個人的なバックグラウンドが組織間の関係に影響を与える。

また，バーチャル・チームのメンバーはお互いの組織の情報を伝達する役割を担っているので，相手組織に関する学習や理解を促進することができる。しかしながら，バーチャル・チームのメンバー間の個人的な関係が深まると，所属している組織から離れていく可能性がでてくる。

最後の運営のステップは，協働の内容やプロセスが徐々に安定していく段階であり，週単位や年次単位のレビュー会議や，パートナーシップの組織化などの活動が含まれる。

③ パートナーシップの制度化

これはパートナーシップとそのプログラム，プロセスが組織の一部として認められる段階である。組織間関係が制度化されると，たとえ重大問題に直面しても，パートナーどうしがそれを解決して両者の関係を危機から回避させることができる。

また，パートナーシップの制度化は個人レベルにおいて意味をもつものであり，個人間の信頼関係を発展させると制度化のレベルが高まる。しかし，制度化には長い時間を要するので，この段階まで到達せずに解消してしまうパートナーシップもある。

この段階では，関係の習熟（Relationship Mastering）と個人間の親密化（Personal Familiarisation）という2つのステップを経ている。前者においては，相手組織の強みと弱みを受け入れて統合的な関係を形成したり，組織間のコンフリクトを単に回避するだけではなく，みずから組織のアイデン

ティティを守りながら相手組織との違いを認めることが重要である。
　後者の個人間の親密化では，パートナー組織のメンバーとの食事会や自宅への訪問などの非公式な交流を通じて個人間の関係を深めながら，相互理解を高める必要がある。
　パートナーシップの実行は上述の選択，デザイン，制度化という3つの段階を経て，最後の出口戦略（exit strategy）の段階に至る。また，パートナーシップのレビューは出口戦略の一部として行われたり，パートナーシップ制度化の段階で行われる活動である。このプロセスによって，パートナーシップに各段階に情報がフィードバックされるようになるという。

2. ロンドン゠ロンディネリ゠オニールによる形成ステージ

　ロンドン゠ロンディネリ゠オニール［2006］は，企業とNPOが組織構造や組織価値の点で根本的に異なっており，お互いに不信があるため，パートナーシップの形成は企業間のものより困難であると指摘し，それを解決するための枠組を提示している。それによると，両者のパートナーシップには2つのタイプがあり，ともに3つのステージを経る[18]。

① 2つのタイプ

　企業とNPOのパートナーシップはさまざまな状況で形成される。企業の外部環境への対応によって，企業とNPOのパートナーシップを「リアクティブ」（reactive）と「プロアクティブ」（proactive）の2つのタイプに分ける。前者は，政府からの法や規制といった権威を脅威としてとらえ，それに対処しようとするために形成されるものである。
　これに対して，プロアクティブなタイプでは，そうした脅威をむしろチャンスとして前向きにとらえて，NPOとパートナーシップを組むことを，競争相手に対して差別化を得る戦略として考える。

② 3つのステージ

　企業とNPOとのパートナーシップは，企業どうしのものと同様に，思考，形成，実行という3つのステージを経て形成される。図表2-2に示されるように，それぞれのステージに2つの論点を設定している。

図表 2-2　企業とNPOの形成ステージと問題点

ステージ	論　点
ⓐ 思考のステージ	・問題設定 ・ドメインのリンケージ
ⓑ 形成のステージ	・信頼の形成 ・情報の移転
ⓒ 実行のステージ	・学習のスタイル ・情報の伝達

（出所）　London, T. = Rondinelli, D. A. = O'Neill, H. [2006] p. 359.

ⓐ 思考のステージ

　パートナーシップが形成される以前の段階であり，どのように問題を設定するのか，そしてどのようにパートナー組織のドメインとリンクするのかが重要なキーワードとなる。意思決定者は社会的課題に取り組む意義を明確に理解して経営活動で正当化し，必要な資源をパートナーがもっているかどうかを的確に認識する必要がある。

　リアクティブなパートナーシップでは，社会的課題に対して，組織内部の対抗的な行動が予想され，その行動は広範になる可能性がある。したがって，この場合，パートナーシップの正当性を形成することが重要であり，そのための強いリーダーシップや，担当者の長期的な努力などが求められる。

　一方，プロアクティブの場合には，企業は積極的に社会的課題に取り組んでいる。組織のスキルや価値がどのようにしてその社会的課題に適合できるのかがこのタイプにとって重要である。

　もうひとつはドメインのリンケージである。それは，企業とNPOがそれぞれに必要なドメインを多数の潜在的なパートナーのなかから識別し，選択するという作業である。パートナーシップを推進するために，意思決定者は潜在的なパートナーがもっている有用な知識と資源をみきわめて，自社のものと結びつけて評価しなければならない。

　リンケージの状況は，リアクティブとプロアクティブなパートナーシップでは異なる。前者は，担当者の個人間のコネクションによって形成されることが多い。それに対して，後者の場合は，自社のスキルや組織価値に適合す

るチャンスを広くネットワークを通じて探索し，NPO と結びつけることが可能になる。

ⓑ 形成のステージ

このステージでは，信頼の形成と情報の移転が重要となる。パートナー組織は相互に信頼しながら，知識を共有しなければならないのである。かかわる組織の間に信頼を構築することが，パートナーシップを成功させられるかどうかのカギとなる。また，情報を移転させるためにも組織間の信頼関係は欠かせない。

まず，信頼の形成についてみていこう。パートナーシップでは，相手にわからなければ自己の利益に有利になるようにふるまうという機会主義が存在するが，それを予測することは困難である。しかし，組織間に信頼関係が構築されると，相手の機会主義への疑念が少なくなり，組織間の関係は強化される。リアクティブとプロアクティブという2つのタイプでは，それぞれの初期の信頼レベルが異なっており，後者は前者よりも高い。

また，信頼のレベルが異なると情報共有のタイプも異なってくる。そして，この情報共有のタイプは問題を解決するためのスピードや効果に影響を与える。プロアクティブでは，それぞれのパートナー組織のメンバーは，協働の目的と組織の既存価値を合致させようとしており，情報は組織内と組織間という広い範囲で共有されている。

それに対して，リアクティブでは，情報を迅速に広めるためのコンテクストが欠如している。それは，組織のメンバーが相手の正当性やパートナーシップを組む必要性についての認識が不足しているからである。したがって，組織間の情報共有のレベルが低いのである。

このステージを終えるのに要する時間は，組織間の交渉や連絡を担当する「境界連結担当者」（boundary spanner）の組織内での評判や，サポートする能力などによって異なる。企業とNPOの場合では，事前の関係が少ないため，信頼の構築は困難であり，適切なパートナーを選択するには，多くの時間が必要であろう。

ⓒ 実行のステージ

ⓐ, ⓑのステージにおいて, 2つのタイプのパートナーシップでは組織が異なる行動をとっているのと同様に, 実行のステージでも2つのタイプのパートナーシップに相違がみられる。つまり, 異なる信頼のレベルや情報伝達のパターンが, 学習のスタイルと学習の範囲に変化をもたらすことになる。

本質的に異なる営利組織の企業と非営利組織のNPOは, 組織間の学習を行うために必要な経験が少ないので, それぞれの組織の境界連結担当者は, 知識を共有するためのモチベーションと能力を有しなければならない。また, それぞれのパートナー組織は, お互いに「相対的な吸収能力」(relative absorptive capacity) の不足を克服する方法を見い出す必要もある。

吸収能力の限界を補うために, 2つのタイプのパートナーシップは, それぞれ異なった学習戦略を実施している。プロアクティブでは, 相手の知識を吸収し, それを意思決定に活用するという戦略をとり, パートナー組織がもっているそれぞれの専門的な知識は結合され, 新しい知識や能力として創出される。一方, リアクティブでは, 組織みずからがもっているユニークな知識を相手組織の意思決定などに働きかけるという知識レバレッジ戦略を展開している。

このステージでは, 学習を組織内部へ拡大することも重要である。組織がなにを学習すべきかは学習戦略によって影響され, 知識を吸収することによって新しい識見が生まれるだけでなく, その知識を組織全体へ広めることができる。その結果, 新しいチャンスが創出される可能性が高まる。プロアクティブなパートナーシップはリアクティブなパートナーシップより, もたらす影響が大きいといえるであろう。

企業とNPOのパートナーシップを成功させるうえで, どのような関係を構築するかについて, ロンドンらの議論から重要な示唆が得られる。企業とNPOでは, それぞれがもつ組織価値や専門的な知識が本質的に異なるので, 企業どうしよりも失敗の可能性は高い。また, パートナーシップのタイプによって, 両者の関係を形成するメカニズムは異なる。したがって, この場

合，信頼関係を構築しつつ，相互の学習で情報の共有や知識の交換が可能な方法を見つけ出すことが重要である。

第4節 その他の視点からの考察

第2節と第3節で取り上げた類型化や形成プロセスに関する研究は，企業とNPOの関係に関する既存研究の主流である[19]。ここでは，そのほかの視点からの主な主張を取り上げることにする。

1. アブザグ＝ウェブのステークホルダー・パースペクティブにもとづく研究

アブザグ＝ウェブ（Abzug, R. = Webb, N. J.）［1999］によると，ステークホルダー・パースペクティブは1980年代に提起され，経済学と経営学を統合したものである。この理論はNPOがどのように形成されるのか，また，他の組織との関係がいかに形成されるのかを理解するのに有効である。そして，NPOは企業のすべてのステークホルダーの役割を果たすことが可能であり，両者には協働や共存関係だけでなく，競争関係も存在するという[20]。

このような関係にもとづき，非営利ステークホルダーをコミュニティ，競争相手，顧客，従業員，マネジャー，行政，株主，サプライヤーに区分し，両者の間の多様な関係を説明するモデルを提示し，以下の7つの仮説を導いている。

① コミュニティ

もっとも代表的な非営利ステークホルダーであり，企業に対して監視的な役割を果たしている。環境保全団体や権利擁護団体はその典型的なものである。その規模とパワーが大きくなると，企業に対する脅威も大きくなる。

② 競争相手

福祉・医療施設やYMCAのような地域活動を行うNPOをさす。これらの組織は税の控除を受けながら，企業と同様に人々にさまざまな商品やサー

ビスを提供しているので，企業にとって競争相手となる。その組織構造は企業と類似しており，もっているパワーが大きければ，企業を脅かす力も大きい。

③ 顧客

顧客としてのNPOは企業に圧力をかけることができる。組織化されたコンソーシアムのようなNPOは，単独またはグループで商品やサービスを利用しているため，個々の顧客の要望を企業に要求する能力をもっている。したがって，所有するパワーが強化されるにつれ，企業に対する脅威が増すことになる。

④ 従業員とマネジャー

従業員が組合や専門職協会に加入するときに，雇用されている企業に影響力をもつNPOを選択する傾向がある。というのは，パワーをもつNPOに加入すれば，彼らは企業との交渉で優位に立つことができるからである。全米州・郡・市従業員連盟（AFSCME）や，全米大学教授連盟（AAUP）などはこのようなNPOである。この場合，NPOの規模やパワーが大きくなると，企業に脅威を与えるときもあれば，企業に協力することもある。

⑤ 行政

行政改革の進展や，第3者による行政システムの強化により，NPOは行政と契約して行政の代理として企業と協働を行ったり，企業を監視したりしている。病院や健康管理機構（HMO）といったNPOが医薬品企業に対してパワーをもつ場合がその例である。

⑥ 株主

NPOは多くの企業に投資を行ったり，株主となることができる。たとえば，年金基金を運用する組合が企業に投資を行う場合，組合は企業の株主となる。また，機関あるいは個人の投資家が機関投資家評議会やアメリカ個人投資家協会といったNPOに組織化されると，彼らの影響力はさらに高められる。

NPOが企業の株主になると，両者はプリンシパルとエージェントの関係になるため，パワーと依存関係が生じ，NPOは企業の組織構造に影響を与

えることができる。

⑦ サプライヤー

NPOがサプライヤーとして原材料やサービスを提供する場合はそれほど多くなく，主にフィナンシャル契約や現物取引，費用免除といったかたちをとって，医療や教育の分野でサービスを提供している。さらに，雇用促進に関与するNPOでは，労働のサプライヤーの役割を果たしている。この場合，NPOのパワーが大きければ大きいほど，企業に与える脅威的影響，もしくは協力的な影響が高くなる。

このように，アブザグラは時間の変化により企業とNPOの間の競争力やパワーの関係が変動すると主張している。NPOは企業のあらゆるステークホルダーとして存在し，経済や社会，政治的な分野でも重要な役割を果たしている。この役割が重要であればあるほど，企業に対して脅威となる可能性，あるいは企業と協働を行う可能性が高くなる。

2. 横山恵子の総合的な視点にもとづく研究

横山［2003］は企業の収益外の社会戦略に焦点をあてて実証分析を行い，協働の目的，プロセス，成果を一連のものとして論じている（図表2-3）[21]。

① 協働の目的

横山は，企業がパートナーシップを組む目的を非営利と営利に分けて検討している。非営利の目的は非営利活動の拡大と充実にあるが，企業は単独で社会的課題に取り組むには力不足であり，外部からの参加が必要である。また，もともと営利組織であるため，たとえ真剣に非営利活動を行っていても疑われることが多く，社会活動を広範に展開することは難しい。

営利目的は，企業の事業目的や利益との関係によって異なる。非営利活動を本業の営利活動に組み込み，両者のシナジー効果を目指す場合には，ブランド力や差別化が主な目的となる。それに対して，非営利活動を営利活動と両立させるときには，両者間のコンフリクトを解消しようとする。また，営利活動と完全に切り離して，単純な非営利活動として協働を行う場合もある。

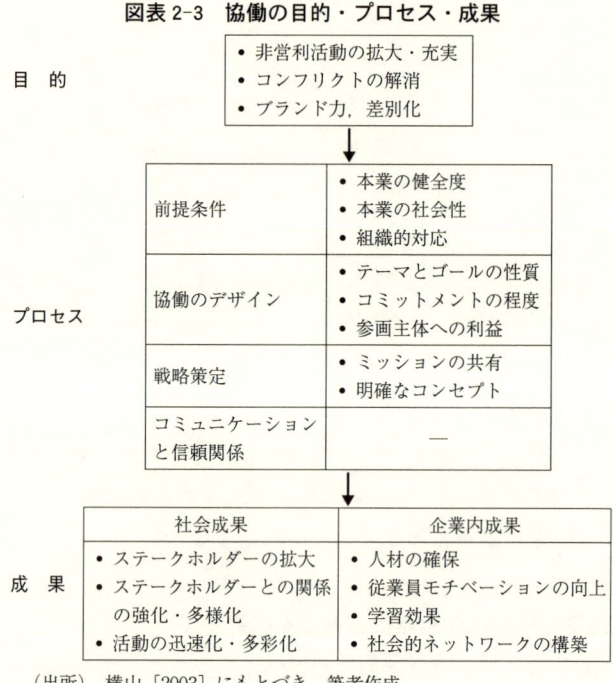

図表 2-3　協働の目的・プロセス・成果

目的		
	• 非営利活動の拡大・充実 • コンフリクトの解消 • ブランド力，差別化	

プロセス		
	前提条件	• 本業の健全度 • 本業の社会性 • 組織的対応
	協働のデザイン	• テーマとゴールの性質 • コミットメントの程度 • 参画主体への利益
	戦略策定	• ミッションの共有 • 明確なコンセプト
	コミュニケーションと信頼関係	―

成果	社会成果	企業内成果
	• ステークホルダーの拡大 • ステークホルダーとの関係の強化・多様化 • 活動の迅速化・多彩化	• 人材の確保 • 従業員モチベーションの向上 • 学習効果 • 社会的ネットワークの構築

（出所）　横山［2003］にもとづき，筆者作成。

② 協働プロセス

横山は先行研究を整理して，協働を促進する要因と阻害する要因という2つの視点でとらえ，協働プロセスの要件として4つの軸にもとづいて分析している。それらは，ⓐ前提条件，ⓑ協働デザイン，ⓒ戦略策定，ⓓコミュニケーションと信頼関係である。

ⓐ協働プロセスの前提条件として，本業の健全度，企業の社会性の高さ，組織対応の明確さがあげられる。企業は経済的に成長して本業の収益構造が良好であること，そして本業以外にも高い社会性と公益性，協働の複雑さを軽減する明確な組織的な対応が求められる。

ⓑ協働デザインとは，企業とNPOの協働における関係性をデザインするという意味であり，テーマとゴールの性質や，コミットメントの程度，参画

主体への利益が重要な要素となっている。

　NPO活動のテーマやゴールは，協働する企業のモチベーションに影響を与える。たとえば，その社会的な意義が大きい場合，参加する企業は得られる満足度が高いので，高いモチベーションにつながる。

　コミットメントには両者のもつ資源へのコミットメントと，協働に参加するメンバーという人的なコミットメントがある。協働関係を継続させるためには，この両者のバランスが求められる。

　また，企業がNPOとパートナーシップを組む際には，非営利の目標を実現して社会に貢献をすることと同時に，テーマ設定を本業に関連づける必要がある。つまり，営利活動との関連も視野に入れて協働をデザインしなければならない。

　ⓒ 協働事業の戦略の策定は，ミッションの共有と明確なコンセプトの創造が大きな役割を果たす。ミッションを共有し，両者に納得可能なコンセプトが創造されれば，協働の複雑さや質の差異によるコンフリクトを減少させることになる。

　ⓓ コミュニケーションや信頼関係の構築は，先行研究においても成功要因として多く取り上げられている。信頼関係が形成されると，組織の異質性から生じる意見の対立などを解消することができる。このふたつは協働の発展につれて深化する一方，協働関係の深さや，プロジェクトの難しさによって影響される。

　横山が主張する協働プロセスは，パートナーシップを形成するためには，前提条件を考慮してパートナーを選択することである。そして，お互いにとって意義の大きい協働をデザインし，戦略を策定したうえで，コミュニケーションを通じて信頼関係を構築する必要がある。

　③ 成果

　谷口［2000］の影響分析の考え方を援用し，横山は資源と組織能力，ステークホルダーという3つの影響測定変数を用いて，社会という外部と企業内部の2つの視点で成果を考察している。

　社会への影響については，NPO活動の成果で把握しようとしている。た

とえば，協働でもたらされた成果をステークホルダーからみると，協働が推進されるにつれ，社会からの関心が高くなり，ステークホルダーが国内から海外へと量的にも拡大する。そして，外部からの評価が高まることにより，ステークホルダーとNPOとの関係が強化され，多様な協力関係が生まれてくる。

これに対して，資源と組織能力により決定される効果と効率の視点で成果をみると，NPOの活動は迅速かつ広範囲に展開され，その活動の内容も多様になる。このような成果が得られるのは，パートナーシップに参加するそれぞれの組織が積極的にコミットしているからである。

つぎに，企業内部の成果には，社会的評判という正当性の獲得と人材の確保，従業員モチベーションの向上などがあげられる。そのほか，他の組織のマネジメントについても学習することができ，社会的ネットワークを構築することが可能になる。

さらに，横山は協働目的，協働プロセス，成果の3つの関係にもふれている。それは，協働のプロセスのあり方が社会的成果に関連するだけでなく，企業内部の成果にもかかわること，また，協働の目的がたとえ営利を意図しなくても，企業内部の成果が得られる，としている。

第5節　先行研究に対する評価

本章の先行研究のレビューでは，以下のようなことが明らかになった。

まず第1に，オースチンと谷本，岩田の類型化に関する研究は，企業とNPOのパートナーシップをマクロ的に考察している点で共通しているが，谷本と岩田が両者の活動の実態や特徴で類型化を行っているのに対して，オースチンは両者の関係の変化に焦点をあて，それを発展の連続体としてとらえている。しかしながら，これらの研究はいずれも企業とNPOの関係を静態的に考察しているにとどまっているといってよい。

つぎに，セタニディらやロンドンらのプロセスに関する見解は，ミクロ的観点から，パートナーシップがどのように展開しているのかを解明してい

る。これは企業とNPOのパートナーシップの形成プロセスを動態的にモデル化しており，筆者の研究に有益なヒントを与える。しかし，セタニディらの議論は理論的な検討が不十分である。

これに対して，ロンドンらは戦略的提携の観点で企業とNPOのパートナーシップの生成プロセスを検討している。ただし，ロンドンらは主に企業間の関係を研究の対象とする既存の戦略的提携理論をそのまま援用し，両者の関係の特徴についてあまり注意をはらっていないという問題点がある。

うえにあげた先行研究の類型化やプロセスについての議論は，企業とNPOがどのような理由でパートナーシップを形成するのか，それがもたらす結果はどのようなものかに関してはふれていない。その点では，横山の研究はこの課題に明示的に取り組んでおり，先駆的である。しかし，パートナーシップの形成目的，協働のプロセス，成果の関係については十分に論及していない。

また，これまでの研究は横山の議論を含め，現状のデータや現象的側面から導かれたものが多く，理論的なバックグラウンドが不十分であったり，一貫した理論的な検討が欠如しているように思われる。企業とNPOの関係の変化については，ミクロの観点から議論する必要があろう。

さらに，アブザグらによるステークホルダー・パースペクティブの視点からの研究は，NPOの多様な働きを示しており，パートナーシップの構造の解明に有効である。しかし，理論的な構築に制約があるために，両者の関係を静態的にみるにとどまっている。

ここで取り上げたいくつかの先行研究は，多様な視点で企業とNPOの関係をとらえているものの，一貫した理論にもとづく分析が十分ではないと思われる。それは，両者に関する研究の歴史がそれほど長くなく，比較的新しい分野であることからすれば当然であり，いたしかたないであろう。

本研究では，既存の組織間関係論を援用して，企業とNPOでなぜパートナーシップが形成されるのか，形成された後その関係はどのように発展するのか，そして，パートナーシップによってもたらされる結果はどのようなものであるのか，を説明する動態的な枠組を構築することを試みたい。そし

て，事例を通してその枠組の有効性を検討することにする。

注
1) Waddock, S. A. [1988] p. 18, Seitanidi, M. M. = Crane, A. [2008] p. 413.
2) Seitanidi, M. M. = Crane, A. [2008] p. 414.
3) 張淑梅 [2004] 33 頁。
4) 下村博史 [1996] 195-197 頁。
5) 長積仁 [2008] 19 頁。
6) NPO 法人パートナーシップ・サポートセンターのホームページより。
 (http://www.psc.or.jp/01_1.html，2011 年 9 月 25 日アクセス)
7) Schrage, M. [1992] 訳書，96 頁。
8) Gulati, R. [1998] p. 293.
9) Das, T. K. = Teng, B. [1998] p. 491.
10) 野中郁次郎 [1991] 5 頁。
11) Badaracco, Jr., J. L. [1991] 訳書，6 頁。
12) これに対して，松行彬子 [2000] や今野喜文 [2000] は，提携と戦略的提携は本質的に異なっていると主張している。
13) Austin, J. E. [2000] pp. 69-97，および [2003] pp. 49-55.
14) 谷本寛治 [2002c] 272-273 頁。
15) 岩田若子 [1999] 101-110 頁。
16) 山倉健嗣 [1993] 202 頁。
17) このほかに，Lober, D. J. [1997] は問題の流れ，政策の流れ，組織の流れ，社会的・政治的・経済的流れ，協働の窓，協働のための起業家という 6 つの概念を提示しながら，「協働の窓」というモデルを構築している (pp. 1-24)。
18) London, T. = Rondinelli, D. A. = O'Neill, H. [2006] pp. 353-366.
19) 佐々木利廣 [2009] 10-11 頁，後藤祐一 [2009] 320-325 頁。
20) Abzug, R. = Webb, N. J. [1999] pp. 416-431.
21) 横山恵子 [2003] 第 4，5，6，7 章。

第3章
組織間関係論におけるパートナーシップに関する先行研究

　本章では企業とNPOの関係をも含む，いわゆる組織間関係に関する先行研究を検討し，パートナーシップがどのように議論されてきたかを整理したい。議論は資源依存論，組織間信頼，組織間学習，そして戦略的提携のパフォーマンスという4つのテーマに分けて検討する。これらは企業間の関係から生み出されたものである。以下で，それを具体的にみていく。

第1節　組織間関係論の形成と展開

　2つ，またはそれ以上の組織間の関係に焦点をあてる組織間関係論（Inter-organizational Relationships, IORs）は，ディル（Dill, W.）［1958］やレヴァイン＝ホワイト（Levine, S. ＝ White, P. E.）［1961］などの業績により，1950年代後半から1960年代初頭に成立し，1970年代後半になってひとつの理論として確立された[1]。

　この組織間関係論とは，組織を「オープン・システム」としてとらえ，外部環境から影響を受けるものとし，この組織と外部環境としての他の組織との間の相互作用を研究する領域である。これまでに，企業，行政，NPOといった組織を対象にして，その関係の特徴とパターン，起源，理論的根拠，結果などのさまざまな視点から，異なるレベルで組織間の関係が分析されている[2]。

　1980年代に入ると，組織間関係の分析単位は2つの組織間の関係（ダイアド）から，焦点組織とこれに直接関係する複数の組織との関係（組織セッ

ト）へ，そしてさらにある特定の境界のなかで関連する複数組織間のすべての関係（組織間ネットワーク）へと拡大している[3]。

この時期の代表的な理論として，資源をめぐる資源依存論（Resource Dependence Theory），取引コストの削減のための取引コスト・アプローチ（Transaction Cost Approach），境界連結者に注目する組織セット・アプローチ（Organization Set Approach）などがあげられる。

そして，1990年代後半からは，組織間関係の構造を重視する研究からプロセスに重点をおく研究へという新たな展開が始まり，そこでは，組織間学習（Interorganizational Learning）や，組織間信頼（Interorganizational Trust）がキーワードとなっている[4]。

この数十年で，ジョイント・ベンチャーや企業間の戦略的提携論，ネットワーク論などを含む組織間関係に関連する研究がかなり進展し，その数も急速に増加している。しかし，これらすべての理論的アプローチは2つのコア・コンセプトにもとづいている。そのひとつは関係する組織（the relating organizations）を論じるものであり，もうひとつは関係の本質（nature of the relationships）を記述するものである[5]。

前者は個々の組織に焦点をあてる分析と，個々の組織の集合体を分析するものに分けられる。これに対して，後者は資源や情報の交換といった相互的な関係と，そうでない非相互的な関係に関する分析に分けられる。メンバー間に組織的ステイタスやアイデンティティなど特定の属性が共有されると，非相互的関係が生じるという。それによって，メンバーが同じ行動をとったり，同じ進化をたどるような力を受けることができる。

上述の組織と組織間関係を議論する研究のほかに，それぞれの組織とその関係に埋め込まれたコンテクストと，組織間関係の形成や維持，変化，解消，成果の創出といったプロセスに関する研究も重要である[6]。

第2節　先駆的支配理論としての資源依存論

組織間関係に関する多様なアプローチのなかで，資源依存論は支配的な理

論として確立されている[7]。これは1970年代に組織レベルの問題として議論され，その後，環境における組織間の関係を論じるものとして重要な理論となっている[8]。現在では，経営学や社会学だけでなく，ヘルスケア，公共政策，その他の研究分野にまで多大な影響を与えている[9]。

1. 資源依存論の源流

資源依存論は，交換アプローチ（Exchange Approach）から発展したと考えられている[10]。これは，レヴァイン＝ホワイト［1961］の保健福祉機関の研究によって提起されたもので，組織間交換とは2つの組織がそれぞれの目的を達成するために，相互に自発的に資源交換を行うことである。

組織は必要とする資源や機能をすべて組織の内部で生み出すことができないので，存続していくためには，他の組織から資源を獲得しなければならない。組織間の交換を決定する条件は，組織が必要な資源について，外部にどの程度近づけるかという「接近の可能性」，互いの組織がパートナーの組織のドメインについてどのくらい合意できているかという「ドメイン・コンセンサス」，組織のもっている「目標の内容」，の3つである[11]。

交換アプローチは，組織が享受できる利益は均等であることに注目している。しかし，資源交換によって組織間にパワーの依存関係が生じるかもしれないため，相互に得られる組織の利益は非対称な関係になる場合がある[12]。にもかかわらず，交換アプローチはこのようなパワー関係について議論されていない。そのために，必然的に理論としての限界に行きあたったのである。

そこで，組織間の資源交換とパワーの非対称的な関係を統合したものとして，資源依存論が誕生した[13]。これは1967年にトンプソン（Thompson, J. D.）によって提起され，フェファー＝サランシック（Pfeffer, J. = Salancik, G. R.）［1978］によって体系化されたことで知られている[14]。ここでは，他の組織が保有している重要な資源との交換・獲得，あるいは環境のコントロールをめぐる組織間の相互依存関係が中心的な問題として論じられている[15]。

2. フェファー＝サランシックによる体系化

　組織は存続し，目的を達成するために，自己充足できない資源を外部の他の組織から獲得しなければならない。それは，他の組織との相互作用であり，結果的にはこれにより，組織間の依存関係が形成されることになる。言い換えれば，「社会システムや社会的相互作用において，組織がある特定の行動を実行できなかったり，期待する成果を獲得するために必要な条件を完全にコントロールできなければ，相互依存が生じることになる」[16]。

　フェファーら［1978］によると，組織の成果は相互依存関係にもとづいており，それは組織の成果自体ではなく，成果を創造する組織間関係に主な特徴があるとしている[17]。たとえば，ある商品の売買契約では，お互いが売買行為に依存するために，売り手と買い手は相互に依存関係をもつことになる。同様に，ひとりの購買者に複数の売り手がいる場合，そこに契約が交わされているのであれば，売り手の間に相互依存の関係が生じることになる。

(1) 相互依存の分類[18]

　相互依存の分類にはさまざまなものがあるが，成果的依存（outcome interdependence）と行為的依存（behavior interdependence）はその代表的な概念である。前者は獲得する成果が他の組織に依存している状態を表わし，後者は特定の活動を行うときに，他者の行為に依存していることを意味している。2つの相互依存は同時に発生する場合もあれば，単独で現れることもある。

　また，前者はさらに「競争的な関係」と「共存的な関係」に区分できる。競争的な関係では，行為の主体である組織がそれぞれ同じ資源をめぐって競うため，片方の組織だけが一方的に高い成果を得ることになる。これに対して，共存的な関係では，行為の主体はそれぞれが異なった資源を対等に交換しているため，両者が得る成果も同じものとなる。この場合，高い成果が得られることもあれば，低い成果しか得られないこともある。

　競争的関係と共存的な関係は同時に存在する可能性があり，その関係は必ずしも対称的ではなく，非対称的になっているケースもある。

要するに，相互依存とは分析の対象となる組織，つまり焦点組織（focal organization）が環境を構成する主体のひとつである他の組織と資源を交換するという観点に立脚することを意味している。他の組織との関係が競争的であれ共存的であれ，焦点組織にとって，外部の複数の組織に依存する必要があるのである。

(2) 組織間資源交換の促進要因

フェファー＝サランシックによると，焦点組織は必要な資源をコントロールしている組織の影響を受けるとし，組織間の資源交換を促進する要因を以下のように提示している[19]。
① 焦点組織は外部組織の要求を認識している。
② 焦点組織は要求を生み出す外部組織から必要な資源を得ている。
③ その資源は焦点組織が経営活動を行ううえで重要である。
④ 焦点組織はみずからの経営活動や成果を向上させることによって，外部組織の要求を達成することができる。
⑤ 焦点組織はみずからの存続を望んでいる。
⑥ 外部組織は焦点組織によるアウトプットや活動を把握することができ，要求が達成されているかどうかを判断・評価する。
⑦ 焦点組織が行う要求の達成は，相互依存の関係にある他の組織からの要求の達成と対立しない。
⑧ 焦点組織は外部組織の要求の決定，定式化，表出について支配できる状況にない。
⑨ 外部組織は資源の配分やアクセス，利用をコントロールしており，焦点組織はそれを代替できない状態にある。
⑩ 焦点組織は外部組織の経営活動や存続に重要な他の資源の配分やアクセス，利用をコントロールしていない。

上記要因のうち，①から⑤までは内部要因，⑥から⑩までは外部要因である。

しかしながら，組織間の相互依存関係は固定的であるとはいえない。時間

が経過するにつれ，焦点組織が資源を入手する難易度は変化し，その資源が多ければ，それをもつ組織に対する依存度は減少する。また，組織間の依存や不確実性[20]を軽減するためには，組織間のコーディネーションを強化することが重要である。それによって，相手の行為に対するコントロールが増加し，行為的依存が強くなることになる[21]。

3. 組織間の交換関係における依存とパワー

(1) 組織間依存の条件

前項では資源交換を促進する要因の分析について述べたが，フェファー＝サランシックはさらに，相互に依存する組織が資源交換に至るまでの条件を示している。その条件とは，資源の重要度，他の組織の資源に対する資源への自由裁量度，資源コントロールの集中度，の3つである[22]。以下で，これらを詳述する[23]。

① 資源の重要度

これは組織が存続するのにその資源がどの程度必要であるかを意味し，それは交換の相対的な規模（relative magnitude）と資源の緊急性（criticality of the resource）という2つの次元によって決定される。ただし，この2つの次元は完全に独立しているものではない。

ここでいう交換の相対的な規模とは，全インプットあるいは全アウトプットに占める交換の割合を指している。生産活動に必要な資源の供給源が少数の組織によって保有される場合は，その組織への依存が高くならざるを得ない。

一方，資源の緊急性は組織がその資源を入手できないときに，みずからが長く存続できる能力で測定される。組織全体の取引量の割合が低くても，その資源が組織の存続にとって不可欠である場合がある。たとえば，ある組織にとって電力は取引量は少ないがいったん供給がストップすると，この組織は正常に活動を行うことができなくなる。また，緊急性は外部の環境によって，随時変化していくという特徴をもっている。

つまり，交換する資源を多くの他組織がもっている場合，あるいは交換の

必要性が低い場合には，組織間の相互依存関係も低くなるのである。
　② 他の組織の資源に対する資源への自由裁量度
　これは他の組織が所有する資源の配分や利用を決定する能力であり，資源が乏しい場合にとくに重要になる。また，これは組織のパワーを決定する重要な源泉であり，以下の4つがその基礎になっている。
　ひとつは資源の占有で，さらに情報や知識の所有と，その資源を保有している組織自体の所有（出資）などが含まれる。つぎは資源への接近で，所有しない資源への接近を統制する可能性を意味する。資源の配分に影響するプロセスは，ある程度資源への接近をコントロールする可能性をも示唆している。また，この資源へのアクセスをコントロールできるかどうかは，個人や組織のもつ知識や情報によるところが多い。
　第3は資源を実際に利用することと利用のコントロールである。資源をもっている組織以外の他の組織もその資源を利用できるだけでなく，ある程度コントロールすることができる。
　最後は資源の所有や配分への規制とそれをコントロールする法制度を制定する能力である。規制と法制度，そしてそれらを制定する能力によって組織間のパワー関係が決定され，資源依存の関係にある他の組織へのコントロールの程度も決まっていく。
　③ 資源コントロールの集中度
　これはインプットやアウトプットの範囲が，ひとつまたは少数の組織にコントロールされる状態を指している。資源の供給者が多く存在すればするほど，組織間の依存が低くなる傾向がある。逆に，資源が稀少であるとか，その資源をコントロールする組織が少数である場合は，その資源のコントロールは集中することになる。そして，その集中化した資源を多く所有している組織ほど，他の組織に対してパワーをもち，組織間の相互依存関係を強化することができる。
　資源の依存条件とパワーについて，これまでの議論を整理すると，図表3-1のようになる。

図表 3-1　組織間資源依存の条件とパワー

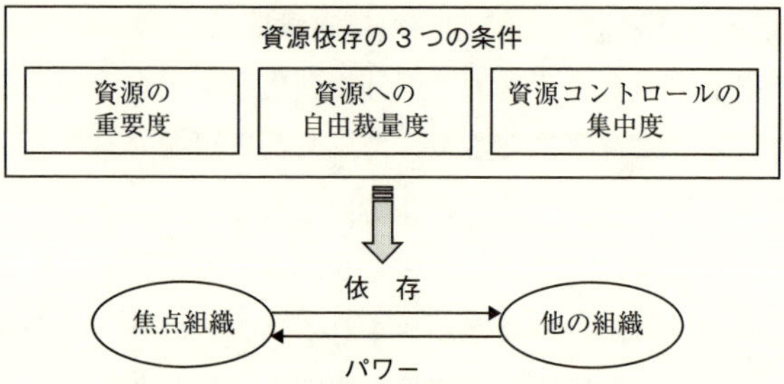

```
┌─────────────────────────────────────┐
│          資源依存の3つの条件          │
│  ┌──────┐  ┌──────┐  ┌──────────┐ │
│  │ 資源の │  │資源への│  │資源コントロールの│ │
│  │ 重要度 │  │自由裁量度│ │  集中度  │ │
│  └──────┘  └──────┘  └──────────┘ │
└─────────────────────────────────────┘
                  ⇩
              依　存
      ┌──────┐ ←──→ ┌──────┐
      │焦点組織│       │他の組織│
      └──────┘       └──────┘
              パワー
```

（出所）　Pfeffer, J. = Salancik, G. R. [1978] にもとづき，筆者作成。

(2) 組織間依存とパワーの関係

　山倉健嗣［1993, 2007］によると，パワーとは「他の抵抗を排しても，自らの意志を貫き通す能力であり，自らの欲しないことを他からは課せられない能力」である[24]。また，資源交換の過程でパワーを行使できれば，交換の比率を自己の組織に有利なものに変化させることができるともいわれている[25]。

　フェファー＝サランシック［1978］は，図表 3-1 に示される他の組織への資源依存の3つの条件によって資源交換が行われ，組織間の相互依存の関係が形成されるとしたが，それを言い換えれば，他の組織が焦点組織に対してもつパワーのことである[26]。

　エマーソン（Emerson, R. M.）［1962］の主張では，パワーは行為の主体の依存関係に潜んでいるという。行為主体Aの行為主体Bに対する依存は，Bによって達成できるAがもつ目標への動機に比例しており，Bとの関係以外の関係から，Aが目標達成できる能力に反比例しているという。また，AのBに対するパワーは，BのAに対する依存に等しいとも主張している[27]。

　さらに，フェファーら［1978］は，2つの組織が全体として対称的な関係におかれていても，ある組織が他の組織に特定の資源を依存すれば，他の組織には焦点組織に対してパワーが発生し，両者間に非対称的依存関係をもた

らすとも指摘している。そして,この非対称的依存関係が存在しないのであれば,焦点組織はパワーの優位性を獲得できず,他の組織に対する支配力が減少することになる[28]。

4. 組織間関係の変動
(1) 資源依存論の2つの前提

山倉［1993］は資源依存論が以下の2つの前提にもとづいて構成されていると述べている[29]。

① 組織が存続したり,みずからの目標を達成するために,必要となる各種の資源を他の組織から獲得して,それらを活用していくことが求められる。

組織はクローズド・システムではなく,オープン・システムであり,必要とする経営資源をすべて組織内で充足させることができない。したがって,他の組織と交換する関係を構築し,そこから資源を獲得しなければならない。ここでいう経営資源とはヒト,モノ,カネ,情報のほかに,専門性や正当性,社会性をも含む広義の概念である。つまり,組織は資源を保有・支配している他の組織とのかかわりなしに存続することが困難であり,他の組織との関係を形成・維持することは避けられないのである。

② 組織は自律性を確保しながら,他の組織への依存を回避しようとしたり,逆にできる限り他の組織を依存させて,みずからの支配の及ぶ範囲を拡大して依存関係を強化しようとする。このように,組織は資源を他の組織に依存している現実と他の組織から自律的になろうとする要請のはざまで,存続を維持しようとしている。また,組織間でこのような相互作用が行われていることは,資源依存の関係がパワーの関係を形成し,働いていることを示唆している。

組織は他の組織に依存すればするほど,自律性が低下して他の組織との間にコンフリクトが生じやすくなる。そのために,組織は他の組織への依存を回避して自律性を確保しなければならない。つまり,組織は他の組織に依存はするものの,そこからのパワーを避けようとするジレンマのなかにいるの

である。

(2) 組織間依存関係の調整

上述のジレンマを克服するために,組織はみずからのパワーを高め,依存関係を変えようとする。この点について,フェファー＝サランシック [1978] は2つの戦略をあげて以下のように主張している。

自律性を保ち,外部の要求による制約を回避するのにもっとも有効な方法のひとつは,要求に従うような状況をできるだけ少なくすることである[30]という。相手組織の影響力を回避するこの戦略は,相対的にパワーの弱い組織にとって効果的である。しかし,相手組織のパワーが強いと,それを回避することができなくなり,相互の依存関係を調整するために,さらなる適応が求められる[31]。

すなわち,焦点組織は他の組織のパワーを避ける方法として,組織的変革戦略,資源依存の回避戦略,コントロールの回避戦略をとるのである。まず,組織的変革戦略については,2つの広義の適応行動がとられる。ひとつは環境の要求に対して組織が適合あるいは変化することであり,もうひとつは自社の組織能力に適合させるために環境を変えることである。

つぎの資源依存を回避する戦略とは,インプットとアウトプットの交換を制御することで依存関係を安定させ,予測を可能にすることである。たとえば,代替可能な新しい資源の開発や,新しい分野へ進出することで依存を避けることができる。

3つ目のコントロールの回避戦略とは,他の組織による自社へのコントロールを減少させたり,自社がコントロールするという方法である。たとえば,産業上のパワーが他の組織に集中していたならば,反独占禁止の訴訟を行って,この組織のコントロールを減少させることができる。

ジレンマを克服するためのもうひとつの戦略は,他の組織のコントロールに対して組織が対抗的な戦略をとる方法である。この対抗的な戦略には,合併,社会的協調,政治活動,という3つの手段がある[32]。

① 合併は組織間の依存関係を再構築する典型的な戦略であり,組織間関

係の安定性と予測可能性を高める。合併には垂直型合併，水平型合併，組織の多角化という3つのタイプがあり，それぞれが重視する依存の形式やオペレーションは異なるものの，組織間の相互依存関係を調整するうえで有効である。

　組織が共生的な関係にある場合には，垂直型合併が採用される。それに対して，水平型合併は競争関係にある組織がお互いに競争相手を減らそうとして用いられる。水平型合併によって，競争的な依存は弱まるが，産業の集中度が高まることになる。また，異なる事業活動を行う組織と合併する場合を組織の多角化と呼び，多様な事業活動を展開することによって，ある特定の組織への依存が減少する。

　このような合併は依存の源泉をコントロールするためのもっとも直接的な方法である。しかしながら，合併には多くの資源が必要であり，場合によっては実現できないことも多い。

　② 社会的協調とは，他の組織との間の意思決定が上下関係の命令的なものではなく，合意によって行われることを意味する。それが明白なものもあれば，暗黙的で社会的規範の特徴を有するものもあるため，組織間のコミュニケーションが重要となる。この協調戦略には，契約の締結や，互恵的貿易協定，ジョイント・ベンチャー，コンソーシアムなどといった多様な形態がある。このような関係は，フレキシブルであるので，組織はパワーを共有しながら依存関係を安定的なものにすることができる。

　③ 政治活動は，法律の制定や社会的制裁によって環境を創造する戦略である。組織の存続や成長は環境に制約されるだけでなく，法律や正当性，政治的情勢などによっても影響を受ける。そのため，組織は政府に対するロビイングを行って正当性を獲得したり，政府規制などの社会的パワーを利用して，環境をコントロールしようとする。

　このように，フェファーらが焦点組織に着目して，依存関係を調整する戦略について議論しているのに対して，吉田猛［1987］は組織間の双方向の視点で依存関係を変更させるための行動を分析している[33]。それによれば，組織間の対抗行動[34]は以下のような3つに大別できる。

① 対称的な対抗行動

組織Aが資源の価値を向上させ、自己のもつパワーを高めて依存関係を変えようとするときに、組織Bも同じような行動をとり、双方がパワーを増大させようとする。AとBはともに同様な戦略や方法を採用するため、パワーがどのように変化するかは、双方のもつ資源の相対的な価値によって左右される。

② 同一のパワー基盤による非対称的な対抗行動

組織Aが自己の資源の価値を向上させる行動をとった場合、組織Bは、組織Aが行う行動の効果を弱める対策を講じ、同一のパワー基盤で組織Aのもつ資源の価値を低下させようとする。

③ 非同一のパワー基盤による非対称的な対抗行動

②のように、組織Bが組織Aと異なる行動をとるのではなく、組織Aがもっている資源に代替のできる資源を見つけて依存を減少させる。

以上、フェファー＝サランシックと吉田の見解でわかるように、資源依存論では、組織間に依存関係が生じると、組織はみずからパワーを行使して対抗行動をとり、できる限り相手組織への依存を低下させようとしているといえる。

第3節　組織間信頼に関する研究

組織間のダイアド関係やネットワークにおいて、信頼は組織の行動やパフォーマンスに多大な影響を与えており、産業の発展と競争力を理解するために重要な概念となっている[35]。また、有効なパートナーシップを構築するには、パートナー間の信頼が求められる[36]。

「組織間信頼」(interorganizational trust) に関する研究は、心理学や社会学における「個人間信頼」(interpersonal trust) の関係から発展し[37]、ほぼ50年の歴史をもっている[38]。そして、現在では、経営学、経済学、政治学など多くの分野でこの研究が行われるようになっている[39]。その議論は、主として企業間関係における信頼の役割や重要性に焦点をあてている[40]。

また，信頼の定義はさまざまであるが，多くは「ある者が他者と関係をもつ際に，他者の行動が自分にダメージを与えるより，むしろ有益であると信じたい気持ち」を意味する概念として説明されている[41]。

1. 組織間信頼の分類

組織間信頼というコンセプトはその本質が複雑であり，さまざまな側面で議論されている[42]。ここでは，酒向真理（Sako, M.）や延岡健太郎＝真鍋誠司，チャイルド＝フォークナー＝トールマン（Child, J.＝Faulkner, D.＝Tallman, S. B.）による代表的な議論を取り上げて，本研究の見解を提示する。

(1) 酒向真理の見解

酒向［1992, 1998］は発注企業とサプライヤーの長期的な協調関係に注目し，信頼を「取引関係において，パートナーの一方が，相手が自分に好ましい行動や対応をしてくれるだろうという，相手に対する期待の状態である」と定義している[43]。

それによれば，パートナーの行動を予測する際に依拠する基準は異なり，その基準によってバイヤーとサプライヤーの間の信頼を，約束遵守に対する信頼（contractual trust）と，能力に対する信頼（competence trust），好意による信頼（goodwill trust），の3つのタイプに分類している[44]。

まず，「約束遵守に対する信頼」は取引の成功にとって基本的なものであり，取引のパートナーが書面や口頭の約束などを確実に守るという基本的な倫理基準にもとづいている。また，この場合に重視されるのは，書面による合意への期待というよりむしろ口頭によるものであるといわれている。

つぎの「能力に対する信頼」は，取引するパートナーが技術や経営能力面で十分に役割を遂行できることに対する期待である。たとえば，バイヤーがサプライヤーの提供する製品の品質に対して信頼をもっていれば，納品時の再検査は不要となり，コストの削減につながる。これはバイヤーによるサプライヤーの品質保証能力に対する信頼である。

もうひとつの「好意による信頼」とは，相手の特定の期待に対してだけで

なく，より一般的な非限定的なコミットメントにも敏感に対応する期待である。この信頼は「約束遵守に対する信頼」の場合にみられる明白な約束がなく，「能力に対する信頼」の達成されるべき決められた専門的な基準もないため，パートナーシップで潤滑油のような役割を果たし，柔軟性をもたらすことになる。したがって，この信頼では機会主義的な行動をとらないので，対面による積極的なコミュニケーションを行うことが重要である。

「約束遵守に対する信頼」と「能力に対する信頼」がどちらかといえば基本的な基準に依拠しているのに対し，「好意による信頼」はコンテクストに多く依存している。3つのタイプの信頼は混在しており，どのタイプの信頼が重視されるかは，バイヤーとサプライヤーのそれぞれの関係によって異なっている。

(2) 延岡健太郎 = 真鍋誠司の主張

延岡 = 真鍋［2000］，真鍋［2002］によれば，信頼とは「自らにとって肯定的な役割を遂行する能力への期待と，自らにとって肯定的な役割を遂行する意図に対する期待」[45]である。そして，この能力と意図に対する2つの信頼は取引のなかで期待する状況の変化によって，その重要度が変わる。

また，真鍋は信頼が存在する背景には，経済的合理性と企業間の関係性の2つがあると主張している（図表3-2）。前者は市場の評判や製品の品質などの客観的な事実にもとづいており，短期的な自己利益を重視する場合に形成されやすい。これはさらに意図と能力に分けられる。意図にもとづくものは「公正意図への信頼」ともよばれ，取引を成立させるための条件であり，契約や約束を遵守して機会主義の行動を起こさないことが求められる。

後者の能力にもとづく信頼は「基本能力への信頼」とよばれ，取引を実行する能力への期待である。取引パートナーを全面的に信頼するためには，「公正意図への信頼」と「基本能力への信頼」が欠かせない。

つぎに，企業間の関係性つまり関係的信頼は，取引パートナーとの継続的な関係を重視する場合に形成され，自己利益というよりも共同利益を大切にするという傾向がある。関係的信頼は，合理的信頼の意図と能力という2つ

第3節　組織間信頼に関する研究　59

図表 3-2　信頼の分類

信頼の背景	関係的信頼	
関係性	・共存共栄への期待 ・利他主義的行動への期待 ・関係継続への期待	
	合理的信頼	
合理性	<u>公正意図への信頼</u> ・契約遵守の意図 ・約束遵守の意図 ・公平性の意図	<u>基本能力への信頼</u> ・生産能力 ・設計開発能力
	意　図	能　力

信頼の内容

（出所）真鍋誠司［2002］85 頁。

の要因を一体化したものである[46]。

(3)　チャイルド＝フォークナー＝トールマンの主張

　チャイルド＝フォークナー＝トールマン［2005］は，組織間のパートナーシップは相互の依存を作り出し，それを成功させるためには，信頼が求められると主張している。それによると，信頼は打算的な考えにもとづく信頼 (calculation)，相互理解 (understanding) による信頼，一体感 (bonding) による信頼，という3つをベースにして構成されているという[47]。

　ここでいう打算的な考えにもとづく信頼とは，コストや利益など他者の行動に対する合理性への期待であり，パートナーがもっている能力や行動特性，約束を守る動機などを根拠にしている。また，評判や履行保障に関わる制度といった限られた情報にも依拠し，新しいパートナーの関係が形成されるときに重要になる。

　さらに，パートナーシップ関係にある組織間で，直接的なやりとりが行われない「遠距離間」（arm's-length）の取引や事務的な交換の場合に，打算的な考えにもとづく信頼はとくに不可欠である。電子商取引はその例のひとつである。この信頼を形成するために，パートナーどうしはお互いに相手に関する知識を増やす必要がある。

つぎの相互理解による信頼は，パートナーシップ関係にある組織間の共通の考え方を含む認識の共有によるものである。打算的な考えにもとづく信頼がある種の認識のみを共有しているのに対して，相互理解による信頼では，共有される認識が多いため，相手の行動を予測することができる。つまり，打算を重視する合理性というよりも，パートナーの間の相互理解と認識の共有によって形成される。

もうひとつの一体感による信頼は，パートナーどうしが相手のアイデンティティや文化を理解したうえで形成されるものであり，両者は共通のコンセプトをもち，価値観を共有することが多い。そして，このような共通の価値観と義務の規範は，長期的なパートナーシップにおいて形成されやすい。

以上，信頼の構成要素について，酒向真理，延岡＝真鍋，チャイルド＝フォークナー＝トールマンの見解を取り上げたが，3者の分析には類似するところが多いと考えられる。まず，チャイルドらが主張した「打算的な考えにもとづく信頼」は，酒向の「約束遵守に対する信頼」と「能力に対する信頼」，また，延岡＝真鍋の分類である「公正意図への信頼」と「能力への信頼」とほとんど同じ意味合をもっている。これらの信頼は客観的な情報をもとにしていることが多く，合理性を強調する信頼である。また，どの相手組織に対しても，ほぼ同じ基準で判断することができる。

また，3者が提示した「好意による信頼」，「関係的信頼」，「相互理解による信頼」と「一体感による信頼」も類似した概念であるといってよい。これらは一般的基準というより特定の組織に対して生じるものであり，相手組織に対する感情が信頼の主な根拠となっている[48]（図表3-3）。

しかし，3者の主張には相違もみられる。酒向が3つの構成要素の重要度がそれぞれの関係によって異なると主張しているのに対して，延岡＝真鍋とチャイルドらは協働関係を維持・安定させるためには，合理的信頼よりむしろ取引相手との感情にもとづく信頼が重要であると述べている。また，チャイルドらは後者をさらに相互理解による信頼とその発展形としての一体感による信頼に細分化している。

ところで，この3つの議論は，いずれも信頼をパートナーシップを組む組

図表 3-3　信頼の構成要素の整理

信頼の分類	酒向 [1992, 1998]	延岡 ＝ 真鍋 [2000, 2002]	チャイルド ＝ フォークナー ＝ トールマン [2005]
合理的信頼	・約束遵守に対する信頼 ・能力に対する信頼	・公正意図への信頼 ・能力への信頼	・打算的な考えにもとづく信頼
感情的信頼	・好意による信頼	・関係的信頼	・相互理解による信頼 ・一体感による信頼

（出所）　酒向 [1992, 1998]，延岡健太郎 ＝ 真鍋誠司 [2000, 2002]，チャイルド ＝ フォークナー ＝ トールマン [2005] にもとづいて，筆者作成。

織どうしの直接的な相互作用の視点で分析している。言い換えれば，信頼に関する3者の議論には，社会という外部との関係で検討するという視点は現われてこない。

2. 組織間信頼の形成

(1) 酒向真理による「相互作用」に関する見解

酒向 [1992] は前出の3つのタイプの信頼がそれぞれ相互に作用しながらも，異なる方法で形成され，維持されていると指摘している。しかし，実際の特定の行動に対して，どのタイプの信頼がどのように役割を果たすのかを確認することは難しい。酒向は，これがいかに形成・維持されるかについては信頼のタイプごとに分けて議論している[49]（図表3-4）。

図表 3-4　信頼の形成

構成要素	約束遵守に対する信頼	能力に対する信頼	好意による信頼
形成方法	・倫理・道徳規範の向上 ・適度な法的制裁への依存	・取引による既存能力の獲得 ・能力への投資	・強力なネットワークの形成 ・頻繁なコミュニケーション ・共通の価値観の確立

（出所）　Sako, M. [1992] にもとづいて，筆者作成。

まず，「約束遵守に対する信頼」は誠実であるとか，約束を守るといった人格や倫理的な範疇に属する問題であり，社会が正常に機能していくための最低限の信頼である。これは人々が受けた教育などの社会全体の道徳的価値

水準にもとづいているが，契約が履行されない場合は，法的制裁を受けることになる。とはいえ，この法的制裁に極度に依存すると，信頼は失われる。

つぎに，「能力に対する信頼」は，市場にある既存の技術やノウハウといった能力を取引によって獲得するか，それに投資するかによって創出することができる。どちらの方法を採用するかは，その能力の特性と市場で調達できるかどうかの難易度に関係する。たとえば，投資してその見返りの利益が十分にあると判断されれば，投資という方法が選択されるであろう。

3つ目の「好意による信頼」を形成するためには，強力なネットワークや頻繁なコミュニケーションを行って，共通の価値観を確立することが必要条件である。パートナー間で実行する義務と受ける好意との不均衡をつねに保つこと，つまり，相互の負債関係をつくることによって，「好意による信頼」が長期的に維持される。

(2) チャイルド＝フォークナー＝トールマンの「段階性」に関する見解

チャイルド＝フォークナー＝トールマン［2005］によると，戦略的提携の発展段階は形成，実行，進化という3つの段階に分けられ，そのなかで，信頼は打算的な考えにもとづく信頼から相互理解による信頼，そして一体感による信頼へと発展するという[50]（図表3-5）。

① 形成段階と打算的な考えにもとづく信頼

パートナーシップの形成段階では，打算的な考えにもとづく信頼が欠かせない。パートナーどうしは戦略的提携のために準備活動を行う。まず，企業

図表 3-5　戦略的提携の発展段階と信頼の進化

提携の発展段階	形 成 →	実 行 →	進 化
信頼発展の構成要素	打　算 相手と提携を行おうとすること	相互理解 相手を理解すること	結　合 相手と一体感をもつこと

（出所）Child, J. = Faulkner, D. = Tallman, S. B.［2005］p. 61.

は戦略的意図や経験にもとづき，コストや経済的利益を重視しながら，さまざまな選択肢のなかから戦略的提携の形態を選ぶ。この打算的な考えにもとづく信頼は，主にビジネス情報（business intelligence）に依存している。

戦略的提携を行うことがいったん決定されると，つぎに提携するパートナーを選択しなければならない。その際，打算的な考えによる信頼にもとづき，潜在的なパートナーと直接情報交換を行いながら，戦略が適合しているかどうかを判断する。パートナー組織に関する文化や，コンピタンス，バリューなどの情報は限定的であるため，選別にあたっては評判にも依存しなければならない。

戦略的提携の形成は，パートナーどうしが相互に依存していることをも意味するが，その場合においても不確実性は依然として存在する。というのは，この段階の信頼は主に打算的な考えにもとづいており，それは法律や制度上の保護や，相手から獲得した限定的な情報を根拠としているからである。

② 実行段階と相互理解による信頼

パートナー間の資本など経営資源の交換は，戦略的提携の実行段階で行われる。参加者が決められ，相互の技術や知識をとり入れて，戦略的提携が実行される。しかし，参加する組織に技術的または文化的コンピタンスが欠如していると，打算的な信頼だけでは，戦略的提携は長く維持できない。

打算的な考えにもとづく信頼は協力関係を形成する動機の基礎となるものの，これだけではパートナーシップに不確実性などのリスクをもたらす。しかし，協働事業の推進により，お互いの能力に対する理解が増え，相手の考え方や行動を予測することができるようになると，両者の相互理解はパートナー間の信頼を深め，不確実性を減少させることにつながる。

したがって，実行段階では情報を提供したり，コントロールするシステムが非常に重要となってくる。このシステムをデザインしたり，操作することによって，どのような知識を利用できるかが決められる。また，相互に作用し合っているパートナーどうしは，それぞれの組織文化を認識し，それにしっかり対応できなければ，戦略的提携のもっとも進化した「統合」という

緊密な協力関係を形成することが難しいのである。つまり，パートナー間の理解を深めるには，コンフリクトを解決する方法を見出さなければならない。

③ 進化段階と一体感による信頼

パートナー間のコンフリクトが解消され，両者が経済的な成果を獲得できれば，戦略的提携は発展し，組織のアイデンティティや相手組織の文化への理解も促進される。そして，戦略的提携が良好に進むと，経営の意思決定が正しかったという正当性が証明され，それと同時に，相手に対する制約も緩やかになって，相手組織の自律性が高まる。

また，パートナーどうしの関係が安定し，相手に関する情報が蓄積されるので，関係はさらに強化される。このような状態になると，打算的要素に左右されることはほとんどないという。つまり，この進化の段階では，時間とともにパートナー間に感情的な結びつきが生まれ，利益に対する同一視や両者の一体感が形成されるようになる。この一体感による信頼は戦略的提携を成功させる必要条件であり，両者の関係に良い循環をもたらすことになる。

これまでの議論で，酒向は信頼の構成要素を経時的にとらえず，協働関係にはそれぞれの信頼の要素が混合して，相互に作用していると主張している。また，どのタイプの信頼がどのように機能しているかを明確に示すことは困難であるという。

他方，チャイルドらは信頼を進化するものとしてとらえ，信頼が時間とともに変化すること，さらにパートナーどうしの積極的なコミットメントによって強化され，段階的に発展するようになると考察している。このような進化的で段階的な捉え方は，パートナーシップの動態的な発展を考察するうえで有効であると考える。

3. 組織間信頼の範囲

組織間信頼の範囲に関する先行研究の多くは，信頼を個人間信頼と組織間信頼という2つの次元に分けている[51]。ここで取り上げたザヒーア＝マクエバリ＝ペッローネ（Zaheer, A.＝McEvily, B.＝Perrone, V.）[1998] によると，個人間信頼は双方の境界連結担当者の個人的な関係によって形成さ

図表 3-6　組織間信頼と個人間信頼

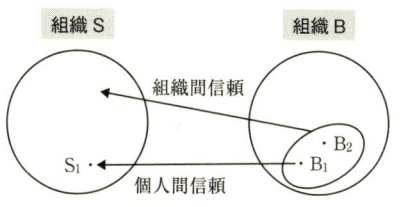

- S₁：境界連結担当者
- B₁：境界連結担当者
- B₂：一般メンバー

（出所）　Zaheer, A. = McEvily, B. = Perrone, V. [1998] p. 142.

れ，それはパートナーに対する信頼でもある。すでに述べたとおりこの境界連結担当者とは組織間で交渉や連絡を直接担当する人間のことであり，それぞれが属する組織で制度化された相手組織への評判や認識にもとづいて，コミュニケーションしながら，個人間で信頼関係を構築する。

一方，組織間信頼は組織の一般のメンバーが形成するパートナー組織に対する信頼である。具体的には，境界連結担当者が個人間の信頼関係を通じて，収集したパートナー組織の情報をみずからの組織内に伝達することで，組織の一般メンバーが相手組織の行動に対して期待をもつようになり，それが組織間信頼となる。そして，個人間信頼と組織間信頼は相互に影響しあって発展するといわれている[52]（図表3-6）。

第4節　組織間学習に関する研究

1. 組織間学習アプローチの概観

組織間にパートナーシップが組まれる動機については，技術やノウハウを相互に学ぶという視点で分析する組織間学習アプローチがある[53]。これは1960年代に起源をもつ組織学習にもとづき，1990年代以降多くの研究が生み出されるようになった[54]。

グローバル化や技術革新などにより，現在の企業をとりまく環境は大きく変化している。この変化に適応するために，組織にとっては個人の学習や組織内部の学習だけでは不十分であり，異質な外部の組織との相互作用により多様な資源や知識の学習の機会を入手することが必要となってきている。また，組織間学習は競争優位を獲得し，企業のパフォーマンスを高めるための重要なツールのひとつとして認識されるようになっている[55]。

　イングラム（Ingram, P.）[2002] によると，組織間学習に関する研究は主に経験にもとづく学習とイノベーティブな学習，という2つの視点に分けられる。前者は経験から生じるものであり，既存の習慣や知識を活用することである。これに対して，後者の多くは新しい製品やプロセスを開発する際に発生するもので，既存の知識と再結合することによる新たな知識の創造である。また，最新の研究では競争環境における組織間学習の影響や，組織間関係における学習の重要性が注目されている[56]。

　組織間学習を検討する前に，まずその基盤となる組織学習そのものを説明し，そのうえで，既存の組織間学習に関する先行研究をまとめ，その特徴を導き出すことにする。

2. 組織学習と組織間学習の概念

(1) 組織学習の定義

　ガーヴィン（Garvin, D. A.）[1993] によると，組織学習とは「知識の習得と業績向上に関する長期的なプロセスである」[57]。また，センゲ（Senge, P. M.）[1990] は，人々が継続的にその能力を広げて望むものをつくりだしたり，新しくより一般的な考え方を育てたりするような，集団の意欲を引き出したり，人々が互いに学び合う場である，と解釈している[58]。

　ウェンガー＝スナイダー（Wenger, E. C. = Snyder, W. M.）[2000] も「場」の概念を用い，それが従来の組織構造を補完し，知識の共有・学習・更新を著しく活性化させるような新たな形態であり，共通の専門スキルや事業へのコミットメント（熱意や献身）によって非公式に結びついた人々のグループであるとしている[59]。

3者の研究を比較すると，ガーヴィンは学習の長期性とプロセスに焦点をあてており，センゲは，個人の学習で構成された学習の場を強調している。また，ウェンガーらは「場」という視点ではセンゲと同じであるが，インフォーマルなつながりの重要性を強調している。

　組織学習のプロセスについては，フーバー（Huber, G. P.）［1991］がとくに詳しい。それによると，組織学習は知識獲得（knowledge acquisition），情報伝達（information distribution），情報解釈（information interpretation），組織的記憶（organization memory）の4つの基本的な段階を経て進展すると主張している[60]。つまり，組織学習が「情報獲得」から「組織メンバー間での情報の配分と共有」や「情報の解釈にもとづく行為による学習と資源の拡大，知識の創造」を経て，「新しい知識を記憶・記録する」という一連の過程からなっているというのである。

　アージリス（Argyris, C.）［1977］によれば，組織学習にはシングルループ学習（single-loop learning）とダブルループ学習（double-loop learning）という2つのタイプがあるという[61]。前者は組織の業績を維持するための既存の規範を手直しする学習のことであり，後者は既存の規範を変更し，再設定するための学習である。後者では，組織に固定された規範を根本的に作り直し，新たな方向性や認知が形成される活動であるため，組織に変革をもたらすことが可能となる。

(2) 組織間学習の概念とプロセス

　吉田孟史［2004］によれば，組織間学習とは「組織が単独で行う知識の形成（組織学習），各組織がもつ知識体系間の一方向的な流出入あるいは相互交流（導入，模倣，種々の相互学習），そして，その結果として生じる組織間関係特有の知識体系の形成と保持（記憶）」である[62]。つまり，それは組織内学習で形成された情報や知識が組織間の関係を通じて，一方向もしくは双方向的に移動し，組織がそれを受け入れて新たな知識を形成し，記憶することである。

　この定義からさらに，吉田は組織間学習を，組織が知識や情報を内部化す

るための学習，知識を生みだすための諸組織の共同学習活動，これらの学習を補完・促進する技能や知識の学習という3つのタイプに分類している。

また，今野喜文［2006］は組織間学習を「異なる組織間で資源や知識を共有・活用および創造するプロセスである」[63]と定義している。すなわち，組織間学習とは，当然個人や組織内の学習ではなく，それを前提にした企業組織やコミュニティ組織（共同体組織）が組織の境界を越えて行う学習であり，その学習の成果が組織内で共有，活用されると新たな価値が創造されるものである。

ここで，吉田の研究と今野の研究が，ともに学習のプロセスに焦点をあてているということがわかる。ただし，吉田は組織間学習がパートナー間で相互にというだけではなく，一方的にも行われていると主張している。これに対して，今野は組織間学習が組織内学習の延長線上にあるというところに着眼している。

また，組織間学習と組織学習を比較すると，前者は2つ以上の複数の組織間でパートナーシップを通じて行われる学習であるのに対して，後者とは組織の内部で単独，自己完結的に行われるものである。

つぎに，組織間学習のプロセスについて検討したい。組織間学習は組織学習の基本的なプロセスとほぼ同じであり，松行康夫＝松行彬子［2004］は図表3-7のように示している。

それによると，組織間に情報や知識が浸透する前に，組織Aが相手組織Bから必要なものをまず選択する。それが組織A内で流通・解釈され，組織知識として組織内で記憶され，共有化される。そして，この新しく記憶・

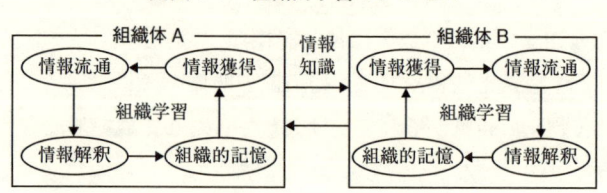

図表3-7 組織間学習のプロセス

（出所）　松行康夫＝松行彬子［2004］92頁。

共有化された知識は逆戻りして，パートナー組織Bに浸透する。つまり，組織間学習には組織学習が含まれ，情報や知識が組織間で相互に交流したのちに，新たに知識が形成されて記憶されることがわかる[64]。

3. バダラッコによる組織間学習の形態

組織間学習の形態については，バダラッコ［1991］の見解が代表的であり，組織間学習を広範囲で包括的な視点でとらえ，多様な組織間の協調的な関係のなかで論じている。バダラッコは，組織間の相互作用が主に知識を媒介にして行われるため[65]，組織間学習を議論する前に，まず知識の分類を行っている。

それによると，知識は「移動型知識」（migratory knowledge）と「密着型知識」（embedded knowledge）の2つで構成されるという[66]。

① 移動型知識

これは数式，設計図，マニュアルなどのように，文書のなかにパッケージ化され，明確に表現できる知識であり，さらに設計図のなかに内含された知識，機械のなかに内含された知識，個人の頭脳のなかに内含された知識，の3つの基本的なタイプに分類されている。機械や製品はパッケージ化された知識の貯蔵庫であり，逆行分析，つまりリバース・エンジニアリングによって，エンジニアが機械や製品を分解して比較的容易にその知識を学習することができる。

また，移動型知識は移動が容易であり，その移動の速度は知識の特徴だけでなく，3つの外部条件にも関係している。3つの条件とは補完的能力，誘因，障壁である。補完的能力とは組織が知識を理解，評価，管理する能力であり，いわゆる学習能力のことである。組織がこの能力をもたないと，知識が組織内を移動したり，活用されることは不可能である。

つぎに，知識が人や組織の間を移動するには，それを促進するための誘因が必要である。たとえば，企業の海外進出や政府の方針などは知識移動をより可能にし，促進する。もうひとつの条件である障壁は，たとえば，国によって異なる言語，企業の方針，特許・著作権保護の遅れと複雑性，失敗な

どであり，これらは知識の移動を抑制する。

② 密着型知識

これは公式や規則ではなく，むしろ個人やグループ間の特殊な関係と，取引関係を形成する特定の規範，態度，情報の流れ，意思決定の方法のなかに内包される知識である。

個人が保有する密着型知識のなかで，もっとも典型的なのは熟練やノウハウである。このような知識は徒弟制度などを通じて少しずつ学習される。徒弟制度では，熟練やノウハウが特定の個人に体現されているため，それを保有する師から弟子が学習するという関係が成り立っている。

また，組織文化や集団規範といった組織に存在する密着型知識は，個人が保有する場合よりさらに複雑である。それは，個人の密着型知識が無数の公式・非公式的な諸活動によって結合され，組織のなかに埋め込まれたものであるからである。

密着型知識はいくつかの複雑な関係のなかに存在しているため，移動は緩慢に行われるが，ひとたび組織内に確保されれば，長期間にわたって技能，ノウハウ，能力，知識として保有される。このような知識は異質な組織間において多く存在するが，移動型知識と比較すると，移転には相当な時間を必要とする。

しかし，その移転にいったん成功すると，それは移転先で知識が創造されることにつながり，結果的に組織を変革する大きな原動力にもなる。このように組織間の相互作用がうまく機能すれば，組織は多様な学習材料や異質な学習モードと遭遇し，組織間学習が行われる機会は多くなる。

言い換えると，移動型知識は言語や文書化によって伝達可能ないわば形式知（explicit knowledge）である。これに対して，密着型知識は組織の精神，組織文化，組織のスキルなどであり，組織を動かすうえで必要なソフト的資源として位置づけられ，言語や文書化によって簡単に伝達できないいわゆる暗黙知（tacit knowledge）にあたるものである[67]。そして，このような表面的にはとらえにくい密着型知識の獲得や移転，蓄積，保有こそが，組織間学習にとっては重要である。

バダラッコはさらに，この2つの知識をベースにした組織間学習の形態にもとづいて，戦略的提携には，「製品の連鎖」(products link)と「知識の連鎖」(knowledge link)があるとしている。前者が移動型知識の学習を意図している戦略的提携であるのに対して，後者の知識の連鎖は密着型知識の学習を意図する戦略的提携である[68]。

　製品の連鎖による提携は，競争に勝ち残るために組織がもつ製品ラインのギャップを埋めるために行われ，一般には合弁会社，長期的なバイヤーとサプライヤー関係などがあげられる。また，製品の連鎖は企業のコスト削減や，リスクの軽減，販売速度の加速化，競争機会の拡大などに効果をあげる。しかし，製品の連鎖だけでは，より複雑な問題や環境の変化に対して適切には対応できない。

　一方，知識の連鎖は新しい知識や能力の学習であり，知識を創造することができる。パートナーどうしの緊密な協働により，お互いの技術や能力に接近することで新たな能力が構築される。

　また，バダラッコは知識の連鎖の特徴として，以下の4点をあげている。

　① 知識の学習とその構築が戦略的提携の主な目的である。知識の連鎖を活用すれば，他社の専門能力を学習することができる。

　② 提携するそれぞれの企業がもっている専門能力を統合し，新しい密着型知識の連鎖を構築することができる。これを促進するために，担当者間で親密にコミュニケーションを行う必要がある。コミュニケーションが企業間の信頼関係を深め，密着型知識を迅速かつ円滑に移転させることを可能にする。さらに，両者による相互作用が企業間に新しい知識の創造，つまり協創をもたらすことになる。

　③ 他社の技能と能力の構築を支援し，両者がそこから便益を得ることができる。製品の連鎖は顕在的ないし潜在的な競合企業の間で形成されるが，知識の連鎖はどのような他社とも形成することができる。提携してパートナー組織が貢献可能な専門能力をもつことになれば，知識の連鎖を通じて専門知識を共有できる。これは企業間に限らず，たとえば企業と大学などでも行われる。つまり，知識の連鎖には提携相手が企業以外の研究開発機関など

に広がる可能性をもっている。

④ 戦略的な潜在能力が大きい。製品の連鎖では，企業は迅速かつ大量に製品を販売して自社を防衛したり，固定費への投資を回収したりする。一方，知識の連鎖の場合，自社の複数の能力を拡張・修正し，活動そのものに戦略的かつ大規模に貢献し，中核的な能力を更新したり，構築しなおすことができる。

　上述のバダラッコの議論によれば，パートナーどうしがお互いに理解・協力することによって，組織間学習が行われ，知識が移動して，それぞれの組織の成功や発展を促す。また，知識の連鎖を通じた密着型知識の移転による学習が，製品の連鎖による移動型知識の移転による学習よりも中核能力を革新したり，構築しやすくなり，競争優位にもつながるのである。

4. 組織間における学習の促進要因

　組織間学習は組織学習よりも効果が大きいといわれている。これについては，以下の2つの理由が考えられる。

　① 組織間関係は「異質性」がより多く保持されている[69]。

　ある組織にとって他の組織は異質な存在であり，その組織から情報や知識を受け入れる場合，個人や組織が受けるインパクトは大きい。つまり，組織は異質な情報や知識を理解するために，パートナー組織の価値基準や組織文化にふれ，学習しようとする。

　パートナーシップを通じて，大量の情報や知識が組織間に浸透し，新しい知識が蓄積されると，前述のバダラッコの主張する知識の連鎖が形成される可能性が高くなる。異質性が高ければ高いほど，単独で行う学習よりも組織間のほうが得られる情報や知識は格段に多く，学習効果も大幅に高まる。

　しかし，パートナー間で組織文化や意思決定の方法などのちがいがあまりに大きい場合は，そこにギャップが現れ，組織間学習が良好に進まないという見解もある[70]。

　② 組織内部に存在する慣性を打破することができる。

　吉田［2004］は組織間学習が学習を阻害する組織慣性を破壊するのに有効

であると主張している[71]。ここでいう組織の慣性とは，組織固有の特性から生じるものであるが，環境の変化とそれに対する適応力の比較によって，あらためて認識するダイナミックな現象である。

　組織に慣性が生じる原因は2つあると考えられる。ひとつは，すべての組織が既存の知識を改善・活用する学習を継続的に実行できるわけではない。利用する知識がいったん成功を収めると，知識は固定化され，改善が停滞する傾向があり，学習を続けることができなくなる。

　もうひとつは，既存の知識がかなり学習されると，新しい知識への探索と創造にトレードオフの関係が発生してしまい，その結果，組織慣性が生じてしまう。つまり，知識の探索や創造については結果に不確実なことが多く，成果に対して長期的な視野をもたなければならないが，知識の活用では，成果がより正確にかつすばやく得られる。そのため，組織は既存の知識の活用に執着するので，探索や創造を排除してしまう。

　過去に学習した成果がその後継続的に有効であると，学習の成果や行われた行為が固定化され，そこから脱出することを回避あるいは阻止することになる。その結果，学習が有効であるかどうかの判断が鈍化することにもなり，環境に適応する可能性を減少させてしまうのである。

　また，このような慣性は組織の行為のベースである規範，ビジョン，世界観などを再評価させないようにするので，組織が単独でその慣性の状態を脱することが難しい。

　しかし，他の組織とパートナーシップを形成すれば，この慣性を打破しやすくなる。それは，単独では生み出しにくい知識や行為，資源を確保できるので，組織そのものに固定化されたルーチンや技能をより柔軟に活用することができるからである。

　さらに，「関係をもつ他の組織，とくにそれらが当該組織とは異なる特性をもつものである場合には，みずからの慣性の存在が顕在化・意識化されうる」[72]ことも，学習慣性の打破につながる。

　今日の企業活動では，環境適応のために必要とする資源は多様であり，その獲得に他の組織とパートナーシップを組む必要性が以前にも増して要請さ

れている。パートナーシップの活動のなかで，問題に対する分析や解決方法などについての組織による相違が明らかになり，その相違が組織に慣性を認識させるのである。

5. 組織間学習におけるジレンマの発生

ハメル＝ドズ＝プラハラード（Hamel, G. = Doz, Y. L. = Prahalad, C. K.）[1989] と張淑梅 [2004] は，組織間学習にジレンマが存在することに注目している。

ハメルらは5年以上にわたり，他国間の「競争的協力」という関係に焦点をあてて，15の協力関係の状況について研究を行っている。それによると，企業はパートナーの知識を学習して自社能力を強化しようとするが，提携のパートナーと競争の関係にあることもしばしばあったという。また，第2次世界大戦後に日本企業が急速に競争力を高めたのは，欧米企業との協働で得られた戦略的学習があったからであるという。一方，十分な知識管理がなかったため，日本企業により比較的容易に学習されて，欧米企業は競争力が低下したのであると指摘している[73]。

ハメルらによると，競争的協力関係の構築がうまくいく原則は，若干長いが，以下のようである。「① 協力は違った形の競争である。② 波風の立たぬということは成功を判断するもっとも重要な尺度ではない。むしろときどき対立することは相互に利益のある協力関係の最善の証拠である。③ 協力には限界があり，企業は競争上の妥協に対して身を守らなければならない。つまり，成功している企業は，すべての従業員に対して，相手先に立ち入りを禁止させる技能や技術とは何かについても知らせているし，パートナー側が要求し，受け取るものは何かも監視しているのである。④ 相手先から学ぶことこそもっとも大事なことである。成功している企業は，それぞれの戦略的提携関係を相手方パートナーの広範な能力構造を知るための窓とみなしている。戦略的提携を用いて公式の取り決め外の領域における技能を形成し，新知識を組織全体に系統的に周知させるのである」[74]。

要するに，協働のプロセスでパートナー側に中核技能や技術などがそのま

ま移転してしまうと，自社の競争力そのものを低下させる恐れがある。このような意図せざる移転を避けるために，自社の透明性を限定したり，パートナー側の学習の機会を制限する必要がある。しかし，両者が戦略的提携関係にある以上，お互いに利益が得られるよう十分に知識が共有されなければならない。これがいわゆる「組織間学習のジレンマ」であり，その解決はきわめて困難である。

張は組織間学習にジレンマが生じるもうひとつの原因としては，それぞれがなるべく相手より多く学習しようとするものの，相手に提供する情報はできる限り減らしたいという動機があると述べている。また，パートナーを1社に全面的に依存すると，関係終了時に自社の主要な技能や技術を失う可能性があるため，このような状態を極力避けたいと考える。

張はまた，異なる情報の交換などが相互に行われるプロセスから，新たな価値や意味が生み出されるので，この相互作用によるプロセスこそが情報の本質であると主張し，「双方の組織は高度な開放度（企業が意図的にパートナーに提供する学習機会）と新しい知識に対する受容度を確保するという協調的な学習戦略をとることで，はじめて互いに多く学びあうことができる。」[75] としている。つまり，パートナーシップによる組織間学習を成功させるには，ジレンマを克服しなければならないのである。

6. 組織間学習の進化

ドズ（Doz, Y. L.）[1996] によれば，戦略的提携の進化は組織間学習と深く結びついているという。それは学習，再評価，再調整というサイクルを通じて行われ，提携の成功に寄与することが多いと結論付けている。進化のプロセスは以下のようになっている（図表3-8）[76]。

まず，戦略的提携は，遂行するタスクを明確にすること，パートナー組織のコンテクストに適応した行動ルーチンを定めること，パートナー間のインターフェースをデザインすること，期待するパフォーマンスや相手の行動を示すこと，といった初期条件にもとづきながら開始される。

この初期条件をふまえ，組織は共同活動や相互作用を通じて，お互いに

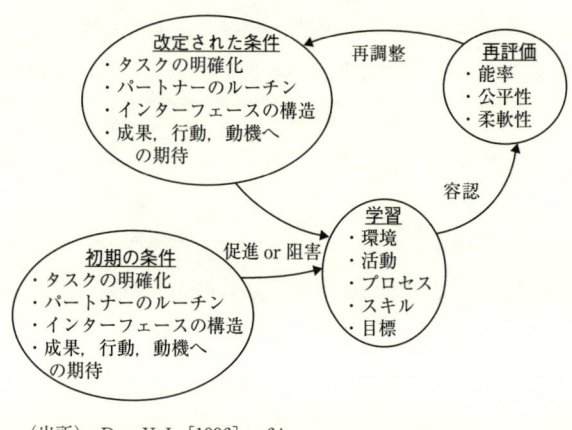

図表 3-8 戦略的提携の進化プロセス

改定された条件
・タスクの明確化
・パートナーのルーチン
・インターフェースの構造
・成果，行動，動機への期待

再評価
・能率
・公平性
・柔軟性

初期の条件
・タスクの明確化
・パートナーのルーチン
・インターフェースの構造
・成果，行動，動機への期待

学習
・環境
・活動
・プロセス
・スキル
・目標

（矢印ラベル：再調整，容認，促進or阻害）

（出所） Doz, Y. L. [1996] p. 64.

認知的学習（cognitive learning）と行動的学習（behavioral learning）を行う。前者はどのように協力関係を作り上げるのかを理解するための学習であり，初期条件を修正するのに有効であるため，組織学習として解釈することができる。

　これに対して，後者の行動的学習はいかに戦略的提携を機能させるかに関する学習であり，不確実性やリスクが高い場合，このような学習は抑制される。

　このように2つのタイプの学習が行われ，さらに能率，公平性，柔軟性という3つの基準にもとづいて再評価され，初期の提携条件が再調整されている。つまり，組織間関係は調整されることになる。

　また，成功を収めた戦略的提携においては，「学習—再評価—再調整」のプロセスは，時間の変化とともに継続的に行われるため，初期状況のインパクトがただちに弱まるとしている。

　一方，失敗に終った戦略的提携は，成功するために何が必要であるのか，どのように学習を行うのかについて理解ができていなかったり，再調整に否定的になったりし，そこでは，学習が阻止されたり，欠如したりすることに

なる。

　戦略的提携に参加する組織は，初期条件を変えることにより学習を繰り返す。それとともに，組織は戦略的提携へのコミットメントを強め，信頼関係が構築されていく。つまり，組織間学習のサイクルが継続的に行われると，パートナー間の協力関係を発展させ，戦略的提携を成功に導くことができるのである。

第5節　パートナーシップにおけるパフォーマンスに関する主張

　プローヴァン＝シドー（Provan, K. G.＝Sydow, J.）［2008］によると，パフォーマンスは組織間関係の評価に多く使われる重要な指標であるという。プローヴァンらは，組織はこれまで種々な視点で評価されてきたと指摘したうえで，その統合を図るためドナベディアン（Donabedian, A.）［1980］によって提案された構造，プロセス，結果という3つのカテゴリーで組織の有効性を評価している[77]。つまり，パフォーマンスは組織を結果から評価するための重要な指標のひとつなのである[78]。

　パフォーマンスの測定には，組織にどのようなパフォーマンスがあるのか，他の組織とのかかわりがどのようなパフォーマンスをもたらしているのか，という2つの基本的な問題を考えなければならない。後者の測定は難しいが，組織間関係の構造やプロセス，結果（outcome）のコンビネーションによって測定が可能になる。

　ここでは，パートナーシップによって，どのようなパフォーマンスが得られるかに関する先行研究を取り扱うことにする。そのために，まずパフォーマンスの分析レベルに関する代表的な見解を考察し，つぎにパフォーマンスに影響を与える多くの要因のなかから，本研究が追求したい組織間信頼と組織間学習を中心に検討する。それとともに，異質性の高い企業とNPOの組織文化の相違がパフォーマンスにもたらす影響が大きいと思われるので，その点にも言及する。

図表 3-9　パフォーマンスの 3 つの分類

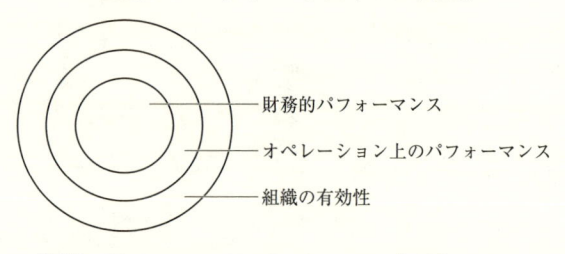

　　　　　　　── 財務的パフォーマンス
　　　　　　　── オペレーション上のパフォーマンス
　　　　　　　── 組織の有効性

（出所）　Venkatraman, N. = Ramanujam, V. [1986] p. 803.

1. パフォーマンスの分析レベルに関する見解

(1)　ヴェンカトラマン = ラマヌジャンの見解

　ヴェンカトラマン = ラマヌジャン（Venkatraman, N. = Ramanujam, V.）[1986] は，パフォーマンスを組織全般の有効性として考えており，組織の目的によりパフォーマンスを以下のような 3 つのレベルで分析している（図表 3-9）[79]。

① 財務的パフォーマンス（financial performance）

　財務的目標の優位性と合法性の獲得を重視するものであり，他の組織とのかかわりを通じて得られた投資や販売などのリターン，1 株あたりの収益，売上高の伸び率といった財務的指標を用いて，組織を市場やバリュー・ベースの視点から評価する。また，これは企業の市場価値を評価する指標「トービンの Q」を用いて測定することもできる。

② オペレーション上のパフォーマンス（operational performance）

　組織間における契約の安定性，提携の存続期間[80]，商品の品質，付加価値の創出，技術的能率などの，オペレーション上重要な成功ファクターに着目する。また，これには財務的パフォーマンスが含まれており，財務上のパフォーマンスを結びつけることができる。

　組織は多くの事業部門を保有しており，さまざまな事業活動を行っているので，財務的なパフォーマンスは必ずしも他の組織とのかかわりから生じているわけではない。したがって，むしろオペレーション上のパフォーマンス

のほうが，全体のパフォーマンスに大きな影響を与える[81]。

③ 組織の有効性（organizational effectiveness）

組織のそれぞれの最終目標は多様であり，コンフリクトが多いうえに，さまざまなステークホルダーにも影響される。このような場合には，組織の有効性という指標をもちいてパフォーマンスを評価することができる。パフォーマンスの測定でもっとも重視される要素である。

図表3-9に示されるように，組織の有効性は財務的とオペレーション上のパフォーマンスを含んでおり，3つのなかでもっとも包括的な指標である。収益性が明確な目的にされているならば，財務的なパフォーマンスが組織の有効性というカテゴリーになる。また，運営上成功を収めたファクターが組織目的の達成につながれば，組織の有効性は運営上のパフォーマンスを包摂することになる。

ひとつの提携にはいくつかのパートナー組織が参加することが多いので，それぞれのパートナーを含む組織の有効性を吟味し，全体としての評価をしなければならないことになる[82]。

(2) プローヴァン＝シドーの主張[83]

プローヴァン＝シドー［2008］はパフォーマンスを財務的と非財務的に分けている。財務的パフォーマンスは前述のヴェンカトラマンらの主張と類似しており，売上高の伸び率や，企業の成長率，市場の占有率，利益率などの指標によって測定されるとしている。

他の組織とのかかわりが財務的パフォーマンスにプラスの影響を与えていることは，多くの研究で明らかになっている。しかし，組織間関係で生じるパフォーマンスを正確に測定することは容易ではない。それはこのパフォーマンスが組織間の関係性の構造によって変化することによる。

つまり，組織間関係にはつながりの強いものもあれば，緩やかなものもある。また，その関係が組織にとって欠かせない場合もあれば，それほど重要でないものもある。このように組織間関係がさまざまであれば，もたらされるパフォーマンスもそれによって異なってくる。

一方，非財務的パフォーマンス（nonfinancial performance）は経済上の全体的な発展にかかわる幅広い概念であり，製品やサービスの質，顧客満足，迅速な対応などの指標によって評価される。また，企業間関係のパフォーマンスの評価に使用されるだけではなく，行政やNPOなどにも適用できる。

2. パフォーマンスに影響する主な要因

前項で分析レベルに関する見解をみたが，さらにパフォーマンスに影響を与える要因をみてみよう。これはパートナーシップの発展にかかわる諸要素間の相互作用を解明するのに重要であると考える。

パフォーマンスに影響を与える要因については，論者によりさまざまである。たとえば，ミュースユーサミ＝ホワイト（Muthusamy, S. K.＝White, M. A.）[2006] は，パートナー組織間の相互の影響に着目し，それが個々のパートナー組織が平等であるかどうか，意思決定で相互に影響しあっているかどうか，という2つの意味を内包していると述べている。この相互影響は，組織間の資源交換と活動範囲を広げたり，組織間学習と知識交換を促進するので，パフォーマンスに対してプラスの影響を与える。また，このような相関関係は国内より国際提携のほうが強いという[84]。

ルーナン＝ハウグランド（Lunnan, R.＝Haugland, S. A.）[2008] は，提携への特定の投資，パートナー間の資源の補完性，提携の戦略的重要度という3つの要素が，提携の不本意な終結や短期的パフォーマンスと長期的パフォーマンスに，どのように影響を及ぼしているのかについて調査を行っている。その結果，組織にとって提携の戦略的重要度が高ければ高いほど，不本意な解消の可能性が低くなるという。また，短期的パフォーマンスは主に補完的資源と戦略的重要度に影響されており，プラスの相関関係にある。

これに対して，長期的パフォーマンスは，パートナー組織の能力開発に役立つ人的資源への投資と関連している。すなわち，提携への関与度が長期的パフォーマンスにプラスの影響をもたらす一方，経営面の変化は部分的ではあるが，長期的パフォーマンスにマイナスの影響を与える。さらに，新たに

形成される提携は，既存のものよりも解消されやすいという[85]。

ハイマリックス＝デュースターズ（Heimeriks, K. H. = Duysters, G.）[2007] は，組織のもっている経験と提携能力がパフォーマンスを作り出すための重要な前提であり，それはパフォーマンスの向上を促進するとしている。また，提携のなかで獲得された知識を共有し，広め，そして適用する際には，学習のメカニズムが重要な役割を果たすともいっている。したがって，学習を通じて経験を積んだり，提携能力を高めることは，パフォーマンスの促進に欠かせない[86]。

さて，本研究ではパフォーマンスに影響を与える要因として，組織間信頼，組織間学習，組織文化の異質性，という3つをあげ，考察と検討を行いたい。

(1) 組織間信頼との関連性——ザヒーア＝ハリスの見解

組織間信頼がパフォーマンスにプラスの影響を与えるという研究結果は，多くの他の研究者によって検証されている。たとえば，ガラティ＝ニッカーソン（Gulati, R. = Nickerson, J. A.）[2008]，マーティン＝クリシュナン（Martin, X. = Krishnan, R.）[2006]，ガラティ（Gulati, R.）[1998] らの研究があげられる。そのなかで，ザヒーア＝ハリス（Zaheer, A. = Harris, J.）[2006] はこれらを以下のように整理している。

ザヒーア＝ハリスによると，ここで取り上げられている組織間信頼がパフォーマンスに与える影響に関する研究は，直接的な影響，中間的な影響，間接的な影響という3つにまとめることができる。直接的な影響は経済的パフォーマンスに対応し，中間的な影響は関係的パフォーマンスに対応している。そして，間接的な影響は社会的コントロールなどのパフォーマンスに対応している[87]。

① 直接的な影響

組織間信頼が形成されると，取引コストが低減したり，投資のリターンを増加させるなど，経済的な結果にプラスの影響をもたらす。また，組織間の信頼は提携のマネジメントに関する手段や，継続的な改良，ジャスト・イ

ン・タイム（JIT）方式といったオペレーション上のパフォーマンスにもプラスの影響を与える。すなわち，組織間信頼は経済的パフォーマンスを生み出すことができるのである。

② 中間的な影響

組織間信頼は組織間に望ましい関係をもたらす。組織間信頼が深まると，戦略の柔軟性が増し，より多くの情報を共有することができる。また，組織間で知識が移転されることになり，それによって関係を継続したいという期待が生まれる。逆に，信頼が失われることがあると，結果は良好でなくなり，組織間の関係が解消されるおそれが出てくる。これが関係的パフォーマンスである。とくに，長期志向をもつバイヤーとサプライヤーの関係において，信頼は重要な役割を果たしており，「関係の規範」（relational norm）の形成はまさにこの信頼と関連している。

③ 間接的な影響

これは，組織間信頼とパフォーマンスの相互作用といった複雑な関係に着目し，組織間信頼があるかどうか，がパフォーマンスの社会的コントロールのメカニズムに影響を与える，というものである。組織間に信頼が存在すると，社会的コントロールはパフォーマンスに対してプラスの影響をもたらし，一方，信頼が欠如する場合は，これと反対の効果を及ぼす。また，信頼のタイプが異なっても，それぞれの方法でパフォーマンスにプラスの効果をもたらすことができる。

このように，組織間信頼は取引コストの低下や，組織間関係の強化などのパフォーマンスに直接的に影響するだけでなく，多くの間接的な影響をも与えている。

(2) 組織間学習との関連性——ハメル＝ドズの見解

組織間学習は競争優位を獲得し，パフォーマンスを高めるためのひとつの重要なツールである[88]。図表3-10に示されるように，ハメル＝ドズ［2001］はパフォーマンスに与える要因を学習の視点からとらえ，パートナーシップの環境，実行されるべき活動，協働のプロセス，パートナーのスキル，目指

図表 3-10 学習によるパフォーマンス

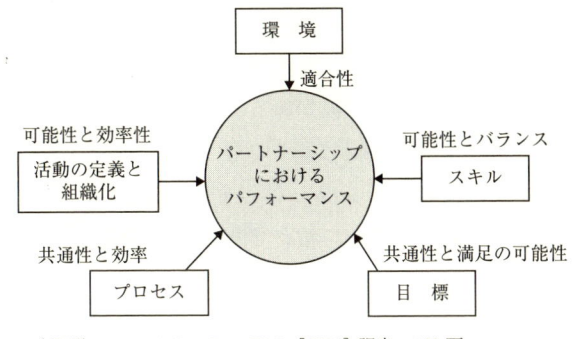

- 環境 → 適合性
- 活動の定義と組織化：可能性と効率性
- スキル：可能性とバランス
- プロセス：共通性と効率
- 目標：共通性と満足の可能性
- → パートナーシップにおけるパフォーマンス

（出所） Hamel, G. = Doz, Y. L. [2001] 訳書, 160頁。

すべき目標, という5つの要素の学習で, それぞれのパフォーマンスを獲得できると主張している[89]。

① パートナーシップ環境に関する学習

この学習により, パートナーが生み出す価値がどのようなものであるか, また, それが双方のパートナーにとって公平であるかどうかを評価できるようになる。お互いの環境を理解すると, より現実的にパートナーシップに対応することが可能になり, さらに, パートナー間の共通基盤や信頼関係が構築されて, 認識のギャップを埋めることができるという。

② 実行されるべき活動に関する学習

協働事業を進めるには, 活動の内容を明確に定義し, 体系化していく必要がある。交換する知識をより明確にして, 活動を単純化すること, 集中的かつインフォーマルなコミュニケーションを行うこと, 少人数の共同作業チームを形成して内部調整を進めること, それぞれのパートナー組織の担当者が協力しあうこと, が重要となる。このような学習が促進されると, 協働事業が新しい価値を生み出すという期待がもてるようになる。

③ 協働のプロセスに関する学習

協働プロセスにおける事業の進め方や, それぞれのパートナー組織がチェックすべきことについて学習すると, 共同作業の効率性が高まったり,

組織の調整能力が向上するなどの成果が得られる。

④ パートナーのスキルに関する学習

パートナー組織がもっている多様なスキルは協働事業にとって重要であるが，その一方で両者のスキルに差異があると，それを融合させることが難しくなる。したがって，双方の組織は相手のもっているスキルを習得することが欠かせない。

学習によってそれぞれのスキルを結合できれば，組織間の共通性が高められ，双方の交流が容易になる。そして，協働の目的を達成するための価値をつくりだす活動を盛んに行うことになる。

⑤ 目指すべき目標に関する学習

これは，協働の目標のほかに，みずからの組織の目的を明確にするための学習である。パートナー組織の行動パターンを観察したり，それがもっている利用可能な資源を分析することで学習が促進される。また，目標に関する学習は組織間の公平感を高め，潜在的な価値を作り出すための能力につながる。

(3) 文化の差異との関連性──サーモン＝レインの見解

従来の研究では，補完的な資源は提携のパフォーマンスを高めるための必要条件であるといわれている。しかしながら，サーモン＝レイン（Sirmon, D. G.＝Lane, P. J.）［2004］は，パフォーマンスの向上のために補完的な資源だけでは不十分であり，パートナー組織の担当者の間で行われる相互作用が重要であると指摘している[90]。

つまり，補完的な資源は，それぞれの組織の担当者間による有効な相互作用によって共有・結合されないと，高いパフォーマンスを得ることにつながらないというのである。そして，その相互作用に強く影響する要素として文化の相違に着目して，分析モデルを用いて国際提携におけるパフォーマンスとの関係を論じている（図表3-11）。

サーモンらは，パートナー間の文化の差異を国の文化，組織文化，専門職の文化という3つのレベルに分け，それぞれがパートナー間の相互作用にど

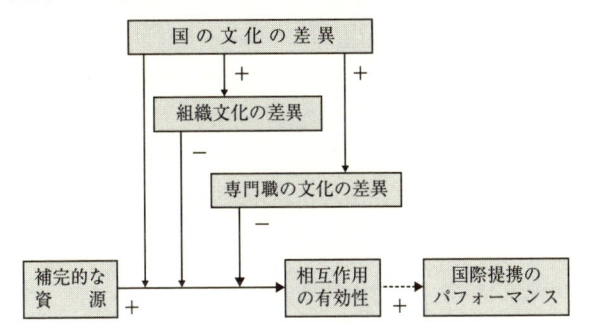

図表 3-11 組織文化の差異と国際提携パフォーマンスの関係

(注) 矢印の大きさは，関係の相対的な強度を示している。
「＋」はプラスの影響を表している。
「－」はマイナスの影響を表している。

(出所) Sirmon, D. G. = Lane, P. J. [2004] p. 307.

のように影響するかを検討している。

① 国の文化

国の文化は主にその国の古い価値観に関連しており，国民が秩序ある生活ができるために形成された共有の規範や価値，優先事項のシステムである。すなわち，その国の国民の行動に，「いろいろな物事がどのようにそうあるべきか」，「どのようなことをすべきか」といったことについて意味づけを行うことができるのである。また，このような文化は，家庭や学校，社会活動などを通じて得られるため，影響力が強く，しかも持続的なものである。

また，国の文化は，ある国の経営慣習を通じて，組織の文化にも影響を及ぼしている。とはいえ，これはひとつの国のすべての企業の組織文化が同じというわけではなく，国の文化の影響をうけつつも，企業はそれとは異なる別の組織文化をつくり出している。したがって，国際提携の場合，国の文化の相違は組織文化の違いにともなっている。

② 組織文化

これは主として組織の習慣とプロセスに共有された信念に関係しており，「組織を結合する社会的あるいは規範的粘着剤であり，・・・組織のメンバー

が共有できる価値,社会的理想,信念として示すことができる」という[91]。

したがって,組織文化はある種の社会的コントロールを形成しており,これを基準にして組織メンバーの行動や態度が適切であるかどうかを識別することができる。また,メンバーに組織のアイデンティティを提供し,全体としてのコミットメントを促進するので,国の文化に比べてより根本のところで人々の行動に対して指針を与える。ただし,組織文化が国の文化を完全に代替することはできない。

組織文化の類似は組織間学習の結果に大きな影響を与える。組織の文化が類似している場合は,組織間の学習や満足度,相互作用の有効性が増加する一方,その差異が大きければ,減少することになる。それは,この差異が知識や関係性,物的資産といった資源を共有・結合・活用するための行動を左右するからである。

したがって,必要な資源が存在するときでさえ,組織文化に差異があると,個々のパートナー組織は有効に提携活動を推進できず,パフォーマンスに悪い影響を与えると考えられる。

③ 専門職の文化

ひとつの組織に属しながらも,同じ職種の人々がそれに関連する規範や価値,信念を共有するとき,専門職の文化が形成される。それは個人が受けた教育や訓練の社会化によって促進され,さらに,この最初の社会化は専門職の経験と相互作用によって強化され,その結果,どのように職務を行うべきかに関する理解が広がるという。

プロフェッショナル・グループのなかでは,専門性をもつ各メンバーは「同類意識」があるので,職務上の理解(functional understanding)にとどまらず,職務に関連する感情的な要求や,アイデンティティをも共有している。したがって,組織のなかで,会計,マーケティング,販売といった多くの職務領域には,それぞれの専門職の文化が形成される。ただし,この専門職の文化は,組織のサブカルチャーではなく,むしろ組織の境界を越えているものである。

国際提携においても,それぞれの組織に所属する個人の専門職の文化が異

第5節 パートナーシップにおけるパフォーマンスに関する主張　87

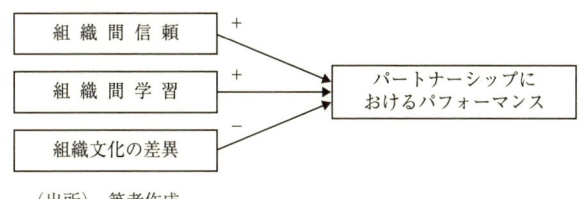

図表3-12　パフォーマンスに影響する主な要因

```
組織間信頼  ──+──┐
組織間学習  ──+──→  パートナーシップに
組織文化の差異──−──┘  おけるパフォーマンス
```

（出所）筆者作成。

なっており，共通の基礎をもっていないので，組織間で有効な相互作用を行うことはむずかしい。つまり，組織の専門職の人びとは，パートナー組織の専門職との間に基礎的な知識に差異があるうえに，外部の専門職と交流する経験も不足している。したがって，専門職の文化は，パートナー組織における個人間のコミュニケーションを妨げ，その結果，組織間に共通の基礎となる開発や創出が抑制され，パフォーマンスに対してもマイナスの影響をもたらす。

上述の議論によれば，国の文化の差異が大きくなると，組織と専門職の文化の差異も大きくなる。また，3つの文化の相違がパートナー組織の担当者の間の相互作用を阻害し，パフォーマンスを低下させる。なかでも，専門職の文化の影響は組織のベースに顕著に作用しているので，その差異によるパフォーマンスへのマイナスの影響はきわめて大きいといわれている。

組織間信頼，組織間学習，組織文化の差異という3つの要因のパフォーマンスに与える影響について議論をまとめると，図表3-12となる。図に示すとおり，組織間信頼と組織間学習はパフォーマンスにプラスの効果を与える一方，組織文化にはマイナスの影響を与えるということができる。

注
1) Cropper, S. = Ebers, M. = Huxham, C. = Ring, P. S. [2008] p. 8, 山倉健嗣 [1993] 8-9頁および [1981] 24-25頁，赤岡功 [1981] 4頁。
2) Cropper, S. = Ebers, M. = Huxham, C. = Ring, P. S. [2008] p. 4.
3) 山倉健嗣 [1993] 24頁，赤岡功 [1981] 9-10頁，佐々木利廣 [2004] 128-129頁。
4) 佐々木利廣 [2004] 137頁。
5) Cropper, S. = Ebers, M. = Huxham, C. = Ring, P. S. [2008] p. 9.
6) Ibid., pp. 9-15.

7) Mizruchi, M. S. = Yoo, M. [2002] p. 600, 山倉健嗣 [1993] 15-16 頁。
8) Pfeffer, J. [2005] p. 436, Mizruchi, M. S. = Yoo, M. [2002] p. 601, Davis, G. [2010] p. 29.
9) Davis, G. [2010] p. 23.
10) 吉田猛 [1987] 1-2 頁，河西邦人 [1995] 33-34 頁。
11) Levin, S. = White, P. E. [1961] pp. 583-601.
12) 赤岡功 [1981] 27 頁，山倉健嗣 [1993] 39 頁。
13) 吉田孟史 [2004] 3 頁。
14) 山倉健嗣 [1993] 34 頁，Das, T. K. = Teng, B. S. [2002] p. 441, Inkpen, A. C. [2001] p. 418, Child, J. = Faulkner, D. [1998] p. 35, Mizruchi, M. S. = Yoo, M. [2002] p. 600, 角野信夫 [1997] 21 頁。
15) Knoke, D. = Chen, X. [2008] p. 445.
16) Pfeffer, J. = Salancik, G. R. [1978] p. 40.
17) *Ibid.*, p. 40.
18) *Ibid.*, pp. 40-41.
19) *Ibid.*, pp. 45-46.
20) Gulati, R. = Gargiulo, M. [1999] によると，不確実性の源泉には，①潜在的なパートナーの能力やニーズに関する情報を獲得することが難しい，②潜在的なパートナーの信頼性に関する情報が不足している，の2つがある（p. 1442）。
21) Pfeffer, J. = Salancik, G. R. [1978] pp. 42-43.
22) *Ibid.*, p. 45.
23) *Ibid.*, pp. 46-51.
24) 山倉健嗣 [2007] 42 頁および [1993] 66 頁。
25) 高橋伸幸 = 山岸俊男 [1993] 253 頁。
26) Pfeffer, J. = Salancik, G. R. [1978] pp. 51-52.
27) Emerson, R. M. [1962] p. 32.
28) Pfeffer, J. = Salancik, G. R. [1978] pp. 52-54.
29) 山倉健嗣 [1993] 35-36 頁。
30) Pfeffer, J. = Salancik, G. R. [1978] pp. 97-104.
31) *Ibid.*, pp. 106-111.
32) *Ibid.*, pp. 113-140, pp. 143-184, pp. 188-224.
33) 吉田猛 [1987] 15-16 頁。
34) 吉田猛は「対抗活動」という言葉を用いているが，筆者は「対抗行動」のほうがより適正ではないかと考えるため，変更した。
35) Zaheer, A. = Harris, J. [2006] p. 169, Sako, M. [1992] p. 37.
36) Geddes, M. [2008] p. 216.
37) Young-Ybarra, C. = Wiersema, M. [1999] p.443.
38) Geddes, M. [2008] p. 217.
39) Bachmann, R. = Zaheer, A. [2008] p. 533, 山岸俊男 [1998] 11 頁。
40) Bachmann, R. = Zaheer, A. [2008] p. 533.
41) Child, J. = Faulkner, D. = Tallman, S. B. [2005] p. 50.
42) Mayer, R. C. = Davis, J. H. [1995] p. 709, Barbalet, J. [2005] p. 1, Zaheer, A. = Harris, J. [2006] p. 171, Inkpenn, A. [2001] p. 421, 延岡健太郎 = 真鍋誠司 [2000] 126-127 頁，Zaheer, A. = McEvily, B. = Perrone, V. [1998] p. 143.
43) Sako, M. [1992] p. 37.

44) *Ibid.*, pp. 37-40, 酒向真理 [1998] 93-96 頁。
45) 真鍋誠司 [2002] 84 頁。これは「相手の能力に対する期待と相手の意図に対する期待」(延岡健太郎＝真鍋誠司 [2000] 127 頁) という定義を修正したものと思われる。
46) 延岡健太郎＝真鍋誠司 [2000] 126-131 頁, 真鍋誠司 [2002] 84-85 頁。
47) Child, J. = Faulkner, D. = Tallman, S. B. [2005] pp. 54-56.
48) これは, McAllister, D. J. [1995] がいう「affect-based trust」に該当すると思われる (p. 26)。
49) Sako, M. [1992] pp. 43-47, 酒向真理 [1998] 99-108 頁。
50) Child, J. = Faulkner, D. = Tallman, S. B. [2005] pp. 58-63.
51) Zaheer, A. = McEvily, B. = Perrone, V. [1998] pp. 141-159, Paxton, P. [1999] pp. 88-127, 若林直樹 [2001] 2-3 頁。ただし, Paxton, P. [1999] は個人間信頼と組織間信頼をそれぞれ「trust in individuals」と「trust in institutions」という表現を用いている。
52) Zaheer, A. = McEvily, B. = Perrone, V. [1998] pp. 142-144.
53) Inkpen, A. [2001] p. 413, 髙井透 [2007] 89 頁。
54) 吉田孟史 [2004] 7 頁, 今野喜文 [2006] 67 頁。
55) Ingram, P. [2002] p. 642.
56) *Ibid.*, pp. 642-643.
57) Garvin, D. A. [1993] 訳書, 43 頁。
58) Senge, P. M. [1990] 訳書, 3-4 頁。
59) Wenger, E. C. = Snyder, W. M. [2000] p. 121.
60) Huber, G. P. [1991] pp. 88-115.
61) Argyris, C. [1977] 訳書, 100-113 頁。Argyris のほか, Fiol, C. M. = Lyles, M. A. [1985] は組織学習を低レベル学習 [lower-level learning] と高レベル学習 [higher-level learning] の2つのタイプに分けている [pp. 803-813]。これは Argyris の見解と類似していると考える。
62) 吉田孟史 [2004] 122 頁。
63) 今野喜文 [2006] 190 頁。
64) 松行康夫＝松行彬子 [2004] 91-92 頁。
65) 同上, 66 頁。
66) Badaracco, Jr., J. L. [1991] 訳書, 45-70 頁, 107-144 頁。
67) 形式知と暗黙知については野中郁次郎 [1990] や Grant, R. [1996] などを参照のこと。
68) Badaracco, Jr., J. L. [1991] 訳書, 71-106 頁, 145-179 頁。
69) 張淑梅 [2004] 105-106 頁, 髙井透 [2007] 87-104 頁。
70) Kale, P. = Singh, H. = Perlmutter, H. [2000] p. 225, 髙井透 [2007] 90 頁。
71) 以下の議論の多くは, 吉田孟史 [2004] 129-135 頁に依拠している。
72) 同上, 131 頁。
73) Hamel, G. = Doz, Y. L. = Prahalad, C. K. [1989] 訳書, 11-27 頁。
74) *Ibid.*, 同訳書, 11-27 頁。
75) 張淑梅 [2004] 109 頁。
76) Doz, Y. L. [1996] pp. 55-83.
77) Provan, K. G. = Sydow, J. [2008] p. 696.
78) *Ibid.*, p. 702.
79) Venkatraman, N. = Ramanujam, V. [1986] pp. 802-804.
80) Ariño, A. [2003] p. 67.
81) *Ibid.*, pp. 67-68.

82) Ibid., p. 68.
83) Provan, K. G. = Sydow, J. [2008] pp. 703-704.
84) Muthusamy, S. K. = White, M. A. [2006] pp. 811-819.
85) Lunnan, R. = Haugland, S. A. [2008] pp. 545-556.
86) Heimeriks, K. H. = Duysters, G. [2007] pp. 25-49.
87) Zaheer, A. = Harris, J. [2006] pp. 190-191.
88) Ingram, P. [2002] p. 642.
89) Hamel, G. = Doz, Y. L. [2001] 訳書，150-163 頁。
90) Sirmon, D. G. = Lane, P. J. [2004] pp. 306-319.
91) Smircich, L. [1983] p. 344, Sirmon, D. G. = Lane, P. J. [2004], p. 310.

第4章
動態的な分析枠組の構築

　本章では，前章の既存の組織間関係論の先行研究にもとづき，企業とNPOのパートナーシップのダイナミクスを説明する分析枠組を構築する作業を行う。その前提として以下の3つの論点を設定し，考察する。ひとつはなぜパートナーシップが形成されるのかという形成動機（第1節），2つ目は組織間信頼と組織間学習の視点からみるパートナーシップの発展（第2，第3節），もうひとつはパートーシップがもたらす結果，つまり得られたパフォーマンスがどのようになっているか（第4節），を取り扱う。そして，第5節では，これらの議論をもとにしてダイナミックな性格をもつ分析枠組を提示し，あわせて仮説を導出する。最後の第6節では，分析枠組を検証するための事例の概要を説明する。

第1節　パートナーシップの形成動機

　企業間どうしのパートナーシップの動機に関する分析には，資源を獲得するための資源依存論と，相手から技術やノウハウなどを学習するための組織間学習アプローチ，コストを削減するための取引コスト・アプローチなどがあげられる[1]。本研究が取り扱う企業とNPOの場合，両者が意図的に関係をもとうとする動機は，資源依存が大きな比重を占めると考える。以下では，このように考える主な理由について述べたい。

1.　企業とNPOの依存関係を生み出す社会環境の変化——CSRの実践
　第1章で述べたように，企業とNPOは活動の目的が異なり，それぞれ違

う領域で事業活動を行ってきた。これまでは両者は対立的な関係にあるか，あるいは企業が経済的に余裕のあるときのみ行うNPOへの一方的な支援関係であった。つまり，両者の関係はどちらも独立しているか，またはNPOが企業に一方的に依存しているものであった。

しかし，近年，その関係に変化がみられるようになった。それは，企業にCSRの実践が求められ，そのなかで，企業の一方的な支援関係から双方向の対等なパートナーシップという関係に変化しはじめてきたのである。その背景には，次のような企業をとりまく環境の変化が考えられる[2]。

① 日本，アメリカ，欧州など世界各国における企業不祥事の多発

企業間の競争が激化し，生き残るために粉飾決算や偽装表示など，不正な手段を使用して利益を獲得しようとする企業が相次いでいる。このような状況で，企業は消費者や投資家，地域社会などの多様なステークホルダーからの信頼を失い，CSRの取り組みを通じて信頼を回復することが必要になっている。

② 企業活動のさらなるグローバル化と新たな社会問題の登場

情報化の進展や貿易・投資の世界的な拡大を背景にしたグローバル化の加速が各国の経済に相互依存性をもたらし，同時に南北格差，地球環境の破壊，発展途上国の労働・雇用問題，福祉社会の荒廃などの社会問題を顕在化させてきた。そして，「持続可能な発展」（Sustainable Development）のためには，このような深刻な社会問題を解決しなければならないのである。その問題解決について，企業に対する社会からの期待や要請がグローバルに高まっている。

③ 企業に対する評価軸の多様化

企業はこれまで主に経済的側面で評価されてきたが，最近では，企業の社会性や透明性，環境への配慮などのさまざまな評価の尺度が現れるようになった。たとえば，ISO（国際標準化機構）による環境規格などはその例である。

④ NPOの台頭

近年，社会問題に対するNPOの影響力が大きくなり，脚光を浴びている。

NPOは新しい公益の担い手として，企業のパートナーとして，個人の社会参画の場としてなど，さまざまな役割を果たしている。NPOの組織そのものの能力も強化されつつあり，社会的存在としてのNPOの役割がますます重要になってきている。

一方，企業側もCSRに対する関心が高まり，経済的な業績のみならず，社会的な成果も達成しようとする戦略的な意図をもちはじめている。そして，CSRをより効果的に実践するうえでNPOとパートナーシップを形成することが有効であると認識し，両者に相互依存の関係が生まれてきたのである。

2. 資源依存論にもとづく分析

(1) 資源交換の観点による検討

以上の議論から，CSRが求められる社会環境のなかで，NPOがもつ社会性のある資源が市場価値として認知されるようになり，企業にとって重要になっている。そして，CSRを実行する場面で企業がNPOとパートナーシップを形成するのは，企業がもっていない資源を補完することを目的としているからである。つまり，利益を追求する企業と社会目的のために活動するNPOは，異質な存在であり，もっている資源も異なっている。両者がパートナーシップを組む動機は，相手がもつ資源に依存しようとするからであると考えられる。

したがって，両者の組織間関係を資源依存論の視点で検討する場合，依存あるいは交換のインセンティブとなる経営資源を分析する必要がある。

バーニー（Barney, J. B.）[2002] によると，経営資源とは「すべての資産，ケイパビリティ，コンピタンス，組織内のプロセス，企業の特性，情報，ナレッジなど，企業のコントロール下にあって，企業の効率と効果を改善するような戦略を構築したり，実行したりすることを可能にするもの」である[3]。そこで，本研究で考える経営資源も，ヒト，モノ，カネといった有形の資源だけではなく，情報や組織能力，専門性，正当性，社会性といった無形の資源をも含む，広い概念としてとらえることにする。

それでは，CSR が求められるなかで，企業と NPO が相互に提供可能な経営資源として，どのようなものをもっているのかを検討してみる。企業にとって経済目的は欠かせない誘因であり，それを追求する長年の経済活動のなかで，社会の求める製品やサービスを効率的に生産したり，それらを社会に提供するノウハウを蓄積してきた。したがって，企業は本来多様な経営資源をもっている。

しかし，企業の活動のなかで，CSR が求める社会的課題に関するノウハウはほとんど蓄積されておらず，さらに市場システムに内在するさまざまな限界のため，企業は単独では必ずしも効果的な CSR 活動ができないといってよい。

一方，NPO は本来社会的課題の解決や社会的ミッションを達成するために存在する組織であり，社会の先端的ニーズをとらえたり，また，そうしたニーズに応えるための専門性を備えている。しかし，NPO は経済的基盤が弱く，人材や経営能力も不足していることが多い。

このように，企業と NPO は活動領域が異なり，かつ，それぞれが相手にない資源を保有していることがわかる。したがって，両者がそれぞれのもつ特性や専門性などを活かして，パートナーシップを組み，経営資源を交換すれば，それらを活用して新たな事業を展開したり，新しい価値を発見・創造していく可能性が高くなる。その結果，企業は CSR を効果的に実現できるのである。

第3章第1節で述べたように，組織が存続あるいは目標達成のために必要とする経営資源を他の組織から確保しようとすることが，資源依存論の前提のひとつとなっている。したがって，企業と NPO の間で行われる経営資源の交換については，既存の資源依存論を用いて説明できると考える。

これは企業と NPO の経営資源の交換関係が企業どうしのそれと同じであることを意味している。ただし，交換する経営資源の内容は異なる。企業どうしでは，必要とする資源はケースによって違いがある。それに対して，企業と NPO では，一般的に企業が求める経営資源は社会的課題についてのノウハウや専門的な知識が中心であり，NPO が必要とする資源はカネ，モノ，

第1節　パートナーシップの形成動機　95

図表4-1　経営資源の交換内容の比較

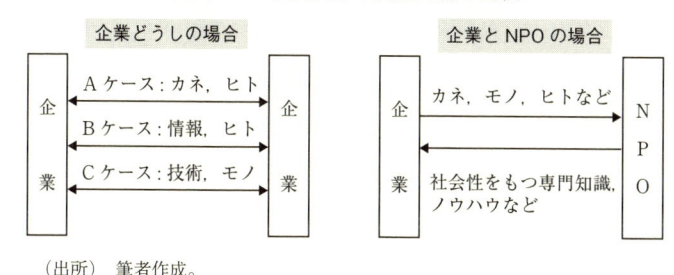

企業どうしの場合	企業とNPOの場合
企業 ─Aケース：カネ，ヒト─ 企業 　　 ─Bケース：情報，ヒト─ 　　 ─Cケース：技術，モノ─	企業 ─カネ，モノ，ヒトなど→ NPO 　　 ←社会性をもつ専門知識，ノウハウなど─

（出所）　筆者作成。

ヒトなどである（図表4-1）。

(2)　パワーの観点による検討

　既存の資源依存論によると，組織は他の組織に経営資源を依存すると，それと同時に他の組織への依存をできるだけ回避しようとするという。このような動きは，依存により組織の自主性が他の組織によって制約あるいは支配される危険があることで発生する。これは他の組織が組織に対してパワーをもち，行使することを意味している（図表3-2-下）。

　組織は優位性を保つために他の組織にパワーを行使し，みずからに依存させて支配範囲を拡大しようとする。これは組織どうしがパワーを行使し合っている状態である。ただし，この議論は企業間の競争関係を前提としており，これまで異なる領域で活動してきた企業とNPOの間のパワーについては，説明しきれないところがあると考えられる。

　組織が他の組織に対してパワーをもつ条件は，前章で述べたように，資源の重要度，資源への自由裁量度，資源コントロールの集中度によって決定される（図表3-2-上）。この条件を企業とNPOについて比較すると，当然のことながら企業のほうがはるかにパワーを保持している。

　本研究のパートナーシップでは，企業とNPOは社会的課題の解決という共通の目的を実現するための対等な関係を前提としている。したがって，両者の関係は競争的ではなく，企業のNPOに対するパワーは潜在的には存在

しているとしても，それが行使されるとは限らない。本来の活動の目的の異なる両者が共通の社会目的を達成するためにパートナーシップを組んでいるのであって，企業は必ずしもパワーを行使する必要がない。パワーの行使は，むしろ共通目的の実現を阻害する可能性を高くするといってよい。

プローヴァン（Provan, K. G.）［1980］はパワーというコンセプトの複雑さを指摘したうえで，組織間に存在するパワーはどのような場合にも必ず行使されるとは限らないと主張している[4]。それによると，組織間のパワーは「潜在的なパワー」（potential power）と「実行されるパワー」（enacted power）という2つの要素を含んでいるという。

前者は公式的権威（formal authority）や重要な意思決定をコントロールできる地位といった，組織の将来の成果に影響するような能力である。一方，後者は，資源の獲得などのために明示する能力である。

この2つのパワーが区別できない場合，期待された結果が生じなければ，組織間にパワーは存在していないとされがちである。しかし，実際は，パワーが完全に行使されていないか，あるいは実行されていないという測定結果が得られただけかもしれない。

なぜならば，パワーの行使には経営資源の集結などのコストを要し，行使すると将来の相互関係に対してマイナスの結果をもたらすおそれがあるからである。そのため，組織は相手や状況によってパワーを行使するかどうかを判断する。つまり，保有するパワーを一部のみ使用するか，まれにしか使用しない場合もある。それは組織がパワーを行使して交換条件などを有利にするよりも，本来の目標や戦略を優先させようと考えているからである[5]。

また，NPOとのパートナーシップ関係のなかで，本業との関連が多ければ多いほど，パワーを行使する可能性は高くなると考える。というのは，企業はNPOとの共通の社会目的に反しない限り，できるだけ経済的利益を優先させようとするからである。つまり，経済価値と社会価値を同時に達成しようとするCSRを前提にした場合，パワーの行使は状況によってダイナミックに変化すると考えるべきである。

企業がCSRを経営活動そのもののなかに取り入れて，本業の全体ないし一

部と直接に関連させる場合は，当然のことながら経済価値の重視に偏り，パワーを行使することが多くなる。企業は本来営利組織であり，経済的利益を優先的に考慮して活動するからである。

とはいえ，企業は保有しているパワーを発揮し，つねにNPOをコントロールしようとはしない。たとえば，NPOが必要以上に社会価値を求める場合や，自社の経済的利益の確保にマイナスの結果をもたらすおそれがあるときには，企業は適度のパワーを行使することもあろう。ここでいう適度な行使とは，前述したように，NPOとの共通の社会目的に反しない範囲のもので，NPOとのパートナーシップを通じて，経済価値を追求するとともに，社会的責任を果して社会価値をも得ようとする。

これに対して，中長期的な投資としてNPOに経営資源を投入し，本業と直接関係のない社会貢献などのCSR活動を行う場合には，企業は社会価値のほうに重点を移し，パワーの行使は控えることになる。この場合，CSRは本業ではないので，企業はパワーを行使しなくても，自社に不利益を生じさせるおそれが少ないし，その結果，NPOとの共通目的は達成しやすくなる。

さらに，企業がパワーを行使するかどうかは，活動のなかで一定であるとは限らない。CSR活動の内容，すなわち，社会価値と経済価値のウエイトの変化により，パワーの行使も変わっていく。たとえば，活動の方針を途中で本業と関連づけるように転換すると，企業はそれに合わせてパワーを行使することになる。2つの価値とパワーの行使の関係を表すと図表4-2のよう

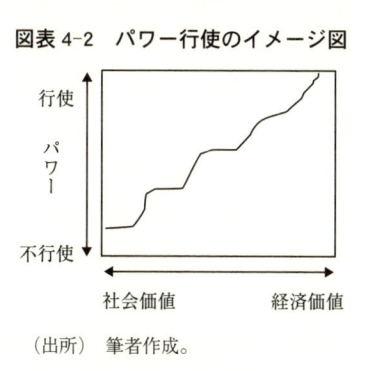

図表4-2 パワー行使のイメージ図

(出所) 筆者作成。

になる。

　このように，企業とNPOの関係では，両組織間にパワー関係が存在することと，現実の活動のなかでパワーが行使されることを同一視して議論することはできないと考えられる。これは，企業どうしの資源依存論のパワーに関する議論が，企業とNPOの場合では異なることを意味している。

第2節　企業とNPOとの組織間信頼関係の構築

　企業とNPOのパートナーシップの発展を検討するには，両者間の信頼関係を考察することが重要である。信頼はパートナーシップがもつダイナミックな特質，つまりパートナーシップをダイナミックに研究するための基礎となるコンセプトであり，組織間関係の発展には，パートナー間の信頼が欠かせない[6]。

　しかし，これまでのところ，企業とNPOの信頼関係を議論した先行研究はほとんどない。そこで，第3章第3節で言及した企業間の信頼関係に焦点をあてた既存の研究をふまえて，両者の信頼関係について新しい視点で検討したい。

1. 組織間信頼をとらえる2つの視点

　前章で述べたように，信頼に関する先行研究の多くは，協働関係にある組織間の直接的な相互作用の観点から論じられており，信頼の根拠は当事者間に限定されている。しかし，信頼の形成に社会という外部から受ける影響を無視することはできない。したがって，ここでは，組織の外部と内部という2つの視点から信頼について考察したい。

　まず，外部の視点では，社会的な広がりをもって形成された評判による信頼を考えなければならない。ヤング－ワイバーラ＝ヴィアサーマ（Young-Ybarra, C.＝Wiersema, M.）［1999］によると，評判は信頼を生み出す源泉のひとつであり，資源交換のパートナー間に発生する信頼を表す重要な指標である[7]。それだけでなく，評判は組織がもっている能力と密接に関連している[8]。

さらに，評判は新聞やテレビ，ラジオ，雑誌，インターネットなどの一般的なメディアの評価によって形成されるものと，特定な情報や評価を媒介にして形成されるものに分けられる。ここでは，このような評判によって間接的に形成される信頼を「社会的信頼」とよぶことにする。

つぎに，内部の視点による信頼は，組織間における相互作用から生み出されるものであり，先行研究で取り上げた信頼のタイプに対応させると，「能力への信頼」と「理解による信頼」の2つの要素に集約することができる。

ただし，本研究では，酒向の研究で議論された「約束遵守による信頼」については検討しないことにする。なぜならばそれが機会主義と関係していることを多くの研究が指摘しており[9]，組織間の競争関係を前提にしているからである。企業とNPOは，営利と非営利という異質な組織であるので，機会主義の行動がほとんど生じないのではないかと考える。

能力への信頼は，相手の組織が目標を達成するために必要な実行能力をもっているかどうかへの期待である。パートナーシップが形成されると，組織は評判や経験から得た相手組織の専門的な知識や経済的実力などに関する情報を再確認・再認識する必要がある。つまり，このような協働以前の評判や経験からうまれた信頼は，その後の相手組織との相互作用を通じて新たに構築される。

もうひとつの理解による信頼は，特定のパートナー組織との関係を重視して，それぞれの組織がお互いの価値観や組織文化などを認め合うことから生まれるものである。共通目的の達成のために，情報を共有するなどのコミュニケーションによって，相手の組織文化を徐々に受け入れるようになり，その結果，理解による信頼が生まれ，相手との協働関係がいっそう強化されていく。

2. 組織間信頼の源泉

上述した2つの視点から生じた3つの組織間信頼は，それが生み出される源泉の違いをも表している。信頼の源泉が異なれば，信頼の質も変わると考えられる。

図表 4-3　企業と NPO の組織間信頼の源泉

信頼の源泉	主な特徴
社会的信頼	外部による間接的な認知，客観的
能力への信頼	パートナー間の直接的な認知，客観的
理解による信頼	パートナー間の直接的な認知，主観的

(出所)　筆者作成。

　社会的信頼は社会の評価を通じて得られるものであり，能力への信頼と理解による信頼は，一方の組織がパートナー組織に対して認知するものである。また，社会的信頼と能力への信頼は客観的な情報や知識に依拠することが多く論理的であるのに対して，理解による信頼はパートナーどうしの直接的な相互の意図によって生じるので，パートナー間の主観的な感情や好意に依存している（図表 4-3）。

　社会的信頼は客観的ではあるが，不確実性が高く不安定である。これに対して，感情的な要素が含まれる理解による信頼はいったん形成されると，両者の関係がいっそう強化されて安定的になる傾向がある。

　企業と NPO は本来組織の目的が異なっており，意思決定の方法や社会的コンテクスト，組織文化などが異質である。したがって，両者が信頼関係を構築するには，3つの信頼の源泉のなかでも理解による信頼の形成がとくに重要であると考える。ただし，第3章で取り上げたチャイルド＝フォークナー＝トールマン［2005］の「一体感による信頼」は，両者の異質性の高さゆえに形成されにくいであろう。

3.　組織間信頼の深化過程

　信頼は短期間で形成されるものではなく，組織間の長期的なパートナーシップのなかで積極的なコミュニケーションが繰り返されることによって発展する。前章で述べたように，酒向は信頼の各要素は並存すると主張したが，チャイルドらはそれを段階的にとらえており，パートナーシップの進展とともに信頼も発展していくとしている。

以下では，組織間信頼の3つの源泉をもとに，Childらの段階性の考え方と，信頼の各要素が並存するという酒向の主張を取り入れて，組織間信頼の深化過程を捉え直してみたい。結論からいうと，3つの信頼は時間の経過につれ，相互に影響し合いながら発展すると考える。

　つまり，それぞれの源泉はお互いを排除するのではなく，同時に存在し，時間の経過により，低次元の社会的信頼から高レベルの理解による信頼へと発展する。ザヒーア＝ハリス（Zaheer, A. = Harris, J.）[2006]によると，評判は信頼を構成する主要な基礎である[10]。すなわち，能力への信頼，理解による信頼にとって，社会的信頼は不可欠である。そして，この3つの源泉はお互いに影響しあっているのである。

　また，それぞれの信頼の源泉の重要度は一定不変ではなく，パートナーシップが進展するにつれて変わっていくと考えられる。酒向が指摘したように，それを測定することは困難であるが，変化の傾向についてはとらえることができるであろう。つまり，企業とNPOがパートナーシップを形成する初期の段階では，お互いに相手についての情報や知識はそれほど多くないため，客観性のある社会的信頼に依存するところが多い。

　そして，パートナーシップが進展すると，相手に関する情報が直接得られるようになるので，社会的信頼は相対的に重要度を低下させていくと考えられる。

　一方，能力への信頼と理解による信頼は，パートナーシップの形成後，その比重を徐々に増していくであろう。パートナー組織とのコミュニケーションや学習によって，相手がもっている専門性などの能力が確認され，パートナーシップが良好であれば，相手との関係を続けようという積極的な感情が芽生える。能力への信頼は一定のレベルに達すると，それほど変わらなくなると推測できるが，理解による信頼はパートナーシップの深化とともに高まっていくであろう。

　図表4-4は企業とNPOの組織間信頼の深化過程を表すイメージである。このなかで，パートナーシップを形成する初期段階を「形成期」とよび，それが量的な発展を遂げる時期を「成長期」，そして，質的な変化がみられる

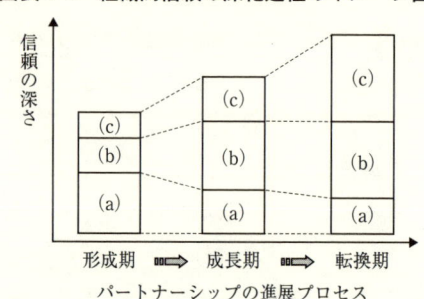

図表 4-4　組織間信頼の深化過程のイメージ図

```
信
頼
の       (c)
深    (c)         (c)
さ    (b)   (b)   (b)
      (a)   (a)   (a)
      形成期 ⇒ 成長期 ⇒ 転換期
       パートナーシップの進展プロセス
```

（注）　(a) は社会的信頼
　　　　(b) は能力への信頼
　　　　(c) は理解による信頼

（出所）　筆者作成。

時期を「転換期」とする。

　また，企業と NPO の組織は異質性が高いので，当初は両者間で信頼をもつことは困難であるが，いったん信頼関係がつくられると，その安定性は高いと考えられる。競争関係にない両者が Win-Win の互恵関係を重視していること，さらに中長期の信頼関係では両者がもつ異質性が重要な役割を果たしていることなどがその理由となる。

第 3 節　企業と NPO の組織間学習

　前述（第 3 章の第 4 節）の企業間関係を前提とした組織間学習アプローチを援用して，企業と NPO のパートナーシップの発展と学習とのかかわりについて考察し，それが企業間どうしで行われるものと，どのような差異があるのかを検討したい。

1. 組織間学習のパターン

　インクペン（Inkpen, A.）［2001］によると，組織間学習は「パートナーに関する学習」と，「パートナーからの学習」という 2 つの視点で検討する

ことができる[11]。また，この2つのタイプの学習が行われる動機や，それがもたらす影響はかなり異なっている。

　前者は，パートナー組織がどのような能力をもっているかを熟知するための学習であり，組織間の信頼関係を発展させる前提となっている。そして，それはパートナーシップを効果的にマネジメントするのに役立つものである。

　一方，後者は組織がパートナーシップを組む動機そのものであり，関係を組む際の交渉力に影響する決定的な要因である。この学習が迅速に行われると，相手組織がもっている知識やスキルを早めに習得できるので，パートナー組織への依存が減少し，その結果みずからのコントロールの範囲を拡大させる可能性が高くなる。

　インクペンの主張をふまえて，本研究は組織間学習を「相手を認知するための学習」と「知識を獲得するための学習」という2つのパターンに分けることにする。

　前者は，相手がもっている組織文化の特徴や考え方を理解するための学習である。これは，パートナーシップを促進するための基礎となり，異質性の高い企業とNPOのパートナーシップではとくに重要であると考えられる。

　これに対して，後者は相手の知識やノウハウを習得するための学習である。このような学習は，企業どうしがパートナーシップを組む動機であり，既存の組織間学習アプローチの研究の焦点となっている。しかし，企業とNPOの場合は，組織間学習はかならずしもはじめから意図した行動ではないと考える。

　第2章第4節で述べたバダラッコ［1991］の見解によると，知識には言語や文書化によって簡単に伝達できる移動型知識と，組織文化やノウハウなどのように移転しにくい密着型知識の2つがあるという。前者の移転は製品の連鎖を引き起こすが，知識の連鎖を通じた後者の移転は新しい知識，能力の学習や創造をもたらす。つまり，密着型知識の移転は困難をともなうが，それゆえにいったん移転が成功すれば，その効果も大きいといえる。

　バダラッコが主張する移動型知識と密着型知識はともに，上述の「知識を

図表 4-5　知識を獲得するための学習

```
          組織間学習
          (協働プロセス)
┌─────────┐ ┌─────────┐ ┌─────────┐
│  企業   │ │         │ │  NPO    │
│┌───────┐│ │ ┌─────┐ │ │┌───────┐│
││既存知識││←┤ 移転 ├→│ │既存知識││
│└───────┘│ │ └─────┘ │ │└───────┘│
│┌───────┐│ │ ┌─────┐ │ │┌───────┐│
││新知識 ││←┤ 共創 ├→│ │新知識 ││
│└───────┘│ │ └─────┘ │ │└───────┘│
│┌───────┐│ │ ┌─────┐ │ │┌───────┐│
││既存知識││←┤ 誘発 ├→│ │既存知識││
││の変化 ││ │ └─────┘ │ ││の変化 ││
│└───┬───┘│ │         │ │└───┬───┘│
│    ↓    │ │         │ │    ↓    │
│┌───────┐│ │         │ │┌───────┐│
││慣性の打破││ │         │ ││慣性の打破││
│└───────┘│ │         │ │└───────┘│
└─────────┘ └─────────┘ └─────────┘
```

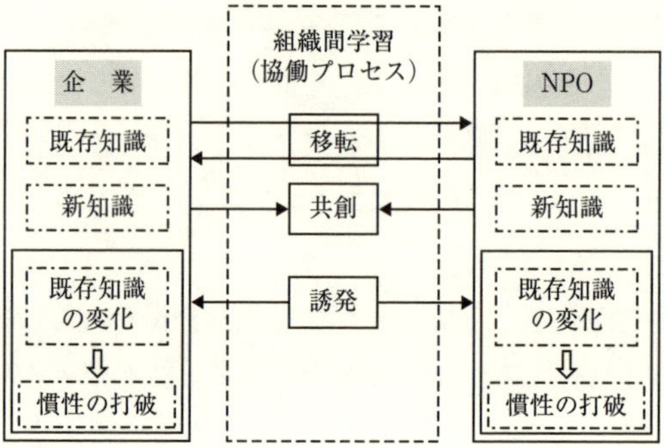

（出所）筆者作成。

獲得するための学習」に属すると考えられる。しかし，この見解は知識の種類や性質に着目しているだけであり，これらの知識がどのように獲得されるかについては，具体的に議論されていない。

　ここでは，バダラッコの主張による知識のタイプを考慮して，企業とNPO のパートナーシップにおける「知識を獲得するための学習」を知識の移転，共創，誘発という3つのパターンに分けて検討する（図表4-5）。

① 移転による学習

　これは企業と NPO の保有する知識や情報を，協働のプロセスを通じて相手から学習し，みずからの組織に移転，蓄積させるものである。

② 共創による学習

　これは両者が知識や情報を提供し合い，それまでにない新しい知識を共同で創出し，それが双方に学習されるものである。

　① と ② において，移動型知識を習得する場合もあれば，密着型知識を獲得することも可能である。しかし，バダラッコ［1991］の見解からすると，密着型知識の移転や創出は移動型知識のそれに比べて，長い時間を必要とする。

③ 誘発による学習

　組織の異質性が高い企業と NPO とのパートナーシップでは，協働のプロ

セスでそれまで認識することのなかった考え方などを直接体験することとなり，既存の知識やルーチンの変化を促進させる。そして，この誘発が組織のもっていた慣性を打破することができ，さらに組織の学習が促進されて既存の知識が更新されていく。

このような企業とNPOにおける組織間学習のパターンは，企業どうしの場合との相違はほとんどみられないといってよい。ただし，企業どうしでは，3つのパターンの学習が同時に行われるとは考えにくい。

企業とNPOはそれぞれ異質な資源を保有し，組織の目的や文化の相違も大きい。そのため，両者間の学習は，企業どうしよりも組織に存在している慣性を打破する可能性が高いかもしれない。また，このような異質な組織間の学習は，それぞれにとって効果が大きく，その範囲も広いと考えられる。

企業間の組織学習には「ジレンマ」が存在していることがハメルら[1989]や張[2004]によって明らかにされている。それはパートナーからできるだけ多くの技術や知識を学びたいことと，その一方で相手に提供する情報はできるだけ減らしたいこととの間で生じる，いわば立場上のジレンマである。

しかし，このジレンマの発生原因には，学習を目的としたパートナーシップであることと，パートナー間に競争的な関係があること，という2つの条件が前提となっている。しかし，双方に望ましい関係の構築を前提にしている企業とNPOのパートナーシップでは，企業間どうしのような組織間学習のジレンマが存在しにくく，学習効果はより高められるであろう。

2. 組織間学習の発展プロセス

すでに述べたように，組織間学習は，組織間で構築される学習の場や枠組のなかで行われ，そこで得られた知識を獲得，吸収，創造，保存するプロセスである。このプロセスは，基本的には単なる組織学習と同じと考えられるが，組織学習の場が組織自体であるのに対して，組織間学習では組織と組織の相互作用のなかで行われている。

しかし，このような学習のプロセスは，ある時点のミクロ的な組織間学習を説明するものである。つまり，学習を時間の経過とともに段階的にとらえ

ているとはいいがたいし，パートナーシップにもたらす変化についても把握できないであろう。そこで，組織間学習を進化的な視点で捉えているドズ［1996］の主張を導入することにする。

第3章第4節で取り上げたドズ［1996］の見解を基本的に支持し，企業とNPOのパートナーシップも学習によって進化すると主張したい。ただし，ドズの進化プロセス・モデルを援用する場合，学習の段階で強調される側面が企業どうしとは若干異なるであろう。

企業どうしのパートナーシップにおいては，学習は戦略的提携の動機になり，意図的に行われるので，「知識を獲得するための学習」が重視される。これに対して，社会的課題の解決を目的にしてパートナーシップを形成した企業とNPOの場合には，双方が共通の目的を達成するには「相手を認知するための学習」が欠かせない。具体的には，以下のようになる。

企業とNPOは異なるセクターに属し，これまでそれぞれ異なる領域で活動を行っており，その組織文化に大きな差異が存在している。したがって，パートナーシップを組むまでお互いを知らないことが多く，パートナーシップを組む経験が欠如していたり，半信半疑で始まる協働事業もある。

このように，パートナーシップの初期段階では，企業どうしの場合とは異なり，相手に関する情報や知識はきわめて少なく，当然信頼関係も浅い。したがって，パートナーシップの促進には，まず「相手を認知するための学習」が必要であり，そののちに「知識を獲得するための学習」が行われると考えられる。

言い換えれば，パートナー組織を熟知するために必要な「相手を認知するための学習」がない限り，「知識を獲得するための学習」は困難である。そして，当然のことながら，お互いに協働の経験があり，「相手を認知するための学習」がすでにある程度できている場合には，その重要度は減るであろう。

企業とNPOの間で行われる「知識を獲得するための学習」は，カンナー＝ガラティ＝ノーリア（Khanna, T.＝Gulati, R.＝Nohria, N.）［1998］がいう「協力的な学習」（collaborative learning）がその根底にあると考えられる。

企業どうしのパートナーシップでは,「知識を獲得するための学習」がもっとも重要である。というのは,成功を求めるのであれば,パートナーシップのなかで公式な取り決め以外の領域からもスキルを獲得し,別の新たな知識を系統的に伝達したいからである[12]。「知識を獲得するための学習」から得られる知識は,自己の利益を生み出すために一方的に獲得されるが,パートナーシップが形成されない限り,このような知識にアクセスすることは難しい[13]。

　また,「知識を獲得するための学習」によって得られた知識は協働事業に関係のない領域で戦略やオペレーションを強化するために利用されることもある。つまり,知識が組織内に定着すると,新しいマーケットや製品の開発,そして経営活動に用いられることになるのである。

　以上の見解から,企業どうしの場合,学習は戦略的提携の動機となっており,「知識を獲得するための学習」が実現されないなら,パートナーシップは形成されないと多くの研究が主張している。そして,いったん一方のパートナーが学習の目的を達成してしまうと,パートナーシップは解消されてしまうことになる。このような学習は「競争的な学習」(competitive learning)であり,多くの組織間学習に関する研究がこの競争的な学習に焦点をあてている[14]。

　いうまでもなく組織間の学習には「競争的な学習」だけでなく,「協力的な学習」も含まれており,そこでは共通の利益をめざした相互の学習が重視される。パートナーシップの形成プロセスはこの2つのタイプの学習が組み合わされながら行われているのである[15]。

　一般に,企業とNPOの場合,競争する目的はなく,社会価値を重視し,共通の目的を実現するために形成されている。したがって,「競争的な学習」を想定することは考えにくく,ほとんどの場合「協力的な学習」が行われると考えられる。企業とNPOの間の「知識を獲得するための学習」は,学習の目的が企業どうしとはかなり異なっているのである。

　また,カンナーら [1998] らは「協力的な学習」を強調する一方で,それが意図的な行動であることを前提にしていると述べているが,企業とNPO

図表 4-6　企業とNPOにおける組織間学習の発展プロセス

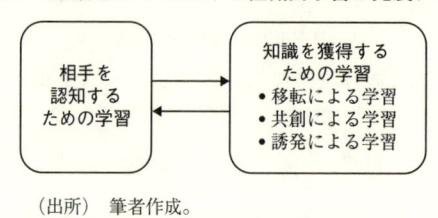

```
┌─────────┐      ┌─────────────────┐
│ 相手を　 │ ───→ │ 知識を獲得する  │
│ 認知する │      │ ための学習      │
│ ための   │ ←─── │ ・移転による学習│
│ 学習     │      │ ・共創による学習│
└─────────┘      │ ・誘発による学習│
                 └─────────────────┘
```

（出所）　筆者作成。

のパートナーシップでは，意図した「知識を獲得するための学習」のほかに，パートナーシップの進展によって，当初は前提にしていない副産物（バイプロダクト）的に発生する学習もあるのではなかろうか。

実際に，プロセスのなかで行われる「知識を獲得するための学習」が意図したものであるかどうかは，パートナーシップを形成する目的に関連しているのではないかと考える。

以上の議論から，企業とNPOにおける組織間学習の発展プロセスは，図表4-6のように示すことができる。

第4節　パートナーシップにおけるパフォーマンス

企業とNPOのパートナーシップはどのような結果をもたらすのかについて，パートナーシップにおけるパフォーマンスの視点から考察する。

1. 既存研究の再考

第3章第5節で検討したように，企業間のパートナーシップにおけるパフォーマンスは，主に財務的と非財務的に分けられる。それはパフォーマンスが財務的か非財務的かにもかかわらず，本来の活動目的である経済的利益がどの程度達成できたか，つまり経済的パフォーマンス（economic performance）を軸にしてとらえていると考えられる。

一方，企業がNPOとパートナーシップを組む場合には，社会的課題の解決を目指しており，必ずしも短期的な経済的パフォーマンスを追求するとは

限らない。近年，企業は本業と関連してNPOと組むケースが出現しているが，本業と関連しない分野で形成するほうが圧倒的に多い。したがって，企業間にみられるような経済的利益に着目するよりも，社会的パフォーマンス(social performance) のほうを重視する必要がある。

　谷口勇仁［1997］によれば，社会的パフォーマンスとは，「利害関係者から要求されている社会的責任問題に対して企業が行った活動（社会的責任活動）をさまざまな指標を用いて測定・評価するもの」[16]である。近年アメリカにおいて，慈善寄付，地域社会への貢献，自然環境保護などの項目を設定して，このパフォーマンスの測定が盛んに行われている。日本においても，朝日新聞社文化財団が定期的に企業の社会的パフォーマンスを評価している[17]。

　経済的パフォーマンスと社会的パフォーマンスの関係については，後者が前者に対してプラスの影響を与えているという研究結果が得られている[18]。また，高い経済的パフォーマンスが得られると，企業は社会的責任活動を積極的に推進することになるという[19]。これは，高い経済的パフォーマンスが社会的責任活動を行う動機となることを示している。

　しかしながら，NPOを含む異なるセクター間のパートナーシップを通じて得られるパフォーマンスについては，これまで本格的な議論は行われていない[20]。以下では限られた研究のうち，代表的なものを取り上げることにする。

　グレイ＝ウッド（Gray, B. = Wood, D. J.）［1991］によると，パートナーシップにおけるパフォーマンスは，問題を解決できたかどうか，どちらの組織の問題が解決されたのか，持続的発展や環境保護に関する規範が達成できたかどうか，パートナーシップは存続しているかどうか，という4つの視点から考察することができるという[21]。

　また，第2章第4節で取り上げた横山［2003］の見解によると，企業とNPOのパートナーシップにおけるパフォーマンスは，社会という外部と企業内部の2つの視点から把握される。社会への影響はNPO活動のパフォーマンスとしてとらえられ，ステークホルダーの拡大や，ステークホルダーと

の関係の強化・多様化,活動の迅速化・多彩化があげられている。これに対して,企業内部のパフォーマンスに関しては,人材の確保,従業員のモチベーションの向上,学習効果,社会的ネットワークの構築が評価される。

これに対して,NPO法人パートナーシップ・サポートセンターは,目標の設定,経過,事業結果,インパクトという4つの段階にわけてパートナーシップを評価している。そして,それぞれの段階に,さらに以下の多様な角度を設定している[22]。

まず,目標設定の段階には,目標の明確さ,ミッションとの関連性,自己組織に対する評価,相手組織への認識,社会に対する認識という5つの項目がある。つぎの経過の段階では,事業の進捗度の把握,危機管理,愉快度,役割の明確さという4つの視点で考察している。そして,事業結果の段階は目標の達成度,ミッションの合致度,役割の補完度,組織の成長度,事業継続度,ネットワークの形成の有無という6つの項目で構成されている。最後に,インパクトの段階では,社会へのインパクトの有無,受益者の満足度,社会に対する新たな「気づき」の有無,事業発展の可能性の4つを評価の項目としてあげている。

まとめてみると,パートナーシップ・サポートセンターが協働事業を段階ごとに評価しようとしているのに対して,グレイ=ウッドと横山は,組織内外の2つの視点からパフォーマンスについて分析を行っている。また,グレイ=ウッドは観点の羅列的な記述が多いが,横山は分析の枠組を示している。このように,企業とNPOのパートナーシップがもたらすパフォーマンスに関する研究は少数であるうえに,その研究成果も体系的なものになっていないであろう。したがって,先行研究に全面的に頼ることはできない。このため,本研究では新しい視点を導入する。

2.「意図的パフォーマンス」と「随伴的パフォーマンス」による評価

前述したように,企業間のパートナーシップにおけるパフォーマンスは,主に経済的パフォーマンスに着目し,関係の当初から目標として設定され,意図的に得ようとするものである。

一方，企業とNPOとのパートナーシップでは，これまで異なる分野で活動してきた両者はパートナーシップを組む経験が少なく，協働事業からどのようなパフォーマンスが得られるのかは，事前に予想しにくいと考えられる。つまり，両者が意図的に獲得しようとするパフォーマンスは，協働事業の目的である社会的課題の解決という最低限のものにとどまる可能性が高いであろう。

ところが，協働事業が実行段階に入ると，企業は，これまでとは異なる体験を得ることができる。そのプロセスを通じて多くのステークホルダーとかかわって，企業どうしのような両者間に限定されない幅広い範囲へ活動を拡大させることができる。そのため，企業はこれまで以上に社会全体から影響をうけ，また社会に影響を与えるようになる。その結果，必然的に新しいチャンスが生まれやすくなる。

このように，企業とNPOのパートナーシップでは，意図的なパフォーマンスは限定的であるが，結果の意外性が高いと考えられるので，意図しないものの発生が期待できる。そして，この意図しないパフォーマンスという視点を加えることで，パフォーマンスをより厳密に評価することができ，さらに，両者のパートナーシップの促進にも役に立つであろう。

以下では，パフォーマンスを「意図的パフォーマンス」と，「意図しないパフォーマンス」という2つの視点で考察したい。本研究では，後者を「随伴的パフォーマンス」と名づけることにする。

「随伴的」という言葉は三戸公［1994］の「随伴的結果」を援用したものである。一般的に，「意図した結果」に対しては「意図せざる結果」という表現が使われているが，「意図せざる結果」には，以下の2つの問題があるのではないかと考える。

ひとつは個人であれ組織であれ，人は目的を達成するために意図的に行動し，求めた結果を生じさせる。しかし，目的ある行為は良かれ悪しかれ必ず予測しない結果をもたらす[23]。

経営組織論の生成期において，「意図せざる結果」に関する研究はマートン（Merton, R. K.）とその弟子たちを中心に行われ[24]，それは組織内部のメ

カニズムに着目し，官僚制の逆機能として「意図せざる結果」を考えている。そして，「意図した結果」はプラスのイメージ，「意図せざる結果」はマイナスのイメージを与え，2つは相反する概念として取り扱われている。しかし，意図せずに生じた結果は必ずしもマイナスのものだけでなく，本来の目的以外のプラスの成果が得られる可能性があることも考えられる[25]。

また，本研究のパフォーマンスは，単なる結果だけを意味するものではなく，プロセスにともなって発生するものと考える。したがって，ここでは本来の目的を達成する「意図的パフォーマンス」と，プロセスないし結果のなかで発生した「随伴的パフォーマンス」を考え，この2つで企業とNPOのパートナーシップにおけるパフォーマンスをみていくことにする。

では，「意図的パフォーマンス」はどのようなものであろうか。企業とNPOのパートナーシップにおいて，もっとも明確で両者に共通する「意図的パフォーマンス」は，社会的課題の解決である。これについては，トムソン＝ペリー（Thomson, A. M.＝Perry, J. L.）［2006］や，グレイ＝ウッド［1991］の研究でも取り上げられている。

また，パートナー間の共通の目的のほかに，それぞれの組織が個別の目的をもつことが想定される。営利活動を行う企業側は当然のことながら，商品やサービスの差別化や，新しい市場の開拓といった経済的利益に直接関連する目的や，社会的評判の向上といった間接的に経済的利益につながる目的がある。

ここで，社会的評判の向上というパフォーマンスに着目してみたい。企業イメージを高めるための主な手段は，これまでは広告であった。しかし，近年広告による販売プロモーションとは別に，企業が行う活動そのものが注目され，社会的責任の活動を実施しているかどうか，不祥事が生じていないかどうかといった，企業のあり方そのものが社会的評価の根拠となってきている。

櫻井通晴［2005］の研究によれば，社会的評価の獲得が高いと，経済的パフォーマンスにつながるという相関関係が明らかにされている[26]。また，社会的評価が高まるとともに，社会的信頼も高まっていくという。

一方，NPOにとっては，協働事業から生じた結果がみずから目指しているミッションにどの程度合致しているか，ミッションの達成度はどれほどのものなのかが，もっとも重要な関心となる。

つぎに，「随伴的パフォーマンス」についてみると，これはケース・バイ・ケースであり，パートナーシップの形成目的や，両者の関係などによって異なると考えられるが，ここではその例として，以下の3つをあげることにする。

① 知識を獲得するための学習

企業どうしのパートナーシップでは，知識を獲得するための学習は戦略的提携の動機のひとつであり，学習は意図した結果となる。これに対して，企業とNPOの場合，相手がもっている資源を補完的に獲得するためにパートナーシップを形成することが多いので，「知識を獲得するための学習」は当初の目的ではなく，むしろ結果として随伴的に得られる。

企業とNPOの目的はともに社会的課題の解決であり，学習を意図するケースは少ないと考えられる。しかし，第3節で述べたように，両者が競争関係になく，「組織間学習のジレンマ」が存在しないため，組織間学習は企業どうしのそれに比べ，比較的容易に行われる環境にあるといえる。それゆえ，随伴的な学習が起きる可能性は大きいであろう。

② 新しい事業やパートナーシップの形成

社会的評価が向上すると，企業の従業員は自社が行う社会的責任の活動に対して認識を高め，意欲も向上する。そして，異質な組織からの学習により，いままでにない知識を獲得して新しい知見が芽生え，事業の創造といったイノベーションにつながる可能性が高くなる。

一方，NPOは信用度の高い企業とパートナーシップを組むことにより，組織の可視性[27]や信頼性が高くなり，他の企業から注目されやすくなる。また，パートナーシップを通じてノウハウを高度化することができ，その結果，新しいパートナーシップの形成のチャンスが広がり，事業活動を拡大させていくことが可能となろう。

③ 人材の獲得

社会的責任が強く求められる今日，それを実践しているかどうかは求職者が企業を選別する基準のひとつとなっている。したがって，社会的課題に取り組む企業には優れた人材が集まりやすくなるといえる[28]。

このようにみてくると，「随伴的パフォーマンス」は企業どうしよりも企業とNPOのパートナーシップにおいて，より生じやすいと考えられる。具体的には，以下のように考えている。

①の知識を獲得するための学習は，企業どうしではそれが戦略的提携の目的になっていない場合，ジレンマの存在によって学習の機会が抑制される。

②の新しい事業やパートナーシップの形成については，企業どうしの戦略的提携は当事者間に限定されており，広く社会に開かれた関係には広がらない。

③の人材の獲得については，企業間パートナーシップが有効になるとはいえないであろう。ただし，大型プロジェクトやグローバルなジョイント・ベンチャーの推進が社会的にも認知され，当該企業の発展が期待できる場合には，人材の獲得が促進されるかもしれない。

要するに，企業とNPOのパートナーシップでは，企業どうしで比べるとより多様なパフォーマンスが発生する可能性が高いといえるであろう。

第5節　動態的な分析枠組と仮説の提示

1. 分析枠組の構築

企業とNPOのパートナーシップに関する先行研究は類型化や概念の定義が中心であり，プロセスに着目するものはパートナーシップの形成段階にとどまっている。そこで，本研究では，プロセスについて検討するとともに，一連のプロセスを構成する各要素の相互の関連性をも視野に入れて，パートナーシップをダイナミックにとらえることにする。その分析枠組（Ⅰ）は図表4-7のようになる。

第5節　動態的な分析枠組と仮説の提示　115

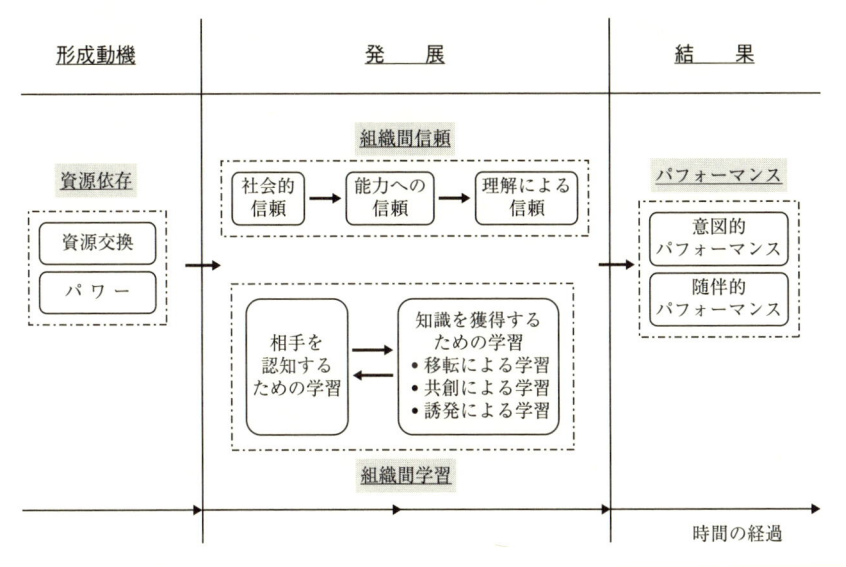

図表 4-7　企業と NPO のパートナーシップの動態的な分析枠組（I）

```
  形成動機    │         発　　展          │      結　　果
             │                            │
             │      ┌─ 組織間信頼 ─┐      │
             │   ┌──────────────────┐   │   ┌ パフォーマンス ┐
 ┌ 資源依存 ┐│   │ 社会的 → 能力への → 理解による │   │ ┌────────┐
 │ ┌──────┐│──▶│  信頼     信頼     信頼  │──▶│ │ 意図的 │
 │ │資源交換││   └──────────────────┘   │   │ │パフォーマンス│
 │ └──────┘│                            │   │ └────────┘
 │ ┌──────┐│   ┌──────────────────┐   │   │ ┌────────┐
 │ │ パワー ││   │         知識を獲得する │   │   │ │ 随伴的 │
 │ └──────┘│   │ 相手を  ための学習    │   │   │ │パフォーマンス│
 └────────┘│   │ 認知する ◀▶・移転による学習│   │ └────────┘
             │   │ ための学習 ・共創による学習│   └──────────┘
             │   │           ・誘発による学習│
             │   └──────────────────┘   │
             │      └─ 組織間学習 ─┘      │
─────────────┼────────────────────────────┼──────────────────▶
                                                        時間の経過
```

（出所）　筆者作成。

　この分析枠組は以下のように構成されている。まずは，パートナーシップの形成動機から発展，そして結果というパートナーシップの全体のプロセスが時間軸に沿って描かれる。つぎに，枠組の左側の部分は，パートナーシップが形成される動機であり，両者が資源依存の関係にあることを示している。そこでは，お互いに資源を交換するという目的をもっており，交換が行われると，両者間にパワーの関係が形成されることを表している。

　枠組の中央は，パートナーシップの発展プロセスであり，これは組織間信頼と組織間学習からなっている。前者の組織間信頼は，「社会的信頼」から，「能力への信頼」，そして「理解による信頼」へと深化するというプロセスである。この3つの要素は同時に存在し，影響し合う一方，パートナーシップの発展にともない，それぞれの重要度を変化させながら，組織間の信頼関係を深化させていく。

　これに対して，後者の組織間学習は，「相手を認知するための学習」と

「知識を獲得するための学習」が相互に影響し合いながら発展する様子を示している。知識を獲得するための学習は，さらに移転による学習と共創による学習，誘発による学習という3つからなっている。

枠組の右側はパートナーシップの結果を示し，パフォーマンスのプロセスを示している。パフォーマンスは「意図的パフォーマンス」と，「随伴的パフォーマンス」があることを明示している。

要するに，この分析枠組は，全体を大きく3つのプロセスからなるものとして表すとともに，それぞれのプロセスに内在する要素について，その変化や相互作用などに着目してパートナーシップをとらえようとするものである。

なお，図表4-7のなかの矢印は，プロセスの進展や相互の影響，深化などのダイナミックな意味づけをもつ記号として用いられている。以下の第5章から第8章で，この分析枠組にもとづいて事例研究を行うことになる。

2. 分析枠組から導かれる仮説

分析枠組をもとに，事例のデータを解析するために，以下の5つの仮説を導出し，第9章で検証を試みる。

＜仮説①＞

> 企業とNPOのパートナーシップでは，補完的な資源に依存し，交換を行っている。

企業とNPOは企業どうしと同様に，相手の資源を獲得するために交換を行うが，交換する資源の内容は異なる。企業どうしの場合，パートナーシップの目的によって交換される資源が異なっている。補完のために異質なものを求める場合もあれば，補強のために同質なものを求めることもある。それに対して，企業とNPOでは，社会目的を達成するためにパートナーシップを形成し，それぞれが異なる役割を果たしているため，交換する資源は補完的なものが多い。

第5節　動態的な分析枠組と仮説の提示　117

＜仮説②＞

> NPOとのパートナーシップのなかで，企業は本業と関連する領域においては，パワーを行使する。

　企業は社会的課題を解決するためのノウハウをもっていない。したがって，目的達成の多くをNPOに依存するので，本業と関連しない領域でパワーの行使はほとんど行われない。企業がCSRを経営活動のなかに取り入れ，本業の全体または一部と直接に関連する場合には，経済的利益を優先させることになるため，パワーを行使する可能性が高くなる。ただし，パワーの行使とはいえ，つねにそれを発揮してNPOをコントロールしようとするとはいえない。

＜仮説③＞

> 信頼の源泉となる「社会的信頼」，「能力への信頼」，「理解による信頼」のそれぞれの働きの強さは，パートナーシップが発展するプロセスの段階によって変化する。

　企業とNPOの組織間信頼は，社会的信頼と，能力への信頼，理解による信頼という3つの源泉に分けて考えることができる。パートナーシップの各発展プロセスにおいて，これらの源泉は混在し，相互に作用しながら，時間とともに社会的信頼から理解による信頼へと深化していく。
　パートナーシップの形成期で重要な働きをする社会的信頼がその後の発展段階では相対的に重要度を低下させていき，一方で能力への信頼と理解による信頼の比重は，パートナーシップの形成後徐々に増していく。また，能力への信頼は一定のレベルに達すると，それほど変化しなくなるが，理解による信頼はパートナーシップの深化により高まっていく。つまり，パートナーシップが進展するにつれて，3つの信頼の重要度が変化していく。

＜仮説④＞

> 企業とNPOのパートナーシップでは，学習効果が高い。

　企業とNPOはお互いに異質な資源を保有し，組織の目的や組織文化の相違も大きい。そのため，パートナーシップにより両者間で移転や共創による学習が行われる。また，学習は組織のもつ既存の知識やルーチンに変化を促し，みずからの組織に存在する慣性を認識し，それを打破する可能性が高くなる。それゆえ，学習の範囲は広がり，その効果が大きい。

＜仮説⑤＞

> パートナーシップにおけるパフォーマンスでは，「意図的パフォーマンス」のほかに，「随伴的パフォーマンス」が得られる。

　企業とNPOは共通の社会目的を達成するためにパートナーシップを形成する。両者が目指す目的の実現が意図的パフォーマンスであることはいうまでもない。そのうえ，両者は組織の異質性が高いので，組織間信頼の形成や学習を行うことで，随伴的パフォーマンスが得られる。また，パートナーシップの目的が社会的課題の解決であるため，両者間のほかに社会の多くのステークホルダーとかかわって資源の交換が行われることになるので，随伴的パフォーマンスが得られる可能性がさらに高くなる。

　以上の5つの仮説は，企業どうしのパートナーシップとの関連性を意識しつつ，分析枠組の3つのプロセスに対応している。形成動機の段階は仮説①と②，発展の段階は仮説③と④，そして結果の段階は仮説⑤がそれぞれ対応していることになる。

第6節　事例調査の概要

　図表4-7で提示した分析枠組（Ⅰ）は，企業とNPOがなぜパートナーシップを形成するのか，それがどのように発展するのか，それによりどのよ

うな結果が得られるのか，という3つの問題を解明しようとするものである。つまり，パートナーシップの発展プロセスとプロセスを構成する各要素がどのような動きをみせるのか，どのように関係しているのかをダイナミックに解明することをねらいにしている。

この問題の解明のために，事例研究にもとづく定性分析を採用することについてはすでに序章で述べた。そのため，事例に関する詳細な情報を獲得しなければならない。しかし，既存の資料がほとんどないうえに，情報も十分に得られないことから，インタビュー調査を独自に実施することにした。

もっとも，インタビューでは，パートナーシップの事実経過を正確に把握するために，両者にあらかじめ質問項目を送付し，当日は，質問ごとに相手から話を聞き取った。また，相手が伝えようとしている内容の背景を理解するために，質問項目に限定することなく，ある程度自由に語ってもらった。さらに，できるだけデータの客観性を保つために，双方の回答者に同様の質問項目を示してデータを得ることに努めた。

事例の対象抽出については，以下のように行っている。第1章の第3節で述べたように，企業とNPOの関係は対立から一方的な支援関係へ，そして，対等な関係のパートナーシップに発展してきた（図表1-2）。本研究では，企業からの一方的な支援関係ではなく，例数はまだ少ないが，企業とNPOの対等なパートナーシップの事例を取り上げたい。

対等なパートナーシップには，本業無関連型と，それが発展した本業関連型がある。後者は，アウトソーシングと共同商品開発，共同研究開発，コーズ・リレーテッド・マーケティングといった活動に分けられる。

上記分類のうち，コーズ・リレーテッド・マーケティング型の事業は対象外と判断した。このタイプは本業関連型であるものの，キャンペーン型が多く，企業はNPOの名前やロゴといったものを利用して独自に商品販売を行っているだけであり，両者のかかわりは少ないからである。

本研究の目的を明らかにするには，両者の関係が比較的長期にわたって継続していること，ある程度深くかかわりあっていることが求められるであろう。つまり，単純な取引関係ではなく，ある程度長く続いたパートナーシッ

図表 4-8　抽出した調査対象事例の概要

事例		組織名	企業の規模と業種／NPOの活動分野	協働内容	開始時期	パートナーシップの特徴
1	企業	NEC	グローバルなIT企業	社会起業家の育成	2002年	本業無関連型
	NPO	ETIC.	社会教育			
2	企業	トステム	大手の総合建材メーカー	UD製品の共同開発	2003年	本業関連型（共同開発）
	NPO	UD生活者NW	福祉			
3	企業	アイクレオ	中堅の粉ミルクメーカー	子育てアドバイザーの育成	2002年	本業関連型（アウトソーシング）
	NPO	子育てアドバイザー協会	社会教育			
4	企業	一ノ蔵	中小の清酒メーカー	環境にやさしい米づくりの共同研究	2001年	本業関連型（共同研究）
	NPO	環保米NW	環境保全			

（出所）筆者作成。

プを事例として選択することが重要になる。

　そこで，NPO法人パートナーシップ・サポートセンターが2002年から実施している「パートナーシップ大賞」を受賞した事例や，2005年に関東経済産業局が作成した「企業とコミュニティビジネスとのパートナーシップ」の報告書で取り上げられた事例のなかから，インタビュー調査の可能なものを取り扱うことにした。

　このようにして，以下の先駆的で発展性のある事例を抽出した（図表4-8）。本業無関連型パートナーシップは，社会起業家の育成を目指して2002年から継続されているNECとETIC.の事例にする。そして，本業関連型のアウトソーシングでは，子育てアドバイザーを育成する目的で2002年から継続しているアイクレオと子育てアドバイザー協会の事例を取り上げる。また，共同研究に関しては，2001年より開始した一ノ蔵と環境保全米ネットワークが取り組んでいる環境にやさしい酒米栽培の事例を，さらに，共同開

発の事例となるトステム（現在のLIXILの前身のひとつ）とUD生活者ネットワークは，2年未満という短期間で終了しているが，UD製品の開発という目的が達成されたために，これも対象として選択した。

注
1) 山倉健嗣 [2007] 112-119頁，Inkpen [2001] pp. 411-416. ただし，本研究で検討する企業とNPOのパートナーシップでは，必ずしもコスト削減といった経済的利益を求めないケースが存在しているため，取引コスト・アプローチは取り上げないことにする。
2) 原田勝広＝塚本一郎 [2006]，谷本寛治 [2006] などを参照。
3) Barney, J. B. [2002] 訳書，155頁。
4) Provan, K. G. [1980] pp. 549-559.
5) Ibid., p. 553.
6) Geddes, M. [2008] pp. 216-217, London, T. ＝ Rondinelli, D. A. ＝ O'Neill, H. [2006] pp. 353-366, Ireland, R. D. ＝ Hitt, M. A. ＝ Webb, J. W. [2006] pp. 333-352, Zaheer, A. ＝ Harris, J. [2006] pp. 169-197, Child, J. ＝ Faulkner, D. [1998] pp. 45-64, Mayer, R. C. ＝ Davis, J.H. [1995] p. 709, Sako, M. [1991] pp. 449-474.
7) Young-Ybarra, C. ＝ Wiersema, M. [1999] pp. 444-446. また，信頼のもうひとつの源泉として価値の共有をあげている。価値の共有を行うためには，相手組織の目的や価値観を理解したり，相手組織とコミュニケーションを行うことが重要である。
8) Zaheer, A. ＝ Harris, J. [2006] p. 183. 真鍋誠司 [2000] 83頁。
9) 延岡健太郎＝真鍋誠司 [2000] 126-131頁，真鍋誠司 [2002] 84-84頁，Sako [1992] pp. 43-47, 酒向真理 [1998] 99-108頁。
10) Zaheer, A. ＝ Harris, J. [2006] p. 183.
11) Inkpen, A. [2001] p. 414.
12) Hamel, G. ＝ Doz, Y. L. ＝ Prahalad, C. K. [1989] 訳書，13頁。Inkpen, A. [2001] p. 414.
13) Inkpen, A. [2001] p. 414.
14) 石井真一 [2003] 9-10頁。
15) Khanna, T. ＝ Gulati, R. ＝ Nohria, N. [1998] pp. 193-210.
16) 谷口勇仁 [1997] 75頁。
17) 同上，179頁。
18) 森本三男 [1994] 第10章-第15章。
19) 谷口勇仁 [1997] 78頁。
20) 横山恵子 [2003] 153頁。
21) Gray, B. ＝ Wood, D. J. [1991] pp. 18-19.
22) 岸田真代編著 [2005] 250-251頁。
23) 三戸公 [1994] 7-23頁。
24) 沼上幹 [2000] 21頁，52頁。
25) 三戸公 [1994] 91-109頁。
26) 櫻井通晴 [2005] 2-5頁。
27) 吉田猛 [1987] によれば，可視性とは「潜在的な交換相手および焦点組織がそれぞれ交互に観察あるいは確認されうる容易さ」である。その特性として，① 組織の規模，② 成長率，③ 組織のもつ資源および能力の特異性，④ 組織の社会的な威信があげられている（11-12頁）。
28) 横山恵子 [2003] 173頁。

第5章
社会起業家の育成を目指すパートナーシップ
―― 日本電気(NEC)と ETIC. の事例[1] ――

第1節　NEC のプロフィール

1. 同社の設立と現状

　1899年に設立された NEC は，長期的な視野に立って，研究や開発に注力し，社会の発展に役立つ製品を提供し続けている。現在では，連結子会社数265社，従業員数109,102人，連結売上高3兆368億円（2012年3月末現在）の規模にまで発展を遂げている。

　NEC は現在 ① 官公庁・企業向けのシステム構築や保守・運用，アウトソーシングといった IT サービスとネットワークシステムを構築するために必要なプラットフォーム製品群を提供する IT ソリューション事業，② 通信事業者向けのネットワークインフラ製造や運用サービスの提供を行うキャリアネットワーク事業，③ 各種の社会システムや公共システムの構築を行う社会インフラ事業，④ スマートフォンや携帯電話機，企業向けパソコンなどの製造やインターネットサービスの提供を行うパーソナルソリューション事業を主に展開している。

2. 企業理念と CSR の取り組み

　NEC は「C&C をとおして，世界の人々が相互に理解を深め，人間性を十分に発揮する豊かな社会の実現に貢献する」という経営理念にもとづき，技術開発に力を注ぐ一方，CSR 活動も積極的に行っている企業としてよく知られている。『ニューズウィーク』誌の評価によれば，NEC は「世界企業

CSR ランキング 2008」で，500社のうち，64位に位置している。

　NEC が目指している CSR は，コンプライアンスの徹底を前提に「企業理念」にもとづいて「ビジョン」を実現するために本業を遂行し続けることである。そして，そのなかで自社の「バリュー」を実践し，強みを活かして，本業を通じて，顧客と社会のかかえるさまざまな課題の解決に貢献することである。

　さらに，CSR の一環として，NEC は社会の一員であることを深く自覚し，よき企業市民となるように社会貢献活動を積極的に推進している。また，社会貢献活動に対する基本的な考え方を「社会のさまざまな人びとが参加しやすいプログラムを作り，選択と集中によって，より効果的に社会の課題に貢献する」とし，CSR のプログラムを策定する際に，4つの基本方針にもとづいている（図表5-1）。

　NEC はこの基本方針のなかで，NPO とのパートナーシップを社会貢献活動の基本のひとつと位置づけており，社会的課題の解決に先駆的に取り組んでいる団体とのコミュニケーションを積極的に図っている。また，同社は NPO を社会貢献活動のパートナーとして，「ソーシャル・ビジネス」といった新しいビジネスのパートナーとして，そして CSR の新しい動向を把握するための企業経営の新しいアンテナとしてとらえている[2]。

　次年度の業務改善と，客観性と透明性の高い審査と運営を実現するために，NEC は実行された社会貢献プログラムに対して，図表5-2のような評価制度を設けている。具体的には，社会価値の視点では公益性，発展性，先

図表 5-1　NEC の社会貢献活動の基本方針

①重点分野	地球環境，青少年教育，コミュニティに関する基本方針
②リソースの活用	経営資源（資金，製品，人，施設，情報，知識など）の有効活用 事業活動と連動したイノベーティブな活動の促進
③NPO/NGO とのパートナーシップ	Win-Win の関係にもとづく社会的課題解決の促進
④グループ会社の連携と社員参加	"NEC Make-a-Difference Drive" 活動を通じた地域社会への貢献 従業員のボランティア活動の推進

（出所）　NEC CSR 推進本部社会貢献室担当者提供資料より。

図表 5-2 社会貢献プログラム評価制度

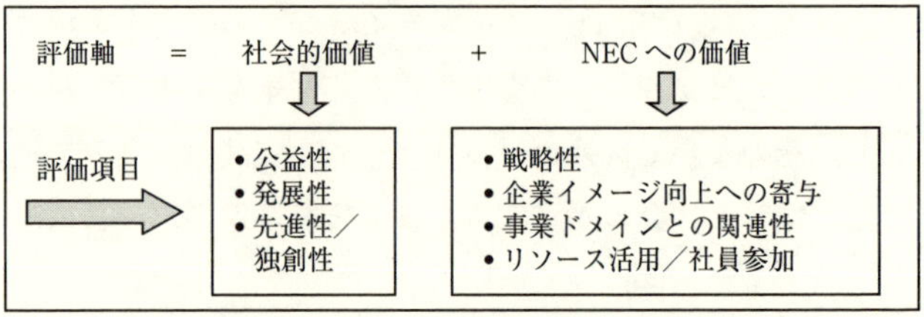

```
評価軸  =  社会的価値   +   NECへの価値
              ↓                ↓
評価項目   ・公益性         ・戦略性
    ⇒    ・発展性         ・企業イメージ向上への寄与
          ・先進性/        ・事業ドメインとの関連性
           独創性          ・リソース活用/社員参加
```

（出所）NEC CSR推進本部社会貢献室担当者提供資料より。

進性・独創性，NPOとの連携という4つの評価基準を設け，企業価値の視点では，戦略性，企業イメージ向上への寄与，事業ドメインとの関連性，リソースの活用・社員参加，の4つの評価基準を採用している。

つまり，社会全体と会社自体が持続的に成長していくために，さまざまな事業活動を通じて，顧客，株主，取引先，地域社会，従業員をはじめとした多様なステークホルダーに対して，経済価値だけでなく，社会価値を創出・提供し，信頼を獲得していくことがNECの考えているCSRである。

第2節　ETIC.のプロフィール

1. 設立の目的

ETIC. (Entrepreneurial Training for Innovative Communities) は，社会のさまざまなフィールドで新しい価値を創造する起業家型リーダーを育成し，社会のイノベーションに貢献することを目的としたNPOである。具体的には，1993年に学生起業家の全国ネットワーク「ETIC.学生アントレプレナー連絡会議」から発足している。1997年には「ETIC.（エティック）」という名称に変更され，学生団体からNPOに移行している。さらに，2000年にNPO法人として認証され，現在（2010年3月時点）18名の専従を含め，約50名のスタッフが所属している。

ETIC.には3つの目標があり，それは①若者にチャレンジ精神をもたらし，社会のイノベーションにつなげていく，②「誰のために」，「何のため

に」という問題意識をつねに念頭におき，リーダーに求められる起業家精神と価値創造力を育てていく，③世代や価値観を超えた共感が生まれるコミュニティを作り出す，である。つまり，個人がひとりでチャレンジするのではなく，多様な価値観をもった人たちと関係を築き，「志」をもった仲間たちと切磋琢磨し合うなかで，互いの姿勢，情熱を学び合い，成長し続けていく。また，このようなチャレンジによって，新しい起業家たちが生まれ，新しいコミュニティが形成されるというのである。

2. 主な活動内容

　1997年から2001年まで，ETIC.は大学におけるインターンシップ活動を普及させるために，首都圏にある早稲田大学や中央大学，青山学院大学などと提携し，インターン・カリキュラムを作成したり，それを単位化する活動を行っている。その後，ベンチャー・ビジネスを支援することの必要性を感じ，それに取り組むようになった。

　現在では，年間250余名のベンチャー企業へのインターンをコーディネートすることに加えて，大学・行政・企業などの組織と連携し，挑戦する若者を応援するさまざまな活動に取り組んでいる。そして，主に以下のようなプロジェクトを実施している。

　① 起業家型リーダー育成プログラム

　実践の現場や，社会で活躍しているプレーヤーに直接触れることを通じて，20代の若者に起業家の思考と行動の特性を理解させ，リーダーシップを養うことがこのプログラムの目的である。このプログラムを受けて輩出された起業家は，ここ10年間で100名を超えている。

　具体的には，ⓐ起業家志向の学生たちがベンチャー起業などで活躍できるようにするために，少数精鋭の組織で約半年間取り組むという長期実践型アントレプレナー・インターンシップ・プログラムと，ⓑ教科書からではなく，先輩起業家や参加者どうしから，ビジネスの知識や経営哲学，人生のビジョンなどについて学ぶためのETIC.イノベーターズ・スクール，という2つのプログラムがある。

② ソーシャル・アントレプレナー輩出プロジェクト

これは，NPOやソーシャル・ビジネスで起業する若者をさまざまな角度より支援し，社会的な課題に事業的手法を駆使して解決にチャレンジする「ソーシャル・アントレプレナー（社会起業家）」を発掘・育成するための事業である。

このプロジェクトには，社会的な課題に事業的手法で挑戦する日本初の若者のためのビジネスプラン・コンペティションや，後ほど事例で取り上げるNEC社会起業塾などがあげられる。

③ チャレンジ・プロデューサー輩出プロジェクト

これは，ETIC.が実践型インターンシップのノウハウなどを提供し，チャレンジ・プロデューサーが地域や地域のリーダー，現場そのものを巻き込み，それを継続していける仕組みをつくりあげることを支援の目的としたプロジェクトである。このプロジェクトで推進された事業には，経済産業省（財団法人VEC）とタイアップしたチャレンジ・コミュニティ創成事業と，愛媛県の委託事業「愛媛県における起業家型リーダー育成」，高知大学と共同開発した地域課題解決型MOTプログラム，などがあげられる。

第3節　パートナーシップの成立

CSR活動に注力しているNECと，起業家型リーダーやソーシャル・アントレプレナーなどの人材育成を目指しているETIC.は，2002年から共同で「NEC社会起業塾」という社会貢献プログラムを開始した。このプログラムは現在も続いている。

1. パートナーシップ形成の背景

2002年当時のNECの社会貢献部部長[3]は，かつてアメリカでマーケティングの仕事に携わっていた。アメリカでは，NPOという組織はよく知られており，中学生や高校生を対象にして，NPOの運営ができるような優秀な人材を育成するための教育も充実している。彼はこのようなことを体験して関

心をもつようになった。彼は同時にアメリカと日本とのギャップを理解し，是非日本でもNPOの専門人材を育ててみたいという強い思いをもっていた。

そこで，彼は社会貢献部部長に就任後，NPOの人材育成の企画を実行に移していく。その考え方は中立性，先駆性，専門性をもつNPOではなく，事業性，収益性を備え，みずからの力で持続的に発展できる事業型NPOやソーシャル・ベンチャーを意図するものであった。

ただし，日本では，中学生や高校生を対象にすることは非現実的であると考え，大学生向けに，継続的な経営に必要な資金をみずから確保できる事業型のNPOやソーシャルベンチャー向けの人材を育成することをねらった。

この企画を実現するために，NECはこれを独自で行うのではなく，社会的課題に対して専門性をもつNPOと協働することを選択した。というのは，「企業は社会的課題に対してノウハウをもっていないので，独自でやると失敗が意外と多い」からである[4]。

NECは法人格の有無，活動実績，財務内容，組織基盤，マネジメントという5つの視点をパートナーとなるNPOを選定するガイドラインとして設けている。しかしながら，日本のNPOのほとんどは規模が小さく，外部に対してあまり情報発信を行っていない。したがって，NPOに関する情報を収集することができず，このガイドラインにもとづいて適切なパートナーを選択することはかなり困難な作業であった。偶然，社会貢献部部長が新聞でETIC.の代表理事の記事を読み，その存在を知ることとなる。

その後，NECが行ったコンペティションにETIC.が参加し，「社会起業塾」のプランをNECに提案している。このようななかで，NECはETIC.が社会起業家の人材育成というユニークな活動をしていること，それに対する確かなミッションと広い人的ネットワークなどの実績をもっていることが判明する。しかも，ETIC.のもつ強みは，NECのニーズに合致するものであるため，協働相手としてETIC.を選ぶことになる。一方，ETIC.はNECと協力関係を結ぶことができれば，それまでの経験を活かすことができ，将来の発展にもつながると考えた。このように，両者は接触後比較的早い段階で事業を協働で行うことを決定している。

2. パートナーシップ形成のプロセス

　NEC と ETIC. の協働プロセスを図表 5-3 に示す。以下では，これにもとづいて説明していく。

　パートナーシップに向けた基本的な合意に達した後，契約の前に見積りと計画書が ETIC. によって作成され，両者は対等の立場で話し合いを重ねて契約が交わされている。その内容は，「企業どうしのものと大きな違いはなく，主に事業のスケジュール，事業の進め方，活動に必要な経費の支払などが書かれている。また，事業推進のなかでお互いに提供しあう経営資源の内容についても明確にしている。」[5)] また，協働は継続的に行うことを前提としているが，状況の変化に対応できるように，契約は1年ごとに更新するとの合意も行われている。

　その後，NEC と ETIC. は，社会的課題を事業として取り組む事業型 NPO とソーシャルベンチャーの育成と人づくりを目指す「NEC 社会起業塾」という協働事業に取り組むことになる（図表 5-3）。

　このプロジェクトを推進するために，まず行わなければならないのは企画

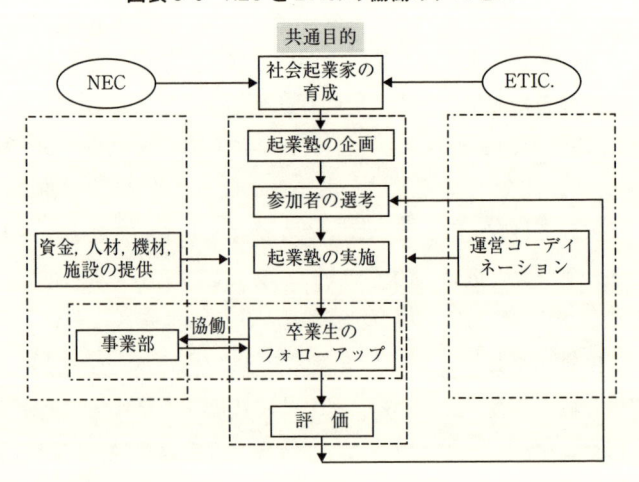

図表 5-3　NEC と ETIC. の協働のプロセス

（出所）　筆者作成。

である。両者は企画段階を共同で実施している。具体的には，ETIC.側が10人前後のチームで企画の具体的な内容やプログラムを作成し，NECに提案している。この提案をもとにして，双方で事業型NPOとソーシャルベンチャーの育成，それにかかわる人づくりという共通目的に向けて，意見を出し合って改善しながら企画書を完成させている。

つぎに，参加者の選考段階に入る。塾の参加者は将来NPOやNGOでの活動を希望する学生や，社会的課題の解決を目指している若手起業家を対象に公募方式で行われる。1年を1期とし，毎年30から40グループの応募者から1次，2次選考を行い，最終的に3から5グループを参加者として選択することにした。

選ばれた「NEC社会起業塾」の参加者たちには，NECが提供した40万円の活動支援金とパソコンが与えられる。問題解決能力とマネジメント能力を向上させるために，約7ヵ月の間に3回の合宿が実施され，参加者は実践的な研修を通じて，組織，事業の立ち上げや，運営方法などについて学ぶ。また，NECの各分野の専門家やETIC.のスタッフ，経験のあるベンチャーやNPOの事業家による個別相談のメンター制度とコーチング制度も設けられ，長期間徹底的な指導や支援が行われる。図表5-4はこの「NEC社会起業塾」の実施概要である。

図表5-4　NEC社会起業塾の概要

項　目	概　　要
目　的	社会的課題に事業で取り組む（事業型NPOやソーシャルベンチャーの育成と，人づくり）
対　象	学生などの若手起業家
募集数	年間で3から5グループ
内　容	・組織，事業の立ち上げと運営を学ぶ実践的研修（7ヵ月間） ・メンター制度とコーチングによるOJT（ETIC.の専門家，経験のあるベンチャーやNPOの事業家） ・合宿研修などによる問題解決能力とマネジメント力の養成 ・NECのリソース提供による事業化支援（資金，製品，場所などの提供，社内の専門家による個別指導，事業ラインとの連携支援など）

（出所）　NEC CSR推進本部社会貢献室担当者提供資料より，一部変更。

NEC と ETIC. は，つねに「一緒に考えよう，一緒に社会起業家を育成しよう」[6]というスタンスで，それぞれの役割を分担している。事業の実行の段階において，NEC は主に資金，PC やプロジェクターなどの機材，会合の場所を提供している。また，社内の専門家によるマーケティング，プロモーション，会計などに関する経営個別指導やアドバイスを行っている。一方，ETIC. は社会起業家育成のそれまでの実績にもとづくノウハウを活かして，事業の運営やコーディネーションに主導的にかかわっている。

　より効果的に社会起業家を育成するために，両者は各自の役割を果たしつつ，お互いに提案をしたり，積極的にコミュニケーションをとりながら，情報を共有している。たとえば，2年目の第2期から，NEC 社会貢献室の担当者と ETIC. 事務局のスタッフは，月に一度会議を開き，卒業生を含めて事業全体の運営について討論している。

　また，参加している社会起業家をどのように育成していくかについて，NEC の社員2～3名，ETIC. 事務局スタッフ2名，参加グループを担当するコーディネーター（ETIC. 側）との間で，月に2回コーディネーター会議が開かれ，意見を交換している。NEC と ETIC. と参加者の3者も，少なくとも月に1回は討論会を開いている。さらに，この3者と塾の卒業生の間にメーリングリストを設定し，随時に情報交換を行っている。

　NEC と ETIC. は，「協働プロセスにおいて，両者の関係はかなり対等であり，場合によっては，ETIC. のほうが意思決定の優位性が高く，主導権をもっている。たとえば，どのように社会起業家を支援していくのか，その成長をどのようにレベルアップさせていくのかに関しては，ほとんど ETIC. のほうが判断して事業を進めている」[7]のである。

第4節　パートナーシップ事業の展開

　2002年からはじめたこの事業は，2009年までの8年間によく知られているフローレンスや，かものはしプロジェクト，カタリバを含め，計34団体を育てている。そのうち28団体が現在（2010年）でも農業や医療，フェア

トレード，青少年教育などの分野で事業を継続している。この協働事業は，これまでのところ大まかにビジネスプランの支援，創業期の支援，本業連携支援，の3つのフェーズに分けられる。

1. ビジネスプランの支援（2002年〜2003年）

　協働事業をはじめてからの1年間は，ビジネスプランを支援する時期である。その当時，塾の参加者は学生のみに限定し，ビジネスプランをもったグループを中心に選定した。そのため，「NEC学生NPO起業塾」のように「学生」がプログラム名につけられていた。この段階では，参加グループのビジネスプランの作成に重点を置きながら，指導，支援などを実施している。

　また，このような指導，支援の活動のうち，合宿研修などの節目となるイベントはNECとETIC.が共同で行っていたが，そのほかは，ほとんどETIC.によって実施され，NECはチェックの役割を分担している。その結果，事業のウェイトがETIC.側に偏ることが多く，NECの側には，やや活動の実態が見えにくい状況にあった。

　プログラムの終了時点で，この期に参加した6グループのうち5グループがNPOの設立，法人化をめざすところまで進んでいる。しかし，1年後，実際に法人化に至ったグループはひとつだけであり，結果としては不十分に終わったといえる。

2. 創業期の支援（2003年〜2007年）

　第2期をはじめる前に，NECとETIC.は前述（図表5-2）のNECの社会貢献プログラム評価基準にもとづいて，第1期の活動について評価を行っている。両者による協働事業の展開のなかで，もっとも顕著に変化したのはこの第2期であり，選考の対象や方法，NECのかかわり方などに関して，かなり大きなちがいが現われた。

　まず，社会的なインパクトを向上させるために，選考の対象は学生に限定せず，広く社会的課題に関心のある若者に拡大している。そして，創業期における事業を自立させるために，ビジネスプランを指導するのではなく，す

でに事業計画をもち，あるいは具体的に事業を進行させているものを支援するかたちに変更している。

また，起業に適した人材を選ぶために，プレゼンテーション力とともに，事業を推進するうえで必要な精神力や行動力を重視するようになっている。その準備として，2ヵ月の事前トレーニング期間が設けられていたり，ひとりの塾生にひとりのコーディネーターがつくというコーディネーター制度も取り入れている。

NECのかかわり方については，関与の深度と範囲の拡大という2つの変化があった。第1期は，協働事業であるにもかかわらず，NECの関与が浅く，支援が少なかった。その反省に立ち，第2期では月に一度かならず起業塾参加者グループの仮想ボードミーティングに参加することなどを決定している。

この事業のポイントのひとつとなっているのは，NEC社内の専門家の参加である。第1期では「知的財産」に関するビジネス特許の専門家や，福祉関連の専門家など8名ほどがアドバイザーとして事業に参画していたが，NEC本来の事業ラインと連携し，本業に結びつけることはできなかった。

2年目の第2期では，参加グループのレベルが上がったことや，マスコミに取り上げられたことなどから社内の関心を引き，事業部を巻き込むことができるようになった。そして，NECの仕事を起業塾生に紹介したり，あるいは現場にNPOを引き合わせたりして，本業と関連づけるような動きがみられた。

たとえば，第2期の起業塾生であるNPO法人「かものはしプロジェクト」は，事業によって得られた収入を寄付金にして，カンボジアで売春を強要されている子どもたちのIT就労を支援するグループであるが，現在NEC事業部門のウェブ制作の仕事を担当している。NECという大企業と取引関係を結ぶことによって「かものはしプロジェクト」の信用度が高まり，一気に成長を遂げている。

NECが目指す本業を通じた協働についていえば，携帯電話着メロ・着うたの寄付事業で，それに近い形のものが実現している。第5期（2005年度）

起業塾の卒業生である「音の羽根」は,「音×IT」を使って社会貢献に取り組む NPO 法人であり,携帯電話から着メロをダウンロードすると障害者への寄付につながるという仕組みを考え出した。しかし,前例がないという理由でなかなか提案先に受け入れてもらえなかった。一方,NEC は携帯電話「N904i」を市場に投入するにあたり,動画配信のほかに何らかの話題性や差別化を図ろうとしていた。そこで,NEC は「音の羽根」が取り組んでいる事業に注目し,携帯電話「N904i」に着メロダウンロードによる寄付プログラムを取り入れることを決断した。両者によるこの協働では,1ヵ月間に5,000 ダウンロードという実績をあげ,消費者の好評を得ている。

3. 本業連携支援（2008 年以降）

さて,NEC へのインタビューのなかに,つぎのような回答がある。「ここ数年,社員の CSR に対する認識が高まっている。これまで,多忙な社員たちはどのようにすれば少しでも多くの利益が出せるかということを中心に考えてきたため,社会貢献室の担当者に声をかけられても応じなかった。しかし,近年,CSR はひとつの風潮になり,社会全般で CSR に対する認識が向上している。この社会環境の変化の影響をうけて,社員たちとくに若手社員の意識が大きく変わるとともに,CSR の重要性に徐々に気づきはじめている。今年 NEC が企画し,開催した起業家との交流会には,10 数人の若い社員が参加し,起業塾事業への関与範囲がさらに広がっている。」[8]

このように起業家との直接的なコミュニケーションによって,NEC は起業家育成事業への関与が深まり,範囲を拡大させている。また,社会起業家の役割や特性に対して理解が深まるにつれ,同社は新しい発想が生まれるようになった。従来の BtoB から,BtoC や BtoBtoC という消費者の視点に立脚した IT ビジネスへの転換が模索されるようになり,新しい市場を開拓しようとしている。

しかし,同社にはこの新しい分野のビジネスに関するノウハウが欠けており,ニーズを十分に把握しているとはいえない。一方,起業家は消費者の身近な領域で活動しており,その現状や需要をとらえることができる。した

がって，NECにとって，新しいビジネスのパートナーとして，起業家との連携がさらに重要となり，それまで，パイロット的に行われてきた本業との連携に本格的に取り組もうとしている。たとえば，現在，NECの事業部門はワンコイン血液検査事業を展開している第7期の塾卒業生である「ケアプロ」と頻繁に情報交換を行い，今後の事業連携の可能性が高まっている。

NECとETIC.は，パートナーシップを通じて両者間における信頼関係が築かれ，2009年より，学生や若手起業家の育成を目的とする「NEC次世代社会イノベータープログラム」が，新しい試みとしてスタートしている。

さらに，社会起業家の育成事業をより広範囲に広げる目的で，2010年には，NECとETIC.に横浜市役所と花王が加わり，「社会起業塾イニシアティブ」も創設されている。

注
1) 取材：2008年12月4日（木），NEC CSR推進本部社会貢献室担当者。
   2010年8月20日（金），NEC CSR推進本部社会貢献室担当者。
   2008年12月18日（木），ETIC.インキュベーション事業部担当者。
   2010年8月30日（月），ETIC.インキュベーション事業部担当者，ETIC.横浜社会起業応援プロジェクトリーダー。
2) ETIC.インキュベーション事業部担当者へのインタビューより。
3) 2004年4月からは，社会貢献室室長に変更。
4) NEC CSR推進本部社会貢献室担当者へのインタビューより。
5) 同上。
6) ETIC.インキュベーション事業部担当者へのインタビューより。
7) 同上。
8) NEC CSR推進本部社会貢献室担当者へのインタビューより。

第6章
UD製品の開発を目指すパートナーシップ
―― トステムとユニバーサルデザイン生活者ネットワークの事例[1] ――

第1節　トステムのプロフィール

1. 同社の設立と現状

　トステム株式会社[2]（以下，トステム）は，従業員8,873人，売上高4,304億9,300万円（2010年3月末）の大手サッシ，住宅設備機器，建材などの総合建材メーカーである。1923年創業後約90年の歴史をもっている。同社は木製建具の小売・卸売・製造業を経て，1966年に業界では後発のアルミサッシ事業に参入している。その後，「良い家に住むことは万人の願い。この願いを実現するために私たちは働く」という綱領にもとづき，10年ごとに核となる事業を創造し，新市場を開拓する製品を開発し続けている。

　トステムは，1970年代中盤までのアルミサッシ事業参入後の最初の10年間に，業界トップを目標に，商品開発，販売，生産技術などへ積極的な投資を行い，インテリア（内装）に対するいわゆるエクステリア（外装）という新市場を開拓し，事業の基盤を確立した。そして，1980年代には，低層マンションから超高層ビルまでのビルサッシ事業を立ち上げた。このような技術力と実績の積み重ねは顧客から高い評価を得ている。

　また，1980年代後半からの10年間は，バスルーム，システムキッチンなどの住宅設備機器や外壁・内装材へと事業の幅が広がり，さらに，1990年代には，住宅用構造体パネル事業を開始した。近年では，快適な住まいづくりをサポートするために，環境への配慮だけではなく，誰もが使いやすく安全に暮らせる「ユニバーサルデザイン（以下，UD）」など，ライフスタイル

の変化に対応できる商品開発に取り組んでいる。

　トステムは，「良い家」を建てるために，技術力を生かして絶えず新商品を開発し，あらゆる住宅資材とノウハウをトータルに提供する，「トータルハウジング産業」の実現を目指す企業である。

2. 企業理念とCSRの取り組み

　トステムは「品質主義」，「顧客主義」，「人間主義」，「公正主義」，という4つの企業理念を掲げ，さまざまなステークホルダーとの信頼関係を重視しながら，日々の企業活動を通じて，経済・環境・社会のトリプルボトムラインでバランスのとれた経営を推進している。

　トステムのCSRに関する活動には，以下の2つの特徴がある。

① 経営活動のなかのCSR

　トステムは1996年に「トータル・バリアフリーによるものづくり」という方向性を打ち出した。これは，段差など「目にみえるバリア」と温度や湿度など「目に見えないバリア」の2つのバリアをなくしていくという考え方である。2000年頃から，UDのコンセプトを自社商品に取り込んで事業を展開しはじめている。

　そして，2002年にはUDチームを立ち上げ，独自の「ユニバーサルデザイン6原則」を制定した。それは具体的には，ⓐ より安全である，ⓑ 操作がしやすい，ⓒ 動作がスムーズ，ⓓ 直観的にわかる，ⓔ 使い心地がよい，ⓕ 意外性がある，の6項目となっている。

　このように，トステムはCSRを特別な新しい概念としてとらえるのではなく，通常の企業経営活動のなかに浸透させている。

② ステークホルダーとの関係の重視

　トステムは，消費者というステークホルダーに対して，トータルハウジングの考え方から消費者の利益を優先し，商品価値と暮らしの価値を高めていくことを重視している。また，環境問題に配慮し，消費者に快適な住空間を提供するための調達・生産・流通・施工など，経営活動に伴う環境負荷を可能な限り低減させることに努めている。

そして，主に全国の工場やショールームを中心に，地域のお祭りへの参加など，さまざまなかたちで地域社会と交流を行ったり，積極的に住まいにかかわる情報を提供するなど，事業活動のなかで「企業市民」としての役割を果たしている。さらに，従業員に対しては，一人ひとりの能力を重視し，それが発揮できるような職場や仕組みづくりを推進している。

つまり，トステムはCSRを，取り立てて新しい概念ではなく，経営活動そのものであるととらえ，多様なステークホルダーとの関係づくりをもっとも重視している。「会社の綱領のもと，住生活に関する部分で，生活者，従業員などいろいろな方々とコミュニケーションがとれるのか，また，どう貢献できるのかが一般的にいうCSRに関するスタンスになる」[3]としている。

第2節 ユニバーサルデザイン生活者ネットワークのプロフィール

1. 設立の背景

NPO法人ユニバーサルデザイン生活者ネットワーク（以下，UD生活者NW）は，消費生活アドバイザーを中心に，行政や企業と生活者の間の架け橋として積極的に活動を行っている団体である。

一般に，消費者の声は単なる苦情やクレームとして処理される場合が多く，ほとんどの企業では，情報が企業の生産やR&Dの現場にまで届かず，商品開発に反映されるケースは少なかった。もともと「ユニバーサルデザイン」という考え方は，生活者自身のニーズを生活者の視点で掘り起こし，商品やサービスに反映することである。

そのため，UDの商品やサービスを提供するには，消費者の要望を企業や行政に確実に伝達する橋渡しをする，消費生活アドバイザーの役割が重要となっている。このような背景のもと，2001年にUD生活者NWが設立され，2002年にNPOの法人格を取得している。

2. 活動目的と内容

　UD生活者NWは消費生活アドバイザーの集まりであり，株式会社経済分析センターの主席研究員でもある事務局長をはじめ，消費生活問題やユニバーサルデザインについて造詣が深い専門家を有している。

　その活動は，生活者のために，生活者による，生活者の視点から，ユニバーサルデザインを考えることである。また，高齢者，障害者のみならず，あらゆる人々にとって，暮らしやすい環境づくり，使いやすいものづくりのために具体的な行動を展開し，豊かでゆとりのある社会の実現にむけて，ユニバーサルデザインの啓発と普及を行うことを目的としている。

　具体的には，ⓐ生活者が求めるUD原則にもとづいた調査・研究事業やUDに関する情報収集・提供事業，ⓑUDワークショップ・プログラムの開発や講演，学習会の開催など教育・啓発事業，ⓒ協働事業の模索や関係機関とのネットワーク構築，UDに関する事業の企画・提案といった3つの活動支援事業を展開しており，生活者が主体となる社会，"生活の質"が満たされている社会，次世代にも公平な社会という，UD社会を目指している。

第3節　パートナーシップの成立

　前述のとおり，ユニバーサルデザイン事業を展開しているトステムは，行政や企業と生活者の橋渡し役として活動しているUD生活者NWと2003年4月からパートナーシップを組んで，UD商品の共同開発を行った。この協働事業は生活者が何に困っているかという調査から始まり，その後，製品開発へと発展している。

1. パートナーシップ形成の背景

　商品開発は市場に受け入れられることを前提にしなければならない。そのためには，消費者の真のニーズを適確に把握する必要がある。トステムは消費者から情報を収集する方法として，「商品開発要望カード」というシステムを開発している。これを通じて集められた情報にもとづいて，商品開発部

門が新商品の開発を行っている。

　しかし，このシステムには同社の営業社員，販売代理店，施工業者など多数の仲介者が存在しているため，情報伝達のルートが長いことと，最終ユーザーからの情報が途中で加工処理され，徐々に簡素なものにされるという実状があった。したがって，消費者の要望や改善について正しく開発の担当者にまで流れてこなかったのである。

　また，「企業が直接消費者にヒアリングやアンケート調査を行っても，消費者のプライドなどさまざまな事情があるため，本音を確実に伝えない場合もしばしばある」[4]のである。

　トステムは，「笑顔がひろがるユニバーサルデザイン」を追求する立場として，UDをどのようにとらえ，表現していくべきなのかという問題を考えていた。たとえば，「商品には，性能，機能，寸法など数値で表せる商品の物理的な品質と，ドアの開け心地や動きの優しさなど消費者にとっての魅力や自分らしさにフィットするかどうかといった感性的な品質がある。どのようにしたら，この物理的な品質と感性的な品質を融合させ，消費者の心に訴える商品を開発できるのか」[5]という。

　トステムは，現存のシステムでは，消費者の真のニーズをつかむことができず，自社単独では消費者のニーズに合ったUD商品の開発には限界があると認識するようになっていた。そこで，トステムのUDチームは消費者の要望がダイレクトに届く方法や，消費者の真のニーズを把握できるような仕組みについてさらに検討を加え，同時に協働のことも視野に入れ，パートナー探しをはじめたのである。

　まず，「マーケティング会社に調査を依頼し，消費者の情報を収集してもらうという提案があった。しかし，その調査結果が消費者の真のニーズを反映しているかどうかを，みずから確かめなければならないため，時間もコストもかかるし，消費者の真のニーズをしっかりつかめるかどうかにも疑問があった」[6]。

　そのころ偶然，UDチームのメンバーがある講演会で，UD生活者NWというNPOの存在を知った。直ちにリーダーは連絡をとり，スタッフ4人で

UD 生活者 NW のオフィスを訪問した。

　当時，トステムの NPO に対するイメージは，必ずしもよいというわけではなかった。「NPO にはいろいろな組織があるので，パートナーに関して，NPO でなくてはならないということは一切なかった。当社はいいものをつくるというものづくりの視点を第1にしているので，UD に対するこちらと NPO 側の価値観を擦り合わせて，パートナーにするかどうかを判断しようと考えた」という[7]。

　この訪問により，UD チームのメンバーは UD について新しい理解が得られ，NPO に対する認識も変化している。これまでトステム側が考えていた UD は「健全者ではなく，身体障がい者や高齢者などのために，段差をなくしたりすることと考えていた。したがって，UD というのは特別な人々のためのデザインであった」[8]。

　これに対して，UD 生活者 NW は UD に「万人設計」という言葉を使い，万人が使いやすいデザインと解釈している。また，企業の考える UD は人間の身体機能を低下させ，健康にも悪い影響を及ぼすと指摘している。

　つまり，消費者の生活の質をあげるためには，消費者がどのようにものを使うべきなのか，その使い方のなかにどういうニーズがあるのかを正しく理解しなければならないという。それができるのは，「ヒューマンそのものにフォーカスして，消費者の代表者としての見地から，生活価値がどこにあるかをきちんと研究し，専門知識やノウハウをもっている」[9] UD 生活者 NW ではないかと，トステムは訪問のなかから考えるようになっている。

　一方，UD 生活者 NW は，トステム側の UD に対する取り組み方に賛同し，評価している。それは，企業の UD に対する考え方が変らなければ，消費者を取り巻く生活も変らないという考えをトステムがもっていたからである。

　このように，トステムと UD 生活者 NW は，互いに共有できるものがあったので，「一緒に UD を考えましょう，できれば商品化しましょう」という合意が形成されるようになる。しかしながら，今後どのように対応していくかなどの不安も，当然のことながらいだいていた。双方が半信半疑のなか

で，具体的な商品開発ではなく，その前に生活者が困っていることについて調査することから協働がスタートした。

2. パートナーシップ形成のプロセス

協働のパートナーを選定後，企業間の協働と同様に，トステムはUD生活者NWと契約を結んでいる。トステムは商品開発に先だって，より客観性の高い情報を収集しようと，消費者に直接調査を行うことにした。その調査は，UD生活者NWが実施し，費用はトステムが負担することとした。

調査費用については，企業間の場合と同様に，対等な交渉が何度も繰り返された。そして，協議の結果，合意が成立し，主にUD生活者NW側の提案で契約書を交わしている。また，契約書の内容に関しても，守秘義務や協働の及ぶ範囲，著作権の及ぶ範囲，労働対価などの条項が盛り込まれており，通常企業間で取り交わす契約と同じものであった。

契約後，両者は消費者のニーズを把握するために，住空間に関する消費者の声を収集する調査に着手する。この調査は消費者情報に経験の多いUD生活者NWが主導的に行っている。

UD生活者NWは，消費者や生活者目線で「困りごと調査」，「訪問聞き取り調査」，「グループインタビュー」を実施し，消費者の声を集めている。これらの調査のプロセスを図表6-1に示す。

「困りごと調査」は玄関，リビング，キッチンなどの「空間別調査」と，一日の行動に沿った「時間別調査」の2つのテーマに分けられ，暮らしや住環境に発生した困りごと，およびその背景を聞き出すもので，119人を対象に記述式のアンケート調査が行われている。この対象者の多くは，一般の消費者ではなく，消費生活について深い理解をもつ消費生活アドバイザーであり，主婦，一般生活者，シニア，高齢者という4つの年齢層に分けて分析し，結果を出している。

「困りごと調査」の分析結果にもとづき，「訪問聞き取り調査」という実地検証を実施している。この調査では，「困りごと調査」の被験者119人のうちの20人前後に対象を絞り，家庭を訪問して，実際の生活環境を観察して

図表6-1 消費者に対する調査プロセス

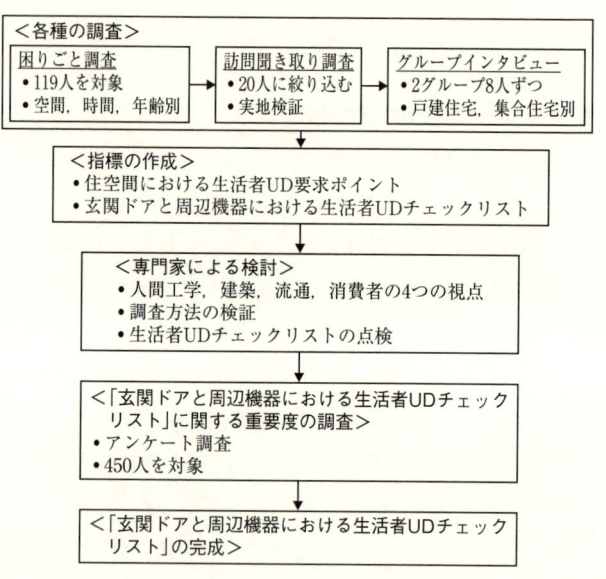

```
<各種の調査>
┌─────────────────┬─────────────────┬─────────────────┐
│ 困りごと調査     │ 訪問聞き取り調査 │ グループインタビュー │
│・119人を対象    →│・20人に絞り込む →│・2グループ8人ずつ  │
│・空間, 時間, 年齢別│・実地検証       │・戸建住宅, 集合住宅別│
└─────────────────┴─────────────────┴─────────────────┘
                            │
                            ▼
  <指標の作成>
  ・住空間における生活者UD要求ポイント
  ・玄関ドアと周辺機器における生活者UDチェックリスト
                            │
                            ▼
  <専門家による検討>
  ・人間工学, 建築, 流通, 消費者の4つの視点
  ・調査方法の検証
  ・生活者UDチェックリストの点検
                            │
                            ▼
  <「玄関ドアと周辺機器における生活者UDチェック
    リスト」に関する重要度の調査>
  ・アンケート調査
  ・450人を対象
                            │
                            ▼
  <「玄関ドアと周辺機器における生活者UDチェック
    リスト」の完成>
```

(出所) 筆者作成。

いる。このようにして，消費者の話を聞くだけではなく，消費者のなまの生活行動を観察し，情報を収集している。

また，理想の住まいや玄関空間に関する意見を収集するために，UD生活者NWは，「グループインタビュー」を行っている。これは戸建住宅と集合住宅の住民から各8名ずつの2つのグループをつくり，自由に議論するなかから，住まいの問題点や消費者を満足させる住環境についての特徴をとらえようとするものである。

上述の3つの調査で収集した情報にもとづき，NWは「住空間における生活者UD要求ポイント」と「玄関ドアと周辺機器における生活者UDチェックリスト」の2つ指標を作成した。

トステムは，この調査結果が独断やかたよりに陥らないようにするため，客観的にデータを分析する必要があると考えた。そこで，専門家に人間工学や建築，流通問題，消費者問題という4つの視点で調査方法の検証と，「生

活者UDチェックリスト」の点検を依頼している。また,「玄関ドアと周辺機器における生活者UDチェックリスト」の64項目について,450名の生活者を対象に重要度に関するアンケート調査を実施し,最終的なリストを完成させている。

ただし,UD生活者がトステムに提示した64項目のなかに,商品開発の視点からみて実現困難なものもあり,このような項目について,トステムは商品開発の効率やスピードを考慮して採用しなかったものもある。

第4節　玄関ドア「ピクシア」の共同開発

各種の調査やインタビュー,専門家による意見を通じて,トステム側はUD生活者NWがもっている情報収集の専門性を確認することができた。一方,UD生活者NWの側もトステムのUDに対する熱意を確信する。そして,その間双方に信頼関係が少しずつ構築され,今後について検討した結果,共同で玄関ドア「ピクシア」を開発することを決定している。

このように,「商品開発というハード面の技術をもっている」トステムと,「生活者のニーズをどのように見抜き,どのような調査が必要か,などに関するソフト面の技術をもっている」UD生活者NWが,「お互いにない資源を持ち寄り,補完しながら,協働事業を推進する」[10]ことになったのである。

図表6-2は,玄関ドア「ピクシア」の共同開発の主な流れである。

1. 企画段階

共同開発の決定後,両者は「ピクシア」の企画段階に入り,「トステムUDチェックリスト」と「生活者UDチェックリスト」の2つの異なる評価基準を軸に,多くの議論を交わしている。

「トステムUDチェックリスト」は,公的指針や人間工学をベースに作成したオリジナルの「ユニバーサルデザイン商品設計ガイドライン」と,第1節で述べた「トステムUD6原則」にもとづき,商品の企画段階からUDの

144　第6章　UD製品の開発を目指すパートナーシップ

図表 6-2　玄関ドア「ピクシア」の共同開発のプロセス

```
                    共通目的
                ┌──────────────┐
    ┌─────┐    │ 消費者の真のニー │    ┌──────┐
    │ トステム │───→│ ズが反映できるUD │←───│ UD生活 │
    └─────┘    │ 商品づくり      │    │ 者NW  │
                └──────────────┘    └──────┘
        ┌──────┐                    ┌──────────┐
        │市場調査 │                    │アンケート・   │
        │の委託  │                    │インタビュー調査│
        └──────┘                    └──────────┘
            ↓                              ↓
        ┌──────┐                    ┌──────┐
        │トステムUD│                    │生活者UD │
        │チェックリスト│                 │チェックリスト│
        └──────┘                    └──────┘
            ↓        ┌──────┐           ↓
            │        │商品企画│
            │        └──────┘
            │            ↓
            │        ┌────┐       ┌─────┐
            └───────→│設 計│←──────│モニター調査│
                     └────┘       │ (4回)   │
                        ↓          └─────┘
                     ┌──────┐         ↑
                     │設計DR │─────────┘
                     └──────┘
                        ↓
                     ┌────┐
                     │試 作│
                     └────┘
                        ↓
                     ┌────┐
                     │量 産│
                     └────┘
                        ↓
                     ┌────┐
                     │販 売│
                     └────┘
```

（注）　設計DR：設計デザイン・レビュー
（出所）　筆者作成。

配慮ポイントをチェックするための基準である。トステムはこれを2003年7月から導入している[11]。これに対して、「生活者UDチェックリスト」は、UD生活者NWが、前述の調査において、客観的な視点から作成した評価シートである。この2つの評価基準を用いるのは、企業と消費者のいずれか一方の発想に偏った商品とならないように配慮するためである。

2.　開発段階

「ピクシア」の開発段階においても、上記の2つのUDチェックリストを照らし合わせて、4回のモニター調査を行い、開発を推進している。モニター調査では、UD生活者NWのネットワークを活用して、妊婦、乳幼児がいる母親、体の不自由な障がい者や高齢者など、さまざまな立場の参加者

合計149人に意見を求めている。そのなかには，トステムの社員も含まれていた。

　UD生活者NWは，試作品に対する消費者の評価を確実につかむために，ひとりのモニターにひとりのスタッフがついて，徹底して情報を収集している。たとえば，「一度に全開すると，外から家の中が丸見えになる」とか，「カギがかかったという音声案内は必要ない。夜遅いと迷惑する」，といった消費者の要求が，UD生活者NWの調査を通じてトステムの開発部門にフィードバックされている。

　開発部門は，これらの情報をもとに試作品に改良を加え，そして，UD生活者NWによるモニター調査を再び実施する。このようにして，UDチェックリストにもとづくモニター調査から商品改良へという循環を幾度も繰り返し，消費者の真のニーズが徐々に商品に反映されるようになっていった。

　相互の理解を高めるために，トステムとUD生活者NWは月に2回ほど双方のオフィスで交互に定例ミーティングを開いている。そこでは，対等に意見を交わしながら，「生活者のためのものづくり」という共同目的の実現に向け，玄関ドア「ピクシア」の開発を進めている。トステム側はUDチームを中心に5名，UD生活者NW側は7名のスタッフが会議に参加し，合議という方式で，議事録を確認しながら商品開発に関して議論を行った。

　しかしながら，協働の当初，双方は本音を出し合って議論することはできなかった。双方にとって初めてパートナーシップを組む相手であり，企業とNPOでは組織文化が異なるからである。初期の会議では，共同開発を成功させるために，相手の意見にどのように対応してよいのか戸惑い，トステムの開発担当者はUD生活者NWに指摘されたことをすべて改良しなければならないと考えていたようである。

　たとえば，UD生活者NWはときには技術的にほぼ実現不可能なことを指摘することがあった。それはUD生活者NWが消費生活情報に関しては専門性が高いが，商品開発については経験がないからである。にもかかわらず，トステム側はこのような指摘までそのまま受け入れようとした。このように考えたのは，商品開発の担当者が消費者と直接対面して，コミュニケー

ションをとりながら商品開発を進めるのがはじめてであったからである。

　これまでの消費者に関する情報は，商品企画の担当者に届き，彼らがスペックを決めて商品開発の担当者に渡すという流れになっている。したがって，商品開発の担当者は今回の共同開発のように，直接消費者と接触する機会がなく，経験も不足しているので，意見を述べることができなかった。

　協働の推進により，双方の組織は徐々に学習ができるようになり，相手の情報を単純に受けるのではなく，自分の意見も明確に伝えて議論し，受け入れるかどうかを判断する必要があることを認識しはじめた。疑問がある場合には，なぜそうなのかを相手に投げかける。相手がはっきり答えないときは，答えられるまで議論をするようにした。

　つまり，「消費者に感動を与える UD 商品づくり」という共通の目的を達成するために，双方が対等の立場に立ち，本音で意見を出しあって議論を繰り返しながら，合意を形成するように変わっていった。このようなやりとりによって，消費者の本当の声や潜在する要求を理解し，消費者の真のニーズを探り出すことができるのである。

　たとえば，共同開発のプロセスのなかで，以下のようなことがあった。試作の早い段階から，トステムの商品開発部門は UD 生活者 NW が繰り返して行うモニター調査に対して疑問をもっていた。頻繁なモニター調査で研究開発に関する企業秘密が漏れるおそれがあるのではないかと，トステム側が懸念したのである。

　これに対して，UD 生活者 NW 側はこの方式を採用する理由を明確にトステム側に説明した。その結果，トステム側は納得し，そのうえでモニター調査が続行されている。このようなやりとりは，かえって双方の信頼関係を深める効果をもたらしたのではないかと考える。

　しかし，「トステムは慈善事業としてやっているわけではないので，いくらよい商品でも効率よく開発し，経済的利益を上げなければならない。そのために，共同開発全体のプロセスにおいて，社会的課題の解決を徹底的に図ることを優先する UD 生活者 NW との間で，どうしても意見が合わないときには，トステムのほうが意思決定を下している。」[12]

この協働事業において，かかわった消費者の数は，700名以上に達している。また，開発された「ピクシア」については，アンケート調査やインタビュー調査にもとづいてデザインが企画されたため，当初の企画段階のものとほとんど変わらないが，構造などについては，大幅に変更されることになった。

　このような共同開発のプロセスを経て，2004年6月に玄関ドア「ピクシア」の開発が完了した。それは室内外の赤外線センサーによって開閉する自動ドアであり，観音開きのように開くドアを半分ほどスライドさせると，残りは余力で開く仕組みになっており，物理品質と感性品質が融合している商品といえる。しかしながら，このような開閉の状態と電動について，安全に関するさらなる検証が必要なため，「ピクシア」は商品化には至っていない。とはいえ，トステムとUD生活者NWによる共同開発事業としては，成功したといえるであろう。

注
1) 取材：2008年8月21日（木），トステム　サッシ・ドア引戸事業統轄部統轄部長，広報宣伝部 広報グループグループリーダー。
2) トステムは2011年4月に株式会社LIXIL（リクシル）に統合され，社名が解消されたが，ここではトステムということにする。
3) トステム広報宣伝部広報グループグループリーダーへのインタビューより。
4) トステムサッシ・ドア引戸事業統轄部統轄部長へのインタビューより。
5) 同上。
6) 同上。
7) 同上。
8) 同上。
9) 同上。
10) 同上。
11) 2004年7月23日，トステムニュースリリース，トステムのホームページより。(2008年9月10日アクセス)
12) トステムサッシ・ドア引戸事業統轄部統轄部長へのインタビューより。

第7章
子育てアドバイザーの育成を目指す
パートナーシップ
──アイクレオと日本子育てアドバイザー協会の事例[1]──

第1節　アイクレオのプロフィール

1. 同社の設立と現状

　アイクレオ（ICREO）株式会社（以下，アイクレオ）は，主に乳幼児用調製粉乳と乳幼児用栄養食品，子育て中の母親のための健康食品，化粧品の製造と販売を行うメーカーである。同社は1957年10月に日本ワイス株式会社として設立されたが，2001年10月からグリコグループに属している。現在ではパート社員243名を含めて，従業員数は390名となっている（2012年4月1日）。

　アイクレオの社名の「アイ（I）」は「愛」を表しており，クレオ「CREO」は，「創造」を意味している。つまり，社名には，創立から約半世紀にわたって，赤ちゃんにあふれる愛情を注ぎたいという家族の気持ちが反映されており，そのような気持ちを商品とサービスのかたちにして家族を応援したいという願いをこめて，母乳に一番近い粉ミルクの開発を追求してきている。

　従来の粉ミルクには牛乳脂肪が含まれ，乳児の消化吸収を悪くする。1962年，同社はその脂肪の除去に成功し，日本ではじめて母乳と同質の乳糖100％のミルクの発売を可能にしている。また，1967年，たんぱく質をより母乳のたんぱく質に近づけるだけでなく，ナトリウム量を母乳と同量にしたミルクを日本市場に初登場させ，1993年には，日本初のβ-カロテンを配合

したミルクを開発している。

そして，1996年の低出生体重児用母乳代替食品につづき，1997年には母乳に含まれる主要な5種類のヌクレオチドを配合したミルクを日本で最初に誕生させている。さらに，2003年には栄養機能食品分野に，また2009年には化粧品分野に進出し，同社の製品開発はいっそう促進されている。

また，アイクレオは製品というハード面だけでなく，サービスというソフト面においても企業の付加価値を高めようとしている。より良いサービスを顧客に提供し，母親の子育ての悩みなどを解消させるために，2002年に子育てアドバイザー養成講座を社内に導入している。現在では，250名の栄養士がその資格の認定を受けており，サービスの差別化を図っている。

2. 企業理念とCSRの取り組み

アイクレオは，「健やかな明日のために」という企業理念にもとづき，製品とサービスの両面で，赤ちゃんの健やかな成長と母親の健康に貢献できる「子育て応援企業」をめざしている。このような目標を実現するために，同社は主に以下の3つの取り組みに力を注いでいる。

① 安全・安心への取り組み

大切な赤ちゃんに与えるミルクの原材料の品質を保持するために，農林水産省が推奨するガイドライン「IPハンドリング」[2]にもとづいて，厳選した原材料を使用している。そして，「UHT（超高温）殺菌」という高精度の殺菌法を利用したり，無塵服を着用するなど，つねに高いレベルで清浄化された製造環境を維持し，衛生面にこだわっている。

また，乳幼児は抵抗力が弱いため，製品の製造にはより高い品質が求められる。原材料を受け入れる段階から最終製造段階まで，手間を惜しまずに成分検査や細菌検査を繰り返し行い，製品の安全性を保っている。

さらに，環境保全にも積極的に取り組んでいる。たとえば，活性汚泥法による廃水処理設備の導入や，すべての廃棄物の100％リサイクル化，蒸気ボイラーに高品位の燃料を使用するなどの，きびしい対応をとっている。

② 子育て応援への取り組み

アイクレオは、ミルク専門のメーカーとして、赤ちゃんにより良い栄養と食品を届け、さらに子育て中の親がいだいている不安や悩みを解消し、より楽しく安心して子育てができることを目標としている。そのため、「子育てアドバイザー」という資格認定を取得した栄養士による「育児相談会」を開催している。

また、産婦人科や小児科、薬局、保育所などの専門家と情報の交換や共有を図りながら、子育てサークルなど地域に根ざした子育てネットワークづくりを支援するためのさまざまな活動を行っている。

③ 社員の仕事と子育ての両立支援

すべての社員とその家族が、元気に安心して子育てをしながら生き生きと職務に取り組める環境を整備するため、次世代育成支援推進法にもとづき「行動計画」を策定している。女性社員の高い育児休業取得率を維持するとともに、男性社員にも「育児休業取得モデル」を具体的に提案し、育児休業の取得を推進している。また、「育児時間」や「短時間勤務制度」を有効に活用し、社員の仕事と子育ての両立支援をいっそう充実させている。

このように、アイクレオは、安全で安心できる製品の提供やサービスの向上という、企業本来の経営活動を通じて、社会的責任を果たしている。

第2節　日本子育てアドバイザー協会のプロフィール

1. 設立の背景

NPO法人日本子育てアドバイザー協会（以下、子育てアドバイザー協会）は、「子育ては社会全体で」をテーマに、21世紀の母と子の健全な環境づくりを通して社会貢献を目指す団体である。

子育ての環境は時代とともに多様化している。近年では、核家族化やステップファミリーの増加などにより家族のかたちが変化し、子育ても難しくなっている。母親は子育てに多くの悩みや不安をかかえているものの、身近に気軽に相談できる人は少ない。また、かつて女性にとって子育ては生活の

中心となっていたが，女性の社会進出により，ライフワークを持ち続けたいと考える女性が増えており，母親の子育てに対する考え方や心のあり方に変化がみられるようになっている。

「子どもが幸せになるには，まず親が幸せにならなければならない」[3]。従来の育児相談は，相談員が上からの目線で母親を指導しよう，教えようとしていた。このようなやり方では，母親が自分を責めたり，気持ちをマイナスにしてしまうケースが少なくない。したがって，母親と同じ目線で話に耳を傾け，本音を聞きだしたり，適確なアドバイスを行えるアドバイザーが必要である。また，子育てアドバイザーの活動が，現在重要な課題となっている乳幼児虐待の防止にもつながるのである。

このようななかで，小児科医と児童相談員，幼稚園の園長，ベビーシッター会社の社長の4者が，1999年4月に任意団体「子育てアドバイザーネットワーク」を立ち上げ，行政からの助成金をもとに活動を開始した。2000年にアドバイザー養成講座を開くこととなり，受講者を20名募集したところ，その10倍の200余名の応募者が殺到した。応募者は，保育士や看護師，児童相談所の職員といった資格を有する人から，今後ボランティアとして活動したい主婦まで，広範囲におよんでいる。このように，同団体の存在は，現代の社会に子育てのアドバイザーがいかに必要であるかを如実に物語っている。

子育てアドバイザーネットワークの誕生は，その当時出会ったアメリカのジュマ・ベンチャーズ（Juma Ventures）の影響をうけたものである。ジュマ・ベンチャーズとは，障がいや犯罪，貧困といった問題をかかえた働く場のない青少年を対象に，彼らの社会復帰を目指すために活動するソーシャル・ベンチャーである。同ネットワークは，このような社会的課題を解決するNPOでありながら，同時に収益をあげて自立しているビジネスモデルに感銘をうけ，2002年4月に，「日本子育てアドバイザー協会」と改称し，事業型NPOとして法人化させている。

現在（2010年12月）では，5名のスタッフが所属しており，講座の受講者数は約3,800人，会員数は559名にのぼっている。また，会員は正会員と

賛助会員，協力会員，の3種類からなっている。正会員は講師や理事，監事，事務局のスタッフなどの個人で構成されており，賛助会員は協会の目的に賛同し，事業活動への賛助を行う企業や個人である。また，協力会員とは，活動に直接参加・協力する「認定子育てアドバイザー」であり，協会の活動を担う実働部隊である。

2. 主な事業内容

同協会は，妊娠中から思春期までの子育てに不安や悩みをかかえている親に対して，知恵と心の両面で支える「子育てアドバイザー」を養成することを目的としている。そして，それにより，乳幼児虐待を防止し，安心して子育てができる社会を実現することを基本理念としている。そのために，協会は主に，① 子育てアドバイザー育成事業，② 子育ての相談事業，を行っている。

① については，主としてアドバイザー養成講座の実施である。講座は初級と中級，上級に分けられ，1月と4月，9月の年3回，東京と大阪で開いている。この講座を受講すると，アドバイザーとして必要な子どもの成長に関する知識や，カウンセリング技法を習得することができる。また，上級修了後試験に合格すると，「認定子育てアドバイザー」の資格を授与される。この事業は協会の主要な収益源である。

② では，認定子育てアドバイザーの資格を取得した協力会員を行政や企業，団体に紹介したり派遣し，さまざまな場で相談事業を行っている。これにより，親に対しては相談場所を確保すると同時に，アドバイザーの働く場も提供している。

現在，より多くの人が養成講座や子育て相談を利用しやすくなるように「総合子育てネットワーク」を構築するため，事業のデジタル化を推進している。

第3節　パートナーシップ事業の成立

アイクレオは，NPO法人日本子育てアドバイザー協会と2002年から委託

事業のかたちでパートナーシップを組んでいる。同社の販売促進員である栄養士全員に子育てアドバイザーの認定資格を取得させ，顧客に対して付加価値のあるサービスを提供して，他社との差別化を図ってきた。当初委託事業としてはじまったこの人材育成事業は，現在では協働事業に発展している。

1. パートナーシップ形成の背景

アイクレオでは，自社の粉ミルクのプロモーション活動を行う販売員は全員栄養士である。これらの栄養士は主に全国の医療機関の産婦人科や小児科で，妊婦や新生児をもつ母親へ調乳指導をしたり，赤ちゃんの栄養相談サービスを実施している。このような指導は他の大手乳幼児用粉ミルクメーカーでも行われている。

しかしながら，近年，親の若年化や核家族化といった子育て環境の変化により，上手に子育てができない親が多くなっており，彼らは子育てをマイナスにとらえがちである。このようななか，栄養相談にくわえ，栄養士の専門外である子育て全般についての相談が増えている。

2001年，アイクレオは「子育て中の母親により役立ち，自信をつけさせ，前向きの気持ちになれるようサポートしよう」[4]と考えていたが，当時の社長が，偶然NPO法人日本子育てアドバイザー協会が開催する子育てアドバイザー養成講座の募集に関する新聞記事を目にした。そして，同年9月，社長はただちに栄養士の研修を担当していた社員をその講座に参加させている。

受講した社員は同協会が行っている活動を魅力的であると感じたという。その理由として，「母親の心の声に耳を傾けて，話を聞いてあげられる人材を輩出する」というミッションを掲げていたからである。

子育てについて相談できる機関はほかにも多く存在する。それらの活動は主にカウンセラーや相談員などが，専門家として「親には教えるべき」という姿勢で素人である母親に意見を述べ，指導するというものである。このようなやり方では，母親が気軽に話すことができず，場合によっては母親が否定されたような気持ちになってしまったり，傷つけられてしまうケースがある。

それに対して，同協会の基本姿勢は，このような従来の子育て相談に関する考え方とは基本的に異なっている。母親にアドバイスをするよりも，母親に寄り添い，母親と同じ目線で話を聴き，不安や悩みの解決につなげていくことを目指している。受講したアイクレオの担当者は，このような考え方とやり方に強く賛同し，社内にこれを導入する必要性を感じたのである。

　しかし，子育てアドバイザー養成講座を実施するにあたっては，当時社内で不安や反対意見をもつ社員も多かった。「子育てアドバイザー養成講座の価値や，外部のNPOに講師を担当してもらう必要性などについて理解がなかなか得られなかった」[5]。そこで，養成講座の開設に強い意志をもっていた担当者が，社長の支持を得たうえで，反対する社員たちを説得することになる。

　一方，子育てアドバイザー側の担当者は，以前より母乳に一番近い粉ミルクを生産する同社に好感をもっていた。また，同社が協会のミッションに共感して子育てアドバイザーの養成に取り組もうとしていることや，同社の担当者と社長が示した真剣さに感銘を受けていたのである。

　このような背景のもと，2002年にアイクレオは子育てアドバイザー協会の賛助会員になり，両者が共同でアイクレオの栄養士に対して子育てアドバイザーの養成事業を行うことを決定している。

2. パートナーシップ形成のプロセス

　基本的な合意が達成された後，どのように事業を進めるかについて，両者は対等に具体的な検討を進める。協会は東京と大阪，前橋の3ヵ所で養成講座を開催しているが，アイクレオの栄養士は沖縄から北海道まで日本全国で活動をしており，多忙なスケジュールのなかで協会の講座開催地に通って受講することは現実的には困難であった。

　この問題を解決するために，両者はたびたび協議し，意見を交わしている。その結果，全国にいる栄養士が大阪と東京の2ヵ所に集合し，協会の講師がそこに派遣されて，講座を開くということになった。

　受講場所だけではなく，講座のカリキュラムについても，アイクレオは要望を出している。当時，協会はNPO法人化して間もない時期であり，しか

もこの養成講座を立ち上げてから4期目なので，経験はそれほど豊富とはいえなかった。しかし，協会は子育てアドバイザーの養成に対しては強い信念をもっていた。

　これらさまざまな課題に直面した双方の担当者は，コミュニケーションを積極的に図りながら，手探りの状態でカリキュラムの作成や履修方法などについて意見を交換している。そして，協会側はできるだけアイクレオのニーズに合致するような新たなカリキュラムを完成させようと努力した。

　その後，2002年に両者はカリキュラムや担当講師などの養成講座にかかわる事項や，活動費用の支払いに関する覚書を取り交わし，アイクレオの子育てアドバイザー養成事業が正式に発足している。

第4節　パートナーシップ事業の展開

　両者によるアドバイザー育成事業の主なプロセスは，図表7-1のように示

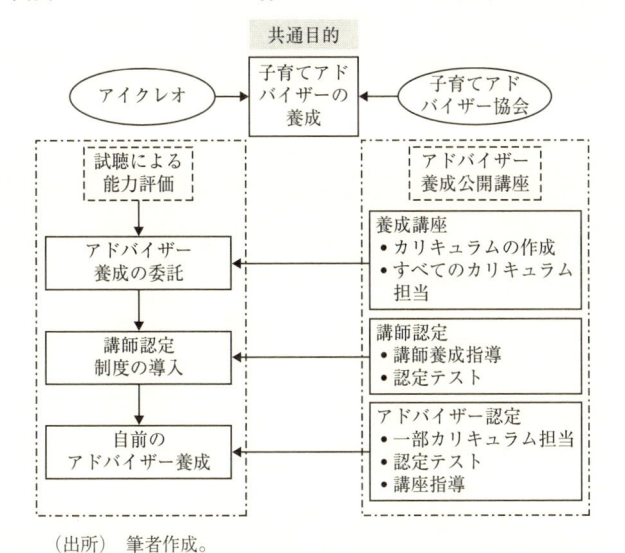

図表7-1　アイクレオと子育てアドバイザー協会の協働プロセス

```
                        共通目的
                    ┌─────────┐
         ┌────┐    │子育てアド│    ┌──────┐
         │アイクレオ│───│バイザーの│───│子育てアド│
         └────┘    │  養成    │    │バイザー協会│
                    └─────────┘    └──────┘
    ┌─────────────┐              ┌─────────────┐
    │  試聴による   │              │  アドバイザー  │
    │  能力評価     │              │  養成公開講座  │
    └─────────────┘              └─────────────┘
         ↓                              養成講座
    ┌────────┐                    ・カリキュラムの作成
    │アドバイザー│←─────────────  ・すべてのカリキュラム
    │養成の委託 │                      担当
    └────────┘                    
         ↓                              講師認定
    ┌────────┐                    ・講師養成指導
    │ 講師認定  │←─────────────  ・認定テスト
    │制度の導入 │                    
    └────────┘                    
         ↓                              アドバイザー認定
    ┌────────┐                    ・一部カリキュラム担当
    │ 自前の    │←─────────────  ・認定テスト
    │アドバイザー養成│                ・講座指導
    └────────┘                    
```

（出所）　筆者作成。

される。以下でこれをもとに具体的に述べたい。

1. 子育てアドバイザー養成講座の委託事業（2002年）

この時期，アイクレオは6ヵ月以上の育児調乳指導の実務経験がある栄養士を対象に，自社専用の子育てアドバイザーを養成する講座を実施している。事業を子育てアドバイザー協会に委託し，実践力と経験のある講師の派遣を得て講座を運営している。

すでに述べたように，同協会が本来行っている養成講座は初級と中級，上級の3つのコースに分かれている。初級で学ぶことは，子どもの基本的な成長や，人の話の聴き方とコミュニケーション技法である。中級は，母親の心理や子どもの異常発達，相手を知るというカウンセリング技法の学習となっている。さらに，上級は家族内の人間関係や不登校といった，家族を中心にした子育ての問題点についての学習である。これらは協会が保育士や相談員そして主婦までの幅広い受講者のニーズを満たすために編成したカリキュラムであり，妊娠期から思春期までの子どもをもつ親も対象にしている。

一方，同社の粉ミルクを購買する顧客は，主に妊娠期から3歳までの子どもをもつ母親である。また，受講者である栄養士は国家資格をもっており，心理学などの専門知識もある程度有している。したがって，アイクレオの栄養士が必要とする子育てに関する知識は，協会が保有する既存のカリキュラムに取り入れられたものとは異なっていた。

そのため，講座では，初級，中級，上級に分けずに，利用者に合わせたかたちのカリキュラムを使用している。それは乳幼児期の子どもの成長と発達，その時期の子どもをもつ母親の心理が講座の中心となっている。また，「子育てアドバイザー協会から派遣される講師は，学者や大学の先生といった理論研究を行っている人間ではなく，臨床の経験があり，実践の力をもっている人間」[6]であるという。

パートナーシップ事業を推進するにあたり，双方の担当者は随時会議を開いたり，電話やメールでコミュニケーションをとっている。また，職場以外のプライベートの場においても，両者は話し合いを重ね，個人間の親密な関

係づくりにも力を注いている。さらに，アイクレオは，協会の講師が講義を行う際にビデオやテープをとるなどにして，養成のノウハウを積極的に学ぼうともしている。

このようにして，アイクレオと子育てアドバイザー協会の担当者の間の熱意と信頼関係のもと，2002年11月までには，アイクレオの栄養士218名全員が子育てアドバイザー講座の全課程を受講している。

2. 子育てアドバイザー講師認定制度の導入（2003年〜2004年）

アイクレオでは，年間ほぼ20名から30名の栄養士が入退社しており，入れ替わりがみられる。その栄養士全員にアドバイザー養成講座を受けさせるには，つねに講座を用意する必要がある。また，2002年から協会との協働を通じて，養成に関する知識やノウハウも少しずつ習得している。このような背景のなかで，自社でアドバイザーを養成しようという動きが始まる。

しかし，それを実行するには，協会の協力が不可欠となる。これまで講座を担当するのは協会から派遣された講師だけであり，アイクレオが自社で講座を実施するならば，協会の認定を受けて講師の資格を取得しなければならない。

この時期，両者間で意見の衝突や対立がみられた。たとえば，アイクレオは長年の経営状況が芳しくないなか，社内研修費を増加させることは難しく，そのうえこの事業に対する理解が社内で不十分で，この事業を推進することに一部で消極的な雰囲気もあった。

一方，協会側もNPO組織であるため，運営資金にそれほど余裕がなく，またアイクレオ側から講師が指名されることに対して不満をいだいていた。このように，両者で意見の合わない事態が発生する場合があった。

しかし，その際，両者は頻繁に議論を繰り返して，できる限り協議したうえで物事を決めている。協会が最低レベルの要望をするにとどめる一方，アイクレオの側はどうしても実行できないことだけを拒否している。意見の食い違いやトラブルを何度もくぐりぬけることによって，両者の間に信頼が深まっていき，アイクレオの社内講師認定制度の導入に関して合意に至ってい

る。このような経緯があって、両者のパートナーシップ事業はつぎのステップに進んでいく。

アイクレオの社内認定講師は、各営業所で社内教育を担当しているチーフ栄養士を対象にしている。彼らは子育てアドバイザーの資格を取得した後、さらにアドバイザー養成講座を聴講し、レポートを提出している。そして、最後に協会が考案したプレゼンテーションのやり方、言葉の選び方、パワーポイント資料の作成方法、コミュニケーションのとり方といったテストを受けることになる。

合格者には講師の認定資格が与えられるが、この資格の取得までに約5ヵ月の時間を要している。また、この資格は3年ごとに更新する必要があり、現在では、アイクレオの栄養士のうち12名がこの資格の認定を受け、そのうちの4名が社内講師として活動している。

社内講師は資格を更新するために学習するのではなく、つねに栄養士全体の教育を考慮しながら、訓練を重ねている。また、病院に同行してアドバイザーを指導したり、月1回彼らを集めてミーティングを開いたりして、カリキュラムの検証なども行っている。社内講師の認定はアドバイザーの輩出よりも、教育を繰り返し行い、つねに栄養士の質を向上させることにつながっている」[7]という。

3. 子育てアドバイザー認定の実施（2005年以降）

社内の講師認定制度の導入後、講座の一部を自前の講師が担当できるようになった。しかし、アドバイザー養成のノウハウを獲得したとはいえ、それはごく一部の一般的な知識であり、独自でアドバイザーを十分に養成することには限界があった。つまり、一部の講義は依然として協会に依存する必要があったのである。

カリキュラムは初級、中級、上級などに分けずに乳幼児時期に特化したものである。具体的には、①子育てアドバイザーの使命と役割、②受容・共感とねぎらい、自己位置、③乳幼児期の子どもの発達と心理、④自分を知ると相手を知る、⑤子どもの病気と親の心理、⑥心得、という6科目で編

成されている。そのうち，社内講師はこの講義の前半を担当するのに対して，協会は後半のカウンセリング，子どもの病気と親の心理・心得を受けもっている。

つまり，この段階でパートナーシップ事業における協会の主な役割は，アドバイザーの養成から認定に変化している。それにともない，覚書の内容も相互の情報提供といった協力関係を重視するものに変わっている。

この時期，アイクレオの社内講師は経験や知識が不十分であるということもあって，協会で学習したものを忠実に教えようとしていた。しかしながら，実践や学習を重ねているうちに，徐々にその内容に違和感を覚えはじめるようになる。

協会の講師が小児科の医者や臨床心理士など異なる分野の職種をもつ人びとであるため，講義はそれぞれの背景や経験にもとづいて行っている。したがって，同じ講座においても相反する内容がでてきたのである。

たとえば，もとの職種がカウンセラーである講師は，体を触れることは相手に恐怖感を与えることになるので，絶対に触れてはいけないという。それに対して，コミュニケーションをとるために，適度に触れたほうがよいという，他の職種の講師もいる。

また，「乳幼児期の母親の心理という講座で子育てアドバイザー協会が作成したカリキュラムは，母親の絶対的な存在を強調している。一方，アイクレオが受ける相談は，家庭裁判所にもち込むような相談はほとんどなく，ミルクを飲まない，ウンチが出ないといった日常的なことが多かった」[8]ということもあった。

そして，「協会の講師の話は，自分たちにとってすべてイコールではない。私たちは講師として応用力を求められており，習った知識をある程度選択したうえで，現場の内容に合うものに転換していかなければならない」[9]と認識するようになっていく。

一方，協会も自分たちの既成のカリキュラムを完成品としては考えておらず，つねに学習して時代にふさわしい知識やノウハウを一般講座に取り入れて，更新している。また，新しい講師の採用についても選択して依頼してい

る。

　その後，2008年にアイクレオの社内講師は，再度協会の講座を受講して学習を重ね，社内講座の内容を変更する作業に取りかかっている。たとえば，「栄養士は教えることや問題を解決したいという志向が強いので，もっとお母さんの話を聞いてあげて，受容と共感，ねぎらうことが重要である。この特性をふまえて，受講生がこれに気づくよう，教えるより気づきのワークを多く取り入れるようにした」という[10]。

　それまで，アドバイザー認定テストの合格率が低く，受講生の約3割が追試を受けなければならなかった。その場合，彼らのプライドを傷つけることになったり，昇給にも影響を与えていた。しかし，講座内容の変更によって，課題となっていた合格率が上昇している。

　当初アドバイザー養成に反対した栄養士でも，受講後仕事の場だけでなく，友人が増えたり，夫婦関係が改善されたといった，プライベートな生活においてもメリットを感じるようになっている。さらに，「アイクレオの社内認定資格を取得した後，みずからすすんで協会が主催する講座に参加する栄養士が毎年数人いた」という[11]。

　この段階では，両者は「ともに考える」[12]という関係になって事業を推進している。協会は月に1回必ずアイクレオの社内講師が講義をする現場を訪ね，具体的な指導やアドバイスを行い，随時アイクレオの相談にものるようになっている。

　さらに，子育てアドバイザー協会の育児相談の現場であるスーパーや百貨店で，アイクレオは栄養士を週に1回派遣し，無料相談を実施するとともに，自社の粉ミルクを紹介している。このようにして，アイクレオの栄養士は子どもをもつ母親と接触する機会が増えており，両者の協働の範囲が拡大したことになる。

　現在では，アイクレオの栄養士全員がアドバイザー養成講座を受けている。近年，このアドバイザー資格はアイクレオ栄養士のブランドとして社会に認知されるようになってきている。そして，その影響を受け，親会社であるグリコ本社も28名の社員がアドバイザー認定を受けており，同業他社の

栄養士のなかにも，個人として協会の講座に参加することもあるという。

また，栄養士の活動領域は従来の病院から量販店や助産所などにも広がっている。つまり，「製品だけでなく，人と人の関係から顧客が生まれるようになった」[13]のである。そして，全国で活動しているアイクレオの栄養士は，「いろいろな場面で口コミをしてくれて，子育てアドバイザー協会の宣伝マンとなっている」という[14]。

両者は今後も協力関係を継続しようとしており，さらなるアドバイザーの輩出と質の向上を目指している。

注
1) 取材：2011年4月18日（月），アイクレオ株式会社　営業部医療企画課担当者。
　　　2011年4月1日（金），子育てアドバイザー協会　コンセプチュアル・ディレクター。
2) 「IPハンドリング」とは，原材料の中に，遺伝子組換えのものが混ざらずに流通してきたかどうかを証明する，農林水産省の基準である。
3) 子育てアドバイザー協会コンセプチュアル・ディレクターへのインタビューより。
4) アイクレオの営業部医療企画課担当者へのインタビューより。
5) 同上。
6) 同上。
7) 同上。
8) 同上。
9) 同上。
10) 同上。
11) 同上。
12) 同上。
13) 子育てアドバイザー協会コンセプチュアル・ディレクターへのインタビューより。
14) 同上。

第8章

環境保全米づくりの共同研究を目指す
パートナーシップ
―― 一ノ蔵と環境保全米ネットワークの事例[1] ――

第1節　一ノ蔵のプロフィール

1. 同社の設立と現状

　宮城県内の歴史ある4つの酒蔵の浅見商店，勝来酒造，桜井酒造店，松本酒造店が1973年に合併した。これにより株式会社一ノ蔵（以下，一ノ蔵）が資本金1億5,000万円の清酒業の中小メーカーとして生まれ，松本酒造店主・松本善作が初代社長として就任した。一ノ蔵という社名には，4社が一体となることと，オンリーワンの蔵を目指す，という2つの意味が込められている。

　一ノ蔵は，従業員108名，年間売上高26億8千万円の企業である（2012年7月末現在）。現在では，「手づくりの酒」にこだわりながら，年間約2万石[2]の清酒を製造しており，宮城県内だけでなく，日本有数の地酒メーカーとして全国的に知られるようになっている。

　一ノ蔵は創立以来，制度や新商品開発に対して多くのチャレンジを続けてきた。たとえば，高品質の清酒を安い価格で消費者に提供するために，「本当に鑑定するのはお客様自身です」というキャッチフレーズを用いて，清酒の級別制度に挑戦し，「一ノ蔵無鑑査本醸造辛口」を発売した。また，「花めくすず音」という発泡性清酒を開発し，日本酒に対する従来のイメージを刷新した。

　一ノ蔵は，自社の製品を，他社ではなく自社の製品で陳腐化させることを

目指して，その製品が特許を取得しているにもかかわらず，同業者にも特許を公開している。

また，2007年より，同社は「一ノ蔵型六次産業」[3]という経営方針を掲げ，清酒販売だけでなく，農業，食品加工，酒類販売の分野で事業活動を多角的に展開している。これは，「六次産業化法」[4]が2010年12月に施行される以前の取り組みであり，時代の先駆けといえる。

2. 企業理念とCSRの取り組み

一ノ蔵は「人と自然と伝統を大切にし，醸造発酵の技術を活用して安全で豊かな生活を提案することにより，社員と顧客，地域社会のより高い信頼を得る」ことを使命としている。人，自然，伝統，地域社会という4つのキーワードが含まれているこの企業理念の実現に向けて，一ノ蔵は前述の「一ノ蔵型六次産業」のなかで，以下のような活動を行っている。

まず，創業以来，「良い米を使い，手間暇をかけ，良い酒を造る」という姿勢を崩さず，日本酒造組合が定める「手づくりの条件」[5]を満たす伝統の技を堅実に守り続けている。同社では，機械に任せず，毎日30名以上の蔵人が五感を働かせながら，24時間蔵のなかの麹，酒母，もろみの微妙な変化を掌握している。これにより，酒づくりの最適な状態が維持され，おいしい清酒を消費者に提供することができるという。

つぎに，一ノ蔵は地元で生産され，農薬が5成分以下，化学肥料不使用という基準を満たす環境保全米を酒米として積極的に採用し，できる限り環境への負担を減らしつつ，生産者と消費者の健康を守ることを追求している。また，環境保全型農業を推進するために，環境保全米を生産する農家に対して，慣行栽培[6]の米より高い価格で買い取っている。

さらに，農家のリスクを軽減し，環境保全型農業をいっそう拡大させていくために，農業にも進出している。自社保有の田を試験田として使用し，環境保全米の生産ノウハウを蓄積させ，農家を支援している。このような取り組みにより，休耕農地が活用され，自然保護と地域の振興にもつながっている。

第2節　環境保全米ネットワークのプロフィール[7]

1. 設立の背景

　NPO法人環境保全米ネットワーク（以下，環保米NW）は，環境への負荷の少ないお米，つまり環境保全米づくりを行う生産者と，環境保全米づくりを応援する市民のネットワークによって設立された団体である。そして，生産者と市民の手で農地の環境や生態系を保全し，向上させることをねらいにしている。

　第2次世界大戦後，日本は餓死者が出るほどの厳しい食糧事情に陥り，食糧を増産するために，1960年から90年代にかけて，新しい生産技術として化学肥料や農薬を使用するようになった。しかしながら，この化学肥料や農薬の使用により，環境が汚染され，消費者の健康が脅かされるようになったのである。

　1995年に食糧管理法が廃止されると同時に，市場原理にもとづく新食糧法が実施された。その結果，商品の差別化を図るための産地間の競争が激化し，米価は低下した。そのため，農業後継者の就農意欲が減退し，農業の担い手が不足するという状況が続き，耕作放棄地も拡大した。この悪循環は生態系を不安定化させ，雑草や病害虫対策のために農薬を大量に投入しなければならなくなったのである。

　一方，消費者が農作物に「見栄えのよさ」を求めるという背景があったため，販売者側では農薬の使用を認めざるをえず，それが環境にひどい負荷をかけているという不満や不安を生産者の側はもっていたといわれている。

　このようななかで，宮城県や東北地方に影響力をもつ河北新報社の企画による，「食の安全」や「環境と農薬」，「考えよう農業」，「E（環境）・P（人間）・F（食糧）情報ネットワーク」，といった一連の環境，食糧，農業問題に関するキャンペーンが行われ，これによって生産者も消費者もともに環境保全型農業に対する関心が高くなり，「環境保全米」運動といわれる活動がスタートしている。

第2節　環境保全米ネットワークのプロフィール　165

　これを契機に，1996年に環保米NWの前身である「環境保全米実験ネットワーク」が設立され，①生産者と消費者の連携，②安全・安心な米づくり，③適正な価格設定，④環境・農地の保全，⑤生産者の意欲向上，を目指して，生産者と消費者が参加する低農薬・低化学肥料の米づくり実験が2年間にわたって始まったのである。
　この実験の結果をふまえて，1998年に環保米NWが任意団体として発足し，環境保全米運動を展開するようになり，2年後の7月には，NPO法人になっている。さらに，同年8月には，宮城県内唯一の民間認証機関として，JAS法[8]の有機生産物認定と特別栽培米の自主認証を受けもつようになった。
　現在(2011年8月)，環保米NWでは6名の有給スタッフが活動しており，主に会員の会費と認定事業の収益で活動を継続している。会員は総会の議決権がある正会員と，議決権のない賛助会員からなっている。前者はさらに，農家を対象にした生産者会員と，消費者を対象にした支援会員，企業や団体を対象とする法人会員に分かれている。

2. 主な事業内容

　JAみやぎの環境保全型稲作栽培のシンクタンクである環保米NWは，組織的にみると認定と交流という2つの部門からなり，具体的には有機栽培，低農薬・低化学肥料栽培を行う農家に対する認定と，環境保全型米の栽培や環境保全の普及などの活動を行っている。
　同NWは宮城県内で唯一の民間認定機関であり，化学農薬・肥料不使用という有機JAS規格に基づく認定と，化学農薬・肥料を節減する特別栽培ガイドラインにもとづく認証という2つの認定活動を実施している。認定を申請する農家に対して，農家に生産行程管理者講習会を受講してもらったうえで，現地の田で栽培基準どおりに栽培しているかどうか，その行程や生産履歴を調査し，認定の判断を下している。
　環境保全米の普及については，以下のようなさまざまな活動を行っている。まず，夏の現地検討会と秋の新米試食会の開催，また，2002年度より，

田植え体験や"いぐねの学校"が始まった。これは市民が田に入り，水田に棲息する動植物の観察だけでなく，水質調査・土壌調査を体験するものである。このような活動を一般会員に呼びかけながら，生産者と市民との間に交流の場を提供している。

つぎに，環保米NWは環境教育や啓発活動を実施している。たとえば，小学校の先生と協力して，学校田を環境保全田にするように働きかけ，子どもたちはそこでミジンコ，ユスリ蚊，メダカ，ドジョウ，トンボ，クモなど，多くの生きものを観察したり，アイガモによる除草を実感できるようにするなど，小さい頃から環境に対する認識が高められるように工夫している。

環保米NWは，市民参加による調査活動のほかに，専門家による生態系調査や水質検査などの調査活動を行うことで，土壌性質の改善や持続可能な稲作に貢献し，赤トンボが乱舞する「自然環境の復活」を目指している。

また，環境保全米の作付けの実績を，2010年の40％から3年後の70％にまであげるために，環保米NWは広報活動に力を入れ，情報発信を続けている。『こめねっと』という機関誌を年に4回発行して，生産者会議や生産者と市民の交流会の様子を，参加できなかった会員にも共有し合えるように紹介しており，「環境を守りたい」，「おいしいお米を食べたい」，などの声に応えている。

そのほか，環境保全米の稲づくりを技術的に支援するために，2006年に『栽培技術テキスト——環境保全米づくり』を刊行した。その実験や実証の結果として，2011年には『環境保全米農法の手引き』を発刊し，環境保全米の普及や定着に貢献している。

第3節　パートナーシップ事業の展開

環境保全米運動を推進するために環保米NWが2000年に設立されて以来，豊かな自然を守りながら酒をつくることをビジョンとしている一ノ蔵は，環境保全米の認定依頼から酒米づくりの研究まで，同NWと共同でさ

まざまな活動を行っている。

1. パートナーシップ形成の背景

　一ノ蔵は年間約3万俵（1俵は60kg）の酒米を使用しており，いかにして酒造りの原料である酒米を安定的に確保するかは，重要な課題になっている。1993年に発生した大冷害では，一ノ蔵は酒米が入手できない状況に陥っている。翌年には大豊作になったとはいえ，悪条件のもとで酒米の品質は低下している。

　また，近年米生産を含めて日本の農業は崩壊が進んでおり，大きな社会問題として顕在化している。一ノ蔵の本社所在地である宮城県大崎市においても，農業従事者の高齢化や減少が止まらず，50アール（1アールは$100 m^2$，1ヘクタールは100アール（$10,000 m^2$））の田を耕作するいわゆる認定農業者のうち，70％が50歳を超えている。それだけでなく，将来に不安をいだき，農業から撤退する人びとがあとを絶えない。また，放棄された農地は，1990年の4ヘクタールから2000年の41ヘクタールへと，10年で10倍に急増している[9]。

　このようななか，一ノ蔵は米の生産に注目するようになり，地域の農協や地元の農家と共存共栄を図らなければならないことを認識しはじめている。また，大冷害時にほとんど影響を受けなかった環境保全米に注目し，天候に左右されにくい稲作を学習し，高品質の原料米の供給体制を整える必要があると考えてきた。

　これを実現するために，一ノ蔵は社内に農業問題研究会を設置し，社内の有志と地元の農家が共同で酒米の試験栽培を開始した。そして，1995年には良質な酒米の安定供給と地元農家の経営改善を図るために，旧・松山町役場，農協，地元農家に働きかけて松山町酒米研究会を設立し，契約栽培をはじめている。それとともに，無農薬米を原料とした清酒製造も開始している。

　同社が農業や米づくりに強い関心をもつことについては，当時の常務取締役の存在が大きかったという。その影響により，パートナーシップを組む前

図表 8-1 一ノ蔵と環保米 NW の多様なかかわり

西 暦	かかわりの内容
1996 年	当時の一ノ蔵の常務取締役が環境保全米実験ネットワークの個人会員になる。
1997 年	一ノ蔵が環境保全米実験ネットワークの法人会員になる。
2000 年	環境保全米ネットワークの NPO 法人化にともない，一ノ蔵の常務取締役が法人理事になる。
2001 年	一ノ蔵が環境保全米ネットワークの法人会員になる。
2001 年以降	環境保全米ネットワークが一ノ蔵の主宰する松山町酒米研究会に参加する。
2001 年以降	一ノ蔵が環境保全米ネットワークに環境保全米の認証を依頼する。
2002 年以降	一ノ蔵の「円融」の売上の1%を環境保全米ネットワークに寄付する。
2005 年以降	環境保全型酒米を共同栽培する。
2007 年以降	環境保全型酒米について共同研究をはじめる。

（出所）　インタビュー資料にもとづき，筆者作成。

から，両者は多様なかかわりをもつようになった（図表8-1参照）。

　当時の常務取締役は，環境問題に対して深い関心と考え方をもっており，環保米 NW の前身である環境保全米実験ネットワークが発足してまもなく，ひとりの消費者としての立場でこの活動に参加し，学習している。そして，同団体が NPO 法人化された 2000 年に，法人理事に就任している[10]。その後，1997 年に一ノ蔵は会社として同 NW の会員になり，2001 年からは法人会員となっている。また，環保米 NW が 2007 年より実施している環境保全米ネットワーク研究委員会にも参加している。一方，同 NW は 2001 年から一ノ蔵が中心となっている松山町酒米研究会に参加している。

　このように，環境にやさしい米づくりという共通のテーマのもとに両者の関係が始まり，信頼関係が深まっていき，多くのパートナーシップ事業を行うようになっている（図表8-1）。以下では，その事業内容について記述したい。

2. 環境保全型酒米認証の委託（2001 年以降）

　環境保全米とは，農林水産省の有機 JAS 規格と特別栽培農産物にかかわる表示ガイドラインをもとに，農薬や化学肥料を減量して生産された米のこ

第3節 パートナーシップ事業の展開　169

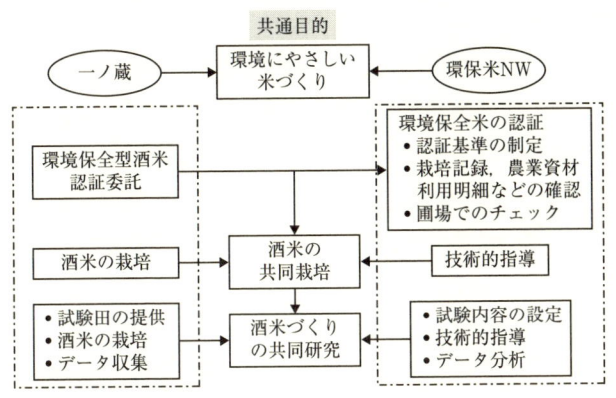

図表8-2　一ノ蔵と環保米NWの協働内容

```
                         共通目的
                    ┌──────────┐
        ┌─────┐    │環境にやさしい│    ┌──────┐
        │一ノ蔵│───▶│  米づくり   │◀───│環保米NW│
        └─────┘    └──────────┘    └──────┘
    ┌─────────────────┐  │       ┌──────────────────┐
    │                  │  ▼       │ 環境保全米の認証    │
    │ 環境保全型酒米   │──────────▶│ ・認証基準の制定    │
    │   認証委託       │          │ ・栽培記録，農業資材│
    │                  │          │   利用明細などの確認│
    │                  │          │ ・圃場でのチェック  │
    │                  │ ┌──────┐│                    │
    │  酒米の栽培      │─▶│酒米の ││ 技術的指導          │
    │                  │  │共同栽培│◀│                  │
    │                  │  └──────┘│                    │
    │ ・試験田の提供   │  ┌──────┐│ ・試験内容の設定    │
    │ ・酒米の栽培     │─▶│酒米づくり│ ・技術的指導        │
    │ ・データ収集     │  │の共同研究│◀│・データ分析        │
    │                  │  └──────┘│                    │
    └─────────────────┘          └──────────────────┘
```
（出所）筆者作成。

とをいう[11]。環保米NWは2年間にわたって栽培実験を行い，化学農薬や化学肥料の使用量の多少によって，環境保全米にA，B，C，Dという4つの栽培タイプ[12]を設定している。

　2001年に，環保米NWは民間の有機登録認定機関として認可を受け，環境保全米の認定活動を行うための資格をもつようになる。それにともない，「意見が通じ合えるような関係が少しずつできあがっている」[13]一ノ蔵との間で，「共通の目的を達成するためのパートナーシップが自然に形成されていた」[14]のである。

　企業の農業参入の規制が依然として厳しいなか，一ノ蔵は自社と契約を締結している松山町酒米研究会に所属している農家に，環境保全型酒米の栽培を委託している。しかし，一ノ蔵は，生産されている米が基準に満たしているかどうかを判別するノウハウや認証する資格をもっていない。そのため，環境保全米栽培の専門知識を備えており，栽培基準を定めている環保米NWに認証を依頼している。

　認証作業には，環保米NWが栽培農家を訪問し，提出書類にもとづいて田で本人の説明を聞き取りながら，栽培記録とそれを証明するための農業資材の伝票や利用明細などを確認する。そのうえで，経営の規模や方針，農薬

の扱い方,隣接耕作者との意見交換状況などについても綿密にチェックしている。2010年10月から「米トレーサビリティ法」[15]が一部施行されることにより,米の適正管理や管理記録の作成・保存などの確認項目が増加し,環保米NWの認証がいっそう厳格になっている。

環境保全米づくりの活動を拡大させていくために,環保米NWは農家に対して勉強会も開催している。一方,一ノ蔵はできる範囲で酒米研究会のメンバーの農家に環保米NWの考え方を伝え,独自に事前指導を実施している。そして,基準にしたがって一等と二等の環境保全米を生産した農家に対しては,1俵ごとに市場価格にそれぞれ1,800円,1,000円を上乗せして買い取り,農家の保全米生産へのモチベーションを向上させるとともに,安定した酒米の供給を確保している。また,2004年に一ノ蔵は農業に進出し,独自に酒米の栽培を開始するのにともない,自社が生産した酒米の認証も同NWに依頼している。

現在では,一ノ蔵は有機栽培米を含め,環境保全米を原料として使用し生産される清酒は,「有機米仕込み純米大吟醸」や「蔵の華純米吟醸」,「特別純米酒大和伝」など10数品種に増加しており,2002年より,そのうちの「円融」という製品の売上の1％を自主的に環保米NWに対して寄付し,支援を続けている。一方,同NWは,さまざまな知識やノウハウを無償で提供している。

両者間におけるこのような関係は,とくに契約を交わすことなく,2001年から2011年の現在に至るまで継続されている。

3. 環境保全型酒米の共同栽培(2005年以降)

2004年,一ノ蔵は旧・松山町に農業経済特区を取得して一ノ蔵農社を設立する。そして,翌2005年に農業活動を開始し,農薬や化学肥料を極力抑えたBタイプ保全米「蔵の華」や,そば,ナスの栽培を行うようになった。しかし,どのように農作物をつくるかについては,一ノ蔵の社員はまったくの素人であり,栽培の知識や技術が不足していた。

一方,環保米NWは,農業や昆虫関係の元大学教授や研究所所長,農業

第 3 節 パートナーシップ事業の展開 171

試験場場長などの専門家を多数有しており，農業に関しては豊富な知識と経験をもっていた。そこで，一ノ蔵は環保米 NW に酒米のつくり方を指導するよう依頼した。

環保米 NW の専門家が一ノ蔵の田に行き，現場で米づくりの細かい技術指導を行う一方，環境保全米栽培に関する研究データを得ることで，環保米 NW がもっている栽培ノウハウをいっそう高めることができた。

また，環保米 NW は一ノ蔵の要求に対して，知識を隠さずに伝授し，一ノ蔵は「社内に農業のわかる人が少ないなか，環保米 NW に栽培のノウハウを教えてもらいながら，農業を実践している」[16]。つまり，両者は「対等な関係にあり，課題に直面すると，一緒に相談しながらものごとを進めている」[17]。このように，同 NW の指導を受けながら生産された酒米は，同 NW の認定部門により環境保全米の認証をうけている。

4. 環境保全型酒米栽培の共同研究（2007 年以降）

より安全かつ良質な酒米の栽培方法を確立するだけでなく，地域を支援するために，2007 年に両者は一ノ蔵の田を環境保全米実験田とし，酒米づくりの共同研究をはじめている。それは，栽培試験と環境保全型酒米のテキスト作成という 2 つの段階に大きく分けられる。

(1) 環境保全型酒米の栽培試験（2007 年〜 2010 年）

この段階では，環保米 NW が提案した試験内容にもとづいて，除草方法に関する試験や，栽植密度[18]の相違による酒米品質の変動調査，環境保全米栽培の生き物への影響調査などの研究を行っている。

米を栽培する際に，雑草は稲に与えた栄養分を吸収するだけでなく，日光をさえぎって稲の生長に影響を及ぼしたり，害虫の発生源になることがある。農薬を使用しない，あるいは最低限の化学農薬や肥料を使用することを目指す環境保全米の栽培には，いかにして除草や抑草するかが大きな課題になっていた。

この問題を解決するために，一ノ蔵は環保米 NW の指導のもとで，深水

を管理しながら米ぬかを散布する「米ぬか抑草」の試験を行っている。この環境にやさしい抑草の方法は、一ノ蔵にとっては雑草の発生を抑制できるとともに、自社の精米所から出る副産物の米ぬかを活用することができることになるので、一石二鳥であった。両者の協働によって得た成果を、一ノ蔵は「それまで独自に行っていた米ぬか除草試験が、より科学的なものに進化している」と評価している[19]。

また、栽植密度がどのように酒米の品質に影響を与えるのかを調べるために、両者は一枚の水田のなかで、一株一株独立したポットで育苗されたポット苗と、浅い長方形の盆状の育苗箱で育苗されたマット苗という、2つの異なるタイプの苗を使用して、それぞれ違う密度で植え付けをして、その結果をみる調査を実施している。

さらに、食の安全や環境保全のバロメーターとして行われる田の生き物調査にも取り組んでいる。従来の生き物調査は、基準が曖昧であり、調査は主観的な評価に左右されてしまうという問題があった。また、調査対象となる生き物も10種類にのぼっており、調査は煩雑なものであった。

客観性の高い、誰もが簡単にできる調査を目指して、環保米NWは一ノ蔵の試験田で、田の代表的な生き物であるカエルとクモの生息数を測定して、10種類の生き物調査の代替ができるかという試験を実施し、データを収集している。カエルとクモは田の食物連鎖ピラミッドのなかでは中間に位置し、稲の生育に有害な虫を適度に捕食している。しかし、農薬の影響を受けやすい存在でもある。そのために、この2種類の生き物が正常に生息できれば、生態系をかなり正確に把握することができるということになる。

栽培実験には、一ノ蔵で販売や財務などを担当する若手社員4人が参加し、日々稲の成長状態などに関するデータを収集している。若手社員は、「環保米NWの手ほどきをうけながら、酒米栽培ノウハウを蓄積している」[20]。一方、環保米NWは、一ノ蔵との協働を「勉強の場と経験を積む場として利用しており」[21]、栽培技術の指導とデータ分析を行っている。

このようにして、両者は良質な酒米の安定確保と環境保全のために、3年間栽培試験を実施してきた。

(2) 環境保全型酒米栽培テキストの作成（2010年以降）

　農業を実践するなかで，一ノ蔵は，多くの農家の環境保全米に対する認識が低く，この米づくりに率先して取り組もうとしないことを実感していた。そこで，環保米NWが提唱しているBタイプの栽培方法を推進し，一等米の比率をあげて農家の収入増につなげるために，環境保全型酒米栽培のテキストを作成することを発案した。

　一ノ蔵は環保米NWに協力を依頼し，快く引き受けてもらっている。2010年に両者はテキストの作成に着手し，一年を春耕，秋耕，冬耕という3つの時期に分け，26ヵ所で植え付け密度や田植え時期，除草方法が異なるものを10株ずつ栽培し，より緻密な調査を継続した。

　また，3つの異なる植え付け密度を採用して疎植栽培法を試験して，田植え時期は一般的なものと2週間ほど遅らせるものを設定している。除草方法については，米ぬかと除草機の併用，除草剤の使用，という2つに分けて試験を行った。

　一ノ蔵の社員4人が，毎週木曜日に稲の背丈の伸びや葉の枚数の増加状態，株の分け数などを測定・記録し，データを環保米NWに渡している。一方，同NWの担当者はそのデータを分析するだけでなく，より正確なデータを測定できるように，何度も試験田に行き，稲の生育状態が正常であるかどうかを直接指導している。そして，稲の成長にともなって，稲の穂が揃う時期には稲体の乾物重を，収穫期には収量構成要素や酒米の品質などを調査している。

　このように，両者は「もちつもたれつという関係」[22]のなかで，酒米の栽培研究を進めている。両者は，3年間行っていた栽培実験のデータに2010年に得られたこのデータを加えた。4年間のデータを分析し，それをふまえて環境保全型酒米の栽培方法に関するテキストの完成を目指している。

　長年にわたる一ノ蔵と環保米NWの取り組みにより，地元の行政とJAの協力が得られることになり，現在では環境保全米運動が宮城県の県民運動にまで広がっており，今後はさらに発展することが期待される。

注

1) 取材：2011年8月30日（火）13：00～15：15，株式会社一ノ蔵一ノ蔵農社参事。
   2011年8月30日（火）10:30~12:15，NPO法人環境保全米ネットワーク元理事長と事務局担当者。
2) 石とは，体積の単位のひとつであり，1石は100升つまり1,000合になる。
3) ここでいう六次産業は，一ノ蔵の造語であり，農業という第一次産業と，清酒製造や食品加工という第二次産業，そして酒類販売の第三次産業，という3つの産業のそれぞれの数字を掛け合わせたものを指している。
4) 「六次産業化法」は，農林漁業者による加工・販売への進出等の「6次産業化」に関する施策と地域の農林水産物の利用を促進する「地産地消等」に関する施策を総合的に推進することにより，農林漁業の振興等を図ることを目指している。（農林水産省ホームページより，2011年9月19日アクセス）
5) 「手づくり条件」は，甑（こしき）で米を蒸す，麹蓋（こうじぶた）または箱を使用して製麹（せいきく）する，生酛（きもと）または速醸系酒母でもろみを仕込む，ということをさす（NPO法人環境保全米ネットワーク編［2011］第37号，5頁）。
6) 慣行栽培とは，農薬は17成分（宮城の場合），化学肥料は7kg/10a以下の栽培基準をもとに米を栽培する方法（NPO法人環境保全米ネットワーク編［2011］8頁）。
7) 環保米NW元理事長へのインタビューより，NPO法人環境保全米ネットワーク編［2011］1-14頁。
8) JAS法とは農林物資の規格化及び品質表示の適正化に関する法律である。（農林水産省ホームページより，http://www.maff.go.jp/j/jas/jas_gaiyou.html, 2011年9月19日アクセス）
9) 一ノ蔵社長櫻井武寛［2005］第51号，1頁。
10) 現在では取締役製造部長が理事に就任している。
11) NPO法人環境保全米ネットワーク編［2011］8頁。
12) Aタイプは，有機JASの栽培基準にもとづいており，化学農薬や化学肥料を使用していない。Bタイプは，田では有機質肥料を使用し，化学農薬は5成分以下に制限されているのに対して，CタイプとDタイプでは，化学農薬を7成分，化学肥料は10アールごとに3.5キロ以下に規定されている。そして，BとCの2つのタイプの保全米は環保米NWの独自の基準にもとづいて設定されている（NPO法人環境保全米ネットワーク編［2011］8頁）。
13) 環保米NW元理事長へのインタビューより。
14) 環保米NW元理事長と一ノ蔵農社参事へのインタビューより。
15) 米トレーサビリティ法（米穀等の取引等に係る情報の記録及び産地情報の伝達に関する法律）とは，米及び米加工品の記録（取引等の記録の作成・保存）と伝達（産地情報の伝達）を義務付ける法律である。（農林水産省ホームページより，http://www.maff.go.jp/j/soushoku/keikaku/kome_toresa/#PageAnchor01, 2011年9月19アクセス）
16) 一ノ蔵農社参事へのインタビューより。
17) 環保米NW元理事長へのインタビューより。
18) 栽植密度とは，面積当たり植付け苗数や株当たり植付け苗数である（NPO法人環境保全米ネットワーク編［2011］30頁）。
19) 一ノ蔵農社参事へのインタビューより。
20) 同上。
21) 環保米NW元理事長へのインタビューより。
22) 同上。

第9章

事例の分析

　第5章から第8章までの4つの章では事例の内容を記述してきた。この章においては，まず第1節では，4つの事例のデータを用いて，第4章で提示した分析枠組にもとづいて導出した仮説を検証する。そして，第2節では，事例の比較考察を行い，それぞれの特徴を抽出する。

第1節　仮説の検証

　本節では，第5，6，7，8章のインタビュー調査で得られたデータにもとづき，仮説の検証を行うことにする。

1. 資源依存アプローチに関する検証
(1) 資源交換について

＜仮説①＞

> 企業とNPOのパートナーシップでは，補完的な資源に依存し，交換を行っている。

① NECとETIC.の事例
　2002年，NECは社会貢献活動の一環として，社会起業家を育成しようとした。しかし，IT企業であるNECは長年の経済活動のなかでヒト，カネ，モノ，情報といった経営資源は蓄積されているものの，社会起業家を育成するためのノウハウを有していない。これについて，NECの担当者は「社会

的課題に対して企業が単独で取り組むケースはかなりあるが，なかなかうまくいかないことが多い。それは，企業が社会的課題の解決に関してノウハウをもっていないからである」と述べている。

他方，2000年にNPO法人化したETIC.は，NECに欠けている起業あるいは起業家育成のノウハウや専門知識を備え，若者のネットワークをもっているが，財務的な基盤は脆弱な状態であった。

そこで，両者は「NEC社会起業塾」の協働事業を始めた。そのなかで，NECは主に塾を運営する資金とパソコンやプロジェクターなどの機材，起業塾の場所を提供している。また，塾生に対して経営の個別指導やアドバイスを行うために，ビジネス特許やマーケティングなどの専門知識をもった社員を派遣している。

これに対して，ETIC.のほうはカリキュラムを作成したり，プログラムの運営やコーディネーションを担当するなどして，協働事業のなかで社会起業家を育成するためのノウハウを活かしている。

② トステムとUD生活者NWの事例

トステムは，誰もが使いやすいというユニバーサルデザインを取り入れた製品開発に取り組んでいる。しかし，UDに関しては理解が浅く，それをどのようにとらえて製品にしていくべきかという課題をかかえていた。また，この開発のために必要な消費者のニーズを的確に把握する調査システムを有しておらず，自社だけでUD製品の開発を行うことには限界を感じていた。

これに対して，UD生活者NWは消費生活の問題やUDについて深い知識をもつ専門家を有しており，日常の生活において何が大切であるかという価値の研究を着実に行っている。それだけでなく，消費生活アドバイザーを中心にして活動しているので，UDに関する調査や情報収集などについても優れた知識やノウハウをもっていた。しかし，製品開発についてはまったく経験がなく，「門外漢」であった。

つまり，「トステムには製品開発というハード面の技術がある。それに対して，UD生活者NWは生活者のニーズをどのように見抜き，どのような

調査が必要か，というソフト面での技術がある。そこで，お互いに相手がもっていない資源を持ち寄り，補完しながら，協働事業を進めることができたのである」[1]。

言い換えれば，この事例では，トステムは製品開発ための技術，資金，設備，人材といった経営資源を投入している。一方，UD生活者NWはUDに関する知識や消費者のニーズ調査，製品のモニター調査を行って，トステムがもっていない消費者のニーズをつかんだり，発掘するための調査ノウハウを提供している。

③ アイクレオと子育てアドバイザー協会の事例

粉ミルクのメーカーであるアイクレオは，他社との差別化を図るために，母親の子育て相談という付加価値のあるサービスを顧客に提供することを考えていた。そこで注目したのが，子育てアドバイザー協会が行っている「子育てアドバイザー養成講座」である。

同協会は子育てについて，親を上から指導するという従来の考え方と異なり，同じ目線で母親の話に耳を傾け，母親の味方になることを大切にしている。また，協会は子育て相談のノウハウをもっているだけでなく，アドバイザーを養成するために必要となるカリキュラムの作成や教え方にも優れている。そして，担当する講師は各分野の専門家であり，実践力と独自性をもっていた。このような経営資源は，子育て相談サービスの提供をねらうアイクレオにとって必要であり，魅力的でもある。

その後，アイクレオは協会のミッションに共感し，賛助会員となっている。また，当然のことであるが，協会はアイクレオのアドバイザー養成に協力しているので，その対価として報酬をうけとっている。これらの収益は協会が活動を行うための重要な資金となっている。また，協会が大阪校を設立するときに，アイクレオは親企業のグリコ本社の江崎記念館を会場として提供している。

④ 一ノ蔵と環保米NWの事例

宮城県の4つの酒造の蔵が合併して清酒の製造会社として誕生した一ノ蔵は，安全・安心の酒米の供給確保と地域の活性化のために，農薬と化学肥料

を極力減らしてつくられる B タイプの環境保全米に関心をもっていた。

このタイプの米は環保米 NW が提唱するものであり，栽培の際に使用できる農薬や化学肥料の制限基準は同 NPO により設定されている。また，同 NPO は宮城県内の唯一の環境保全米の民間認証機関でもある。つまり，環保米 NW は環境保全米の栽培については，もっとも専門的な知識をもっているといってよい。

一ノ蔵が農業に参入する前に，環保米 NW を認証機関として利用して，同社と栽培契約を結んでいる農家が基準にしたがって栽培しているかどうかのチェックを依頼している。一方，環保米 NW の活動に賛同し，それを支援するために，一ノ蔵は「円融」という商品の売上高の 1% を同 NW に寄付している。

農業に参入後は，「一ノ蔵は栽培技術の面においても NW を頼りにしており，農業では素人である社員たちに指導してもらっている。また，環境保全型酒米を栽培するためのテキストの作成を依頼している」[2]。

これに対して，環保米 NW は環境保全米の品質を高め，一等米生産率のアップを目指して，つねに自分のもっているノウハウを向上させる努力を行っている。したがって，環保米 NW にとって，一ノ蔵の田は，「実験のフィールドとなり，教えることは勉強や経験を積むチャンスとなった」という[3]。

このほかに，環保米 NW が勉強会や研究会，催しなど行う際に，一ノ蔵は会場や施設を提供しているという。つまり，両者はこのように相互交換の関係をもっている。

以上の 4 つの事例において，NEC は社会起業家の育成のノウハウを，トステムは消費者のニーズをつかむための調査や情報収集のノウハウを必要としている。そして，アイクレオは子育て相談，さらには子育てアドバイザー養成の知識やノウハウを求めており，一ノ蔵は環境保全米栽培に関する知識やノウハウの獲得をねらいとしている。

これに対して，NPO 側についていえば，ETIC. は人材育成のノウハウと

広い人的ネットワークを有しており，UD生活者NWは消費者のニーズを発見したり，調査する方法に関するソフト的な技術をもっている。このようにNECとETIC.，トステムとUD生活者NWでは両者がそれぞれ補い合って目的を達成している。

　子育てアドバイザー協会は，子育て相談についてユニークな見解をもつだけでなく，質の高い講師のネットワークを保有しており，カリキュラムの作成にも熟練していた。また，環保米NWは農学博士などを有する，農業や生物分野の専門家の集団であり，環境保全米に対して科学的な考えをもち，先端的な知識や技術を蓄積している。

　これに対して，子育てアドバイザーを育成するためのノウハウを学習目的のひとつとしているアイクレオは，パートナーシップの進展につれて，これらを徐々に獲得している。そのため，両者が交換する資源の内容も少しずつ変化している。しかし，両者の間で交換されている資源が補完関係にあることについては，変わらない。

　一ノ蔵と環保米NWの事例では，一ノ蔵の農業への参入により，両者の協働関係がさらに発展し，資源交換の範囲が拡大しているが，アイクレオと子育てアドバイザー協会の事例と同様に，交換された資源は補完的なものである。

　ここまでの議論をまとめると，図表9-1のようになる。企業は長期的に経営活動行うなかで，人的・物的・財務的資源のほかに，生産技術やマネジメント能力などの多様な経営資源をもつようになっている。しかし，CSRがめざす社会的課題に関するノウハウや，多角化による新たな分野のノウハウについては，ほとんど保有していないのである。

　一方，NPOは本来社会的な課題を解決したり，社会的ミッションを達成するために存在しており，社会のニーズに応えるためのノウハウや専門知識を備えている。しかし，日本の多くのNPOは小規模・零細であり，財務上の基盤が弱く，人材やマネジメント能力も不足しているといった問題に悩まされている。

　以上の事例データからわかるように，共通の社会目的を達成するために形

図表 9-1　各事例における資源交換の内容

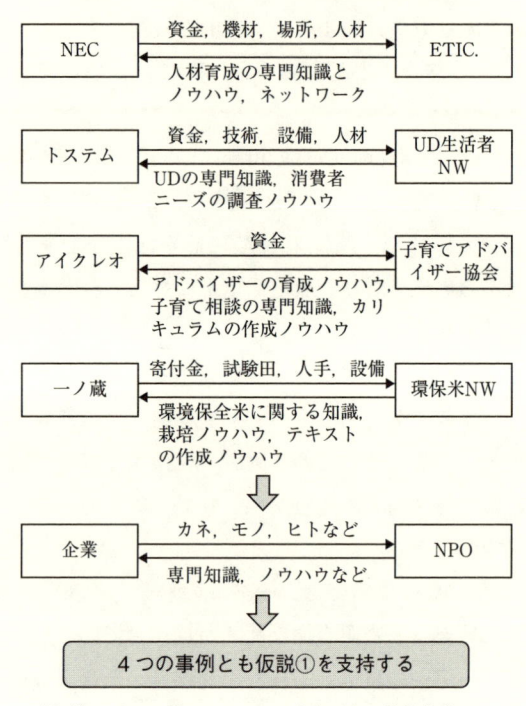

```
NEC  ──資金, 機材, 場所, 人材──▶  ETIC.
     ◀──人材育成の専門知識と
        ノウハウ, ネットワーク──

トステム  ──資金, 技術, 設備, 人材──▶  UD生活者NW
         ◀──UDの専門知識, 消費者
            ニーズの調査ノウハウ──

アイクレオ  ──資金──▶  子育てアドバイザー協会
           ◀──アドバイザーの育成ノウハウ,
              子育て相談の専門知識, カリ
              キュラムの作成ノウハウ──

一ノ蔵  ──寄付金, 試験田, 人手, 設備──▶  環保米NW
       ◀──環境保全米に関する知識,
          栽培ノウハウ, テキスト
          の作成ノウハウ──
```
⇩
```
企業  ──カネ, モノ, ヒトなど──▶  NPO
     ◀──専門知識, ノウハウなど──
```
⇩

┌─────────────────────────────┐
│ 4つの事例とも仮説①を支持する │
└─────────────────────────────┘

（出所）インタビューデータにもとづき，筆者作成。

成される企業とNPOのパートナーシップでは，企業が欲する資源は，社会的課題に対する専門知識やノウハウが中心である。他方，NPOが必要とする資源は，主として活動の展開に必要な経費や活動場所といったヒト，モノ，カネである。

このように，企業とNPOのパートナーシップの場合，それぞれ保有している資源を補完的に交換しながら，共通の社会目的を実現しようとしていることが明らかになった。したがって，仮説①は検証されたと考えられる。

(2) パワーについて

<仮説②>

　NPOとのパートナーシップのなかで，企業は本業と関連する領域においては，パワーを行使する。

① NECとETIC.の事例

　社会起業家の育成を目指すこの協働事業は，NECにとって本業とは関連しておらず，自社の専門分野外のものである。一方，ETIC.は事業当初，資金面ではNECに依存しているが，ソーシャル・アントレプレナーの輩出や，起業家型リーダーの育成については専門性をもっている。

　そのため，協働プロセスにおいて，「両者が対等の立場で契約を締結したり，意見を交換している。場合によっては，ETIC.のほうが意思決定の優位性が高く，主導権をとることもあった。たとえば，どのように社会起業家を支援していくのか，彼らの成長をどのように向上させていくのかに関しては，ほとんどETIC.のほうが判断して事業を進めている」[4]。

　しかし，ETIC.のセキュリティに対する認識不足については，NECの担当者はパワーを行使してETIC.に注意を促している。これは，いったん情報漏えいといった事態が発生してしまうと，自社の企業ブランド価値が損なわれ，大きな経済的ダメージを受ける恐れがあるとNECが考えたからである。

　経済的なバックグラウンドからすれば，NECはETIC.に対してパワーは保有する立場にあるものの，社会的課題の解決に関するノウハウをもたないため，起業家の育成という目的達成の多くをETIC.に依存している。したがって，NECはできる限りパワーを行使しないようにしている。しかし，セキュリティ問題のように，相手の行動が自社の本来の経済目的に不利益を生じる可能性がある場合には，パワーを行使しているのである。

② トステムとUD生活者NWの事例

　共同で玄関ドア「ピクシア」を開発したこの事例では，トステムとUD生活者NWからそれぞれ5名と7名が参画して事業を進めた。また，意思決定などについては合議の方式を採用しており，双方のオフィスで交互に定例

ミーティングを開き,基本的には相互に対等な関係を保って共同開発を行った。そして,消費者のニーズを調査する段階になると,専門知識をもつUD生活者NWのほうがイニシアティブをとっていた。

トステムは本業に関連したこの協働事業において,「慈善事業として行っているのではないので,いくらいい商品でも,効率よく開発し,経済的利益をあげなければならない。共同開発全体のプロセスで,UD生活者NWと意見が合わないときがあった。そのときには,トステムのほうが意思決定を下している。」[5]と述べ,企業としての姿勢を明確に示している。たとえば,同NWが作成した「生活者UDチェックリスト」について相手の反対があったものの,トステムは経済的利益を確保するために,その一部のみを採用している。

つまり,この協働事業で,両者はお互いに対等の意識をもちながらも,本業の一環として行っているトステムは,経済利益を優先的に考え,状況に応じてパワーを行使する傾向があったのである。

③ アイクレオと子育てアドバイザー協会の事例

この協働事業において,両者は「ともに考える」というスタンスをとっており,メールや電話だけでなく,雑談の場でも頻繁に意見や情報交換を行っている。たとえば,カリキュラムの作成で,子育てアドバイザー協会はアイクレオの要望に応える一方,アイクレオは「命令や指示するような発言は行っていない」[6]。言い換えれば,「両者の間に上下や強弱の関係は存在しておらず」[7],相互に協力しながら事業に取り組んでいるのである。

しかし,協働事業が始まって2,3年後に導入されたアイクレオの社内講師制度のための費用について,両者の主張が対立したことがあった。協会側は所有しているノウハウに高い価値があると考えており,当然費用を増やしてほしいと要望した。これに対して,長年にわたって経営的に望ましくない状況にあった同社は社内研修費として予算を組んでいる養成講座の費用を増額することは困難であった。

若い一般社員であるアイクレオの担当者は,年配の協会の担当者と何度も議論を重ねたが,説得することはできなかった。そのとき,アイクレオ側は

上司を登場させ、かろうじて問題の解決に至っている。担当者のパワーが個人的には劣位にあったので、組織のパワーを利用して衝突を解消させたのである。

この事例では、アイクレオにとって本業とかかわりの深い事業であり、トステムとUD生活者NWの場合と同様に、両者が合意できないことに関しては、企業側のほうがパワーを行使している。

④ 一ノ蔵と環保米NWの事例

一ノ蔵と環保米NWは、環境保全米づくりという課題で長年多様なパートナーシップを形成している。まず、2001年から一ノ蔵は自社と契約している農家が生産した環境保全型酒米の認証を環保米NWに委託している。そして、農業分野に進出後の2005年には、同NWと共同で環境保全型酒米の栽培をはじめ、さらに2007年からは共同研究を行うようになっている。

このようないくつかのパートナーシップ事業において、一ノ蔵は「農業に関する知見がないので、同NWの指導どおりに資料を提供したり、データを収集している」[8]。また、同NWの提案に対して、「まったく抵抗感がなく、積極的に自社の田んぼを活用して試してみたり、実行している」[9]。

両者は「対等な立場に立ち、お互いに理解しながらものごとを進めている。また、問題に直面したときには、相手に自分の思いを伝え、とことん議論して問題を解決している」[10]。一ノ蔵は同NWの要求に対して、できる限り応じている一方、同NWは一ノ蔵にマイナスな影響をもたらすおそれがあることについては配慮している[11]。このパートナーシップにおいては、一ノ蔵がパワーを行使する場面はみられない。

以上の記述を整理すると、図表9-2のようになる。このなかのNECとETIC.の事例では、パートナーシップ事業の目的である社会起業家の育成は、NECにとって本業と直接関連していないうえに、育成のノウハウをもっていないので、提示した仮説によれば、パワーを行使しないはずである。しかし、セキュリティ問題に対してパワーを行使する場面がみられた。

また、トステムとUD生活者NW、アイクレオと子育てアドバイザー協

会のパートナーシップの場合，企業は NPO をコントロールしようとする意図はないとしても，一部のパワーを行使している。この２つの事例は協働を本業の一部として位置づけているので，商品の社会価値を考慮しながらも，経済価値を優先して考えなければならないという背景があった。そのために，NPO が過度に社会価値を求めている場合や，経済的利益にマイナスの

図表 9-2　各事例におけるパワーの行使

事　例	パワー行使に関するデータ
NEC と ETIC. の事例	・対等な立場で契約や意見交換を行っている ・場合により，ETIC. のほうが意思決定の優位性が高く，主導権をもっている ・セキュリティに対する認識不足については，NEC は ETIC. に対して注意を促した
トステムと UD 生活者 NW の事例	・契約のため，両者が対等に交渉を重ねた ・対等な立場で意見の交換を行っている ・双方のオフィスで交互に定例のミーティングを開く ・意見が合わないときには，トステムが意思決定を下している
アイクレオと子育てアドバイザー協会の事例	・ともに考えるというスタンスをとっている ・両者の間に上下や強弱の関係が存在しておらず，相互に協力しながら事業に取り組んでいる ・経費や予算などについて意見が合わないとき，アイクレオの現場担当者は上司に電話をかけてもらい，問題の解決を図った。
一ノ蔵と環保米 NW の事例	・一ノ蔵は環保米 NW の指導どおりに資料の提供やデータの収集を行っている ・一ノ蔵は環保米 NW の提案に対しては抵抗感がなく，自社の田んぼを自由に利用してほしいと考えている ・対等な立場に立ち，相談しながら事業を進める ・問題に直面するときには，徹底的に議論して解決する

⇩

・企業は本業との関連領域や非関連領域において，パワーの行使がみられる
・企業は本業と関連する領域においても，パワーを行使しない場合がある

⇩

仮説②を部分的に支持しているものの，仮説に反する現象も観察された

⇩

仮説②は完全に支持されているとはいえない

（出所）　インタビューデータにもとづき，筆者作成。

結果をもたらす可能性がある場合には，企業は適度のパワーを行使し，経済的利益を確保しようとする。とはいえ，つねに企業が保有しているパワーを発揮し，NPOをコントロールしようと意図していないことはいうまでもない。

しかしながら，一ノ蔵と環保米NWの場合は，一ノ蔵にとって協働が本業そのものであるにもかかわらず，同NWに対してパワーは行使されていない。このことから，企業のパワー行使は本業と関連があっても，必ずしもパワーを行使しない場合があることが判明した。それは，両者の間に存在する相互の理解や高い信頼がパワー行使以外の手段を選択させていると考えるべきであろう。

以上の議論から，本業と関連するか否かに関係なく，自社の経済的利益に損害をもたらされるおそれがある場合，企業はパワーを行使していることがわかる。言い換えれば，企業はNPOとのパートナーシップにおいて，社会的課題の解決を目的としているため，できるだけパワーを行使しようとしない。また，行使されるとしても，NPOとの共通の社会目的に反しない範囲であると考えられる。そして，両者間の理解による信頼が高まると，このようなパワーの行使も減少していくのであろう。

つまり，仮説②は完全に支持されているとはいえないのである。

2. 組織間信頼に関する検証

＜仮説③＞

> 信頼の源泉となる「社会的信頼」，「能力への信頼」，「理解による信頼」のそれぞれの働きの強さは，パートナーシップが発展するプロセスの段階によって変化する。

信頼という概念が抽象的であるため，ここでは，具体的にインタビュー調査からこれに関する担当者の発言を抽出し，企業とNPOのパートナーシップにおける信頼の深化過程について検討したい。その際，パートナーシップが形成される初期段階を「形成期」，量的な発展を遂げる時期を「成長期」，

そして、質的な変化がみられるようになる時期を「転換期」とし、この3つの発展段階ごとに考察を加える。また、企業とNPOの両者間の信頼を、企業のNPOに対する信頼とNPOの企業に対する信頼という2つの方向から別々に考察する。

① NECとETIC.の事例

まず、図表9-3と9-4, 9-5にまとめたデータにもとづいて検討してみよう。この事例では、2002年を形成期とよび、2002年から2007年あたりまでを成長期とする。そして、2008年以降を転換期とする。

まずはじめに、形成期における信頼を検討する。NECがNPOとパートナーシップを組むことになったきっかけは、当時の社会貢献部部長が偶然読んだETIC.に関する新聞記事であった。一方、ETIC.は2000年にNPO法人となり、本格的な活動が始まった時期であり、みずからのミッションを達成するうえで必要な経営資源を獲得することが急務であった。このようななかで、ETIC.側はNECにはその能力があるとみて、能力への信頼が生まれている。そして、NECはETIC.のミッションに共感し、その重要性を認識していたので、ETIC.からは理解による信頼を得ている。

成長期では、両者間で直接的なコミュニケーションを行なう機会が増加し、相手に対する認識が深まっている。NECは、ETIC.が志や熱意をもっているだけでなく、資質の高い人材をもつ組織であることを認識し、評価している。

この段階では、NECは社内の決裁や合意、資源の提供に集中し、プログラムの作成などについてはETIC.に任せるというように、役割を明確にさせている。また、両者は、「事業の責任の所在がはっきりしないなか、試行錯誤を繰り返しながら、協力しあっていく。そして、相互に意見が異なる場合は、ETIC.がNECにていねいに説明することで、理解を求めている」[12]。このように、NECに対する信頼は、理解によるものが多いのである。

一方、パートナーシップ事業が進展するにつれ、NECは、ETIC.に対してセキュリティに関する認識など、両者の組織文化の違いを感じていた。その結果、NECは「相手の足りないところは協働のなかで勉強していけば い

第1節　仮説の検証　187

図表 9-3　NEC と ETIC. 間の信頼（形成期）

信頼の方向	事例データ	信頼の源泉		
		社会的信頼	能力への信頼	理解による信頼
NEC の ETIC. に対する信頼	協働相手の選択には，メディア露出度や，行政や企業との協働経験の有無を重視する	○		
	ETIC. については新聞記事で知った	○		
	ETIC. は活動のユニークさと先進性をもっている		○	
ETIC. の NEC に対する信頼	NEC が提供する資源に期待している		○	
	NEC が自分たちのミッションや目標を理解しているので，納得して契約した			○
	NEC が提供する資源は十分とはいえないが，予算範囲内での可能な支援である			○

図表 9-4　NEC と ETIC. 間の信頼（成長期）

信頼の方向	事例データ	信頼の源泉		
		社会的信頼	能力への信頼	理解による信頼
NEC の ETIC. に対する信頼	ETIC. がもっている起業家育成のノウハウの質と量は優れており，簡単には得られない		○	
	ETIC. は起業家や大学生の豊富なネットワークをもっている		○	
	NPO にとって一番重要である志や熱意を ETIC. は確かにもっている		○	
	ETIC. に足りないものは，協働のなかで徐々に習得していけばいい			○
ETIC. の NEC に対する信頼	NEC は最初から自分たちの役割を認識し，双方の棲み分けを考えている		○	
	NEC は大企業なので，組織の柔軟性は低いが，意見が合わない場合でもていねいに説明して理解を得られる			○
	責任の所在がはっきりしない状況でも，両者は試行錯誤をしながら協力している			○

図表 9-5　NEC と ETIC. 間の信頼（転換期）

信頼の方向	事　例　デ　ー　タ	信　頼　の　源　泉		
		社会的信頼	能力への信頼	理解による信頼
NEC の ETIC. に対する信頼	企業と NPO がそれぞれもっている違いを理解しながら，意思決定を行う			○
	ETIC. の提案を取り入れて，「NEC 次世代社会イノベータープログラム」を開始した			○
	社会起業家支援のトレンドとなっているイニシアティブの創設は，ETIC. の提案によるものである			○
ETIC. の NEC に対する信頼	NEC は自分たちを信頼して，起業塾の運営を任せてくれる			○
	成果を出せば，自分たちは自由にやれる			○
	自分たちの提案を受け入れて，新しいパートナーシップを構築した			○

い」[13] と考えるようになった。

　さらに，転換期になると，「両者がそれぞれもっている違いを理解しながら，意思決定を行っている」[14]。また，起業塾のブランド価値が向上するとともに，NEC の社員の CSR に対する意識が大きく変わり，社会起業家の重要性に徐々に気づきはじめる。「2008 年に開かれた起業家との交流会には，10 数人の若手社員が参加するようになった」という[15]。

　NEC の社員のような公式な活動だけでなく，非公式な活動への参加が増えており，事業への関与範囲も全社に広がっている。つまり，パートナーシップの進展とともに，NEC の ETIC. に対する理解が進んだことになる。この理解による信頼の深化は，NEC 全体に広がり，それは境界連結者という個人間の信頼関係が，徐々に組織間信頼へと変化していることを意味している。

　一方，ETIC. 側は，NEC が自分達を信頼して起業塾の運営を任せてくれるので，ETIC. はかなり自由に活動している。そのうえで，ETIC. の提案を受け入れ，両者間の新しいパートナーシップや，他の複数の組織との協働もはじまることになった。

このように，ETIC. に組織として不十分な点があっても，NEC はそれを理解したうえで新しい事業を任せている。これは，NEC の ETIC. に対する理解による信頼があるからであり，ETIC. 側からみれば，自分たちを理解する NEC に対して，理解による信頼を深めているのである。

② トステムと UD 生活者 NW の事例

この事例について，それぞれの段階の信頼に関するデータを図表9-6, 9-7, 9-8 にまとめる。

トステムが新製品開発のパートナーとなる UD 生活者 NW の存在を知ったのは，同 NW が行った講演会への参加という偶然であった。その後のコンタクトによって，同 NW が UD や消費者問題について研究しており，深い理解をもっていることがわかる。一方，UD 生活者 NW はみずからがもっているノウハウの価値が認められ，さらに企業の UD に対する考え方が変らなければ，消費者を取り巻く生活も変らないというトステムの取り組みの姿勢に共感・賛同して，パートナーシップ事業をはじめている。

消費者のニーズ調査を行なった成長期では，UD 生活者 NW は困りごと調査や訪問聞き取り調査，グループインタビューなど多様な手法を用いて調査を主導的に実施し，「生活者 UD チェックリスト」を完成させている。そして，「チェックリストの作成にとどまらず，専門家の意見を取り入れて調査方法や生活者 UD チェックリストを詳細に点検している」[16]。このような経過をみて，トステム側は UD 生活者 NW がもっている専門性を確認することができた。

この段階の UD 生活者 NW は，UD に対する熱意とそれを追求するトステムの姿勢にさらに評価を高めている。

玄関ドア「ピクシア」の開発がパートナーシップの転換期にあたる。共同開発の開始当初，トステムは UD 生活者 NW の意見に困惑し，本音を伝えることができなかった。しかしながら，協働を推進するなかで，相互に理解しあいながら，「疑問がある場合には相手に確かめる。相手の答えが明確でない場合には，明確な答えを得るまで議論する」[17] ように変化している。

UD 生活者 NW は，消費生活に関する専門性は高いが，商品開発につい

図表 9-6　トステムと UD 生活者 NW 間の信頼（形成期）

信頼の方向	事例データ	信頼の源泉		
		社会的信頼	能力への信頼	理解による信頼
トステムの生活者NWに対する信頼	講演会でUD生活者NWを知り，コンタクトを試みた	○		
	UD生活者NWは誰もが使いやすい「万人設計」という言葉を使っており，UDに対する理解は自社より深いものをもっていると感じた		○	
	UDに関する調査や情報収集などの専門知識をもっている		○	
	UD生活者NWは消費者の代表として，生活における大切な価値の研究を着実に行なっている		○	
生活者NWのトステムに対する信頼	トステムのUDに対する取り組みの姿勢に共感・賛同している			○
	トステムは自分たちがもっているノウハウの価値や組織の特徴をしっかりと認めている			○

図表 9-7　トステムと UD 生活者 NW 間の信頼（成長期）

信頼の方向	事例データ	信頼の源泉		
		社会的信頼	能力への信頼	理解による信頼
トステムの生活者NWに対する信頼	人間工学や建築，流通問題，消費者問題などに関して，非常に博識な人間が多数いる		○	
	専門家の意見を取り入れて，つねに調査方法や生活者UDチェックリストを点検している		○	
	委託事業を通じて，UD生活者NWがもっている専門性が確認できた		○	
	NPOは社会的課題の解決を徹底的に行うが，事業の進め方についてはスピード感がない			○
生活者NWのトステムに対する信頼	トステムはUDに対して熱意をもっており，UDを推進する姿勢が評価できる			○
	トステムは効率性を優先している			○

図表 9-8　トステムと UD 生活者 NW 間の信頼（転換期）

信頼の方向	事例データ	信頼の源泉		
		社会的信頼	能力への信頼	理解による信頼
トステムの生活者NWに対する信頼	製品開発についてはお互いに理解しあって，モノづくりに反映させる			○
	当初双方とも本音を出せなかったが，協働事業の進展とともに相手に伝えられるようになった			○
	自社の考えをしっかりと伝えて議論し，受け入れられるかどうかを再度判断して進めている			○
	疑問がある場合には，相手に確かめ，明確な答えを得るまで議論する			○
生活者NWのトステムに対する信頼	独自の調査方法について，採用理由などをトステムに説明し，理解を求める			○
	相互に意見を出し，議論を行って折り合い点をみつけている			○

ては経験がないので，転換期になると相互に議論しながら折り合いをつけるような対応をとった。また，モニター調査の採用理由についても，UD 生活者 NW はトステムに対して説明し，理解を求めている。

　以上の分析からわかるように，形成期におけるトステムの UD 生活者 NW に対する信頼は，主に社会的信頼に依拠しており，成長期では能力への信頼が多くなっている。さらに，転換期には理解による信頼が顕著になっている。これに対して，UD 生活者 NW のトステムに対する信頼は，一貫して理解による信頼が中心になっている。

　③　アイクレオと子育てアドバイザー協会の事例

　図表 9-9 と 9-10，9-11 の 3 表は，この事例をまとめたデータである。

　アイクレオの当時の社長が自社サービスの差別化を考えていたときに，偶然子育てアドバイザー協会のアドバイザー養成講座に関する新聞記事を読み，この講座に社員ふたりを受講させている。その社員は講座のレベルの高さと，協会がもっている子育て相談に関する独特な見解に関心と高い評価をもった。このように，アイクレオは，協会とパートナーシップを組む前の段

図表 9-9 アイクレオと子育てアドバイザー協会間の信頼（形成期）

信頼の方向	事例データ	信頼の源泉		
		社会的信頼	能力への信頼	理解による信頼
アイクレオの協会に対する信頼	新聞記事で偶然協会の名前とその概要を知った	○		
	協会の目指しているものが魅力的で，他にあまりみられない		○	
	NPOだからというより，協会が独特な考えをもっているので選んだ		○	
	講師は各分野の専門家で，レベルの高い養成講座を実施している		○	
協会のアイクレオに対する信頼	母乳に一番近い粉ミルクをつくっている企業で，製品を利用したことがあり信用できる	○		
	自分たちが実現したい価値に共感してくれている			○
	アドバイザー養成に対する真剣な取り組みに感銘を受けた			○

図表 9-10 アイクレオと子育てアドバイザー協会間の信頼（成長期）

信頼の方向	事例データ	信頼の源泉		
		社会的信頼	能力への信頼	理解による信頼
アイクレオの協会に対する信頼	カリキュラムを完成品としてみておらず，つねに新しいものを取り入れているので，なんど受講しても新鮮である		○	
	講師のネットワークを多数もっている		○	
	講師は現場で活動しており，実践力を有している		○	
	小さなトラブルはあるが，それを解決することによって，両者の理解がさらに深まっている			○
	全員が理解しやすい講座をともに考えて作ろうというスタンスになった			○
協会のアイクレオに対する信頼	上下関係によるのではなく，話し合って物事を決める			○
	協会の賛助会員として，また講座の共同開催など多様なかかわりにより，信頼関係が深まっている			○
	電話やメール，雑談などで随時情報交換を行ったり，いつでも相談に応じている			○
	ビジネスというより，相互にいい人材をつくることが重要であると考えている			○

図表9-11　アイクレオと子育てアドバイザー協会間の信頼（転換期）

信頼の方向	事例データ	信頼の源泉		
		社会的信頼	能力への信頼	理解による信頼
アイクレオの協会に対する信頼	10年経っても，養成に関するいろいろな知識を自分たちに学ばせている		○	
	自分たちの要望をよく聞いてくれて，契約以上のことに協力してくれる			○
協会のアイクレオに対する信頼	契約範囲内の相談だけでなく，それ以外の相談にも応じている			○
	気心が知れるようになったので，相手が何を考えているのかがわかるようになった			○
	現在，アイクレオの取り組みが引き継がれて，グリコ本社にも同じような志が見えてきている			○

階から，協会に対する「能力への信頼」がかなり形成されていたといえよう。

一方，協会の担当者は以前アイクレオの製品を使用した経験があり，アイクレオに対して信用のできる会社であるという印象をもっていた。また，アイクレオから共同でアドバイザーを養成しようという話をもちかけられたときに，協会はその真剣さに感銘を受けている。つまり，パートナーシップを形成する段階で，協会はすでにアイクレオに対して好感をもっており，理解による信頼が基礎としてあったのである。

成長期において，アイクレオは継続的にアドバイザーを養成するために，自社に講師認定制度を導入することにした。しかし，養成のノウハウを習得したとしても，自前で講師を養成することは容易ではない。それは，「協会の講師は現場で活動しており，実践力を有している。また，つねに新しい知識を取り入れてカリキュラムを更新している」[18]からである。

そして，社内の講師認定制度導入にあたっては，両者の意見が合わないことがしばしばあったが，このような困難を乗り越えた後，両者間の理解はいっそう深まっていく。双方の担当者はメールや電話で随時情報交換を行っており，「全員が理解しやすい講座を一緒に考えて作ろうというスタンスに

なった」という[19]。

　成長期における子育てアドバイザー協会は,アイクレオ製品への好感度が,「フランクな企業であり,ボランティア精神が旺盛」といった,組織文化の理解に変化している。

　転換期では,両者は「契約範囲以上のことにかかわっており,協力しあっている」ようになった[20]。そして,「長年の協働を通して一番強く感じているのは,10年経っても,自分たちは養成に関するいろいろな知識を学んでおり,協力してもらっている」[21]とアイクレオの担当者は述べている。また,「お互いの姿勢が変わらない限り,これからも協働関係を続けたい」とも述べている。このようなアイクレオ側の態度は,協会に対する能力の信頼がさらに高まっていることと,理解による信頼も深くなっていることを示している。

　一方,アイクレオからの多様な相談に対して協会は,「随時返答し,対価は求めていない」[22]。さらに,双方の担当者は「相手と気心が知れているので,何を考えているのかがわかるようになっている」[23]のである。このように両者の間には深さのある理解による信頼が形成されている。

④　一ノ蔵と環保米NWの事例

　図表9-12と9-13,9-14は,この両者のインタビューから抽出したデータである。この事例では,一ノ蔵が2001年に認証委託事業を開始する前の時期を形成期,2001年から2004年までの環保米NWに環境保全米認定を行ってもらう時期を成長期,そして,2005年から農業に参入した以降を転換期とする。

　当時,一ノ蔵の常務取締役は環境問題に強い関心をもっており,社内で独自の研究会を設立している。そして,環保米NWが発足してまもなく,彼が会員や理事として学習するなかで,当時の理事長の「私欲私利を超えて,世のため人のために尽くす情熱」[24]という言葉に感動している。その影響をうけて,彼は会社に環境保全運動をもちこみ,一ノ蔵は法人会員となって環保米NWとかかわるようになっている。また,同NWは,環境保全米づくりのシンクタンクであり,きわめて高い専門知識をもっていると評価してい

る。

　一方,環保米 NW は,一ノ蔵が宮城県内の大きな酒造会社であることをすでに知っていた。地元で生産した安全・安心な環境保全米を使用した酒づくりという一ノ蔵の経営方針は,NW が目指すミッションに合致しており,両者はそこに共感している。このように,形成期において,両者にはすでに

図表 9-12　一ノ蔵と環保米 NW 間の信頼（形成期）

信頼の方向	事例データ	信頼の源泉		
		社会的信頼	能力への信頼	理解による信頼
一ノ蔵の環保米 NW に対する信頼	NW の担当者は自分たち以上の豊富な知識をもっている		○	
	NW の担当者は私利私欲を超えて世に尽くそうとする情熱をもっている			○
環保米 NW の一ノ蔵に対する信頼	地元で生産した安全・安心の米を使って酒をつくり,地域に還元しながら経営を行うことが一ノ蔵の経営方針である			○
	環境にやさしい米づくりについては,一ノ蔵と自分たちは共通の思いであり,共感を覚える			○

図表 9-13　一ノ蔵と環保米 NW 間の信頼（成長期）

信頼の方向	事例データ	信頼の源泉		
		社会的信頼	能力への信頼	理解による信頼
一ノ蔵の環保米 NW に対する信頼	「円融」の売り上げの 1％ を NW に寄付する			○
	常務はなんらかのかたちで NW を応援していくと決めた			○
環保米 NW の一ノ蔵に対する信頼	一ノ蔵の自主的な好意である「円融」の売上の 1％ の寄付を受け取っている			○
	一ノ蔵との協働は文書では契約していない。今後もおおらかな関係で進めていきたい			○
	一ノ蔵に損害を与えることやマイナスになるようなことはしない			○
	両者はもちつもたれつという関係になっている			○

理解による信頼が大きな比重を占めていた。

成長期では，2001年に環保米NWが認証資格を与えることができるようになり，「両者のパートナーシップが自然に形成されるようになった」という[25]。この段階では，環保米NWは，一ノ蔵の依頼に対して環境保全米の認証を行っている。一方，一ノ蔵は「環保米NWを支援していくという会社の方針にしたがって」[26]，自主的に環境保全米を使用して製造された清酒「円融」の売上の1％を同NWに寄付している。

2002年あたりから，両者は「もちつもたれつという関係」になっており，現在でもそれが継続している。これは，一ノ蔵と環保米NWの相手に対する理解による信頼が深まっていることでうかがうことができる。

共同で酒米の栽培と研究を行うようになった転換期における両者間の信頼を考察したい。この時期，一ノ蔵は試験田を提供し，同NWが提示した課題を全面的に支援するような体制に移行している。また，ごく自然に同NWの指導に応じて調査を行ってデータを収集するなどして，自社の試験田の活

図表9-14 一ノ蔵と環保米NW間の信頼（転換期）

信頼の方向	事例データ	信頼の源泉		
		社会的信頼	能力への信頼	理解による信頼
一ノ蔵の環保米NWに対する信頼	NWが出した課題などを全面的に支援する体制に移行した			○
	時がたつにつれNWとの関係が社会的に広がってきた			○
	NWを模範として試験田を継続して運営し，NWのいうとおりにデータや資料を提供している			○
	NWのいっていることにはまったく違和感がなく，いろいろと試してみたい			○
環保米NWの一ノ蔵に対する信頼	"困った時には一ノ蔵さんに頼もう"という状態になっており，対価を求めず引き受けてもらえる関係となっている			○
	「環境保全米交流会」のイベントでは，一ノ蔵の環境保全米の実践について大きくアピールするようになった			○

用をさらに望んでいる。

　一方，環保米 NW は，「困ったときには一ノ蔵さんに頼もう」という状態になっている。たとえば，2010 年に「高性能除草実演会」を開催するため，急遽一ノ蔵に畑の提供を依頼したときも，一ノ蔵は即座に引き受けている。この実演会から，同 NW は 2 度にわたって実験データをまとめている。

　このように，両者の関係は「時がたつにつれて社会に広がっており」[27]，両者間の組織間信頼は，「対価を求めず，相手の要求を引き受けるという関係になってきている」[28]。両者はもともと理解による信頼によって結ばれているが，パートナーシップの発展とともに，それはさらに深まっているといえる。このような信頼は，第 3 章第 3 節で述べたチャイルドら [2005] が主張した，相手のアイデンティティや文化を理解したうえでの「一体感による信頼」に近いものであろう。

　以上，4 つの事例の議論は図表 9-15 のようにまとめられる。これは，図表 9-3 から 9-14 までの相互の信頼の源泉を形成期，成長期，転換期に分けて，そのままカウントしたものである。それによると，NEC と ETIC.，トステムと UD 生活者 NW，アイクレオと子育てアドバイザー協会，という 3 つの事例において，パートナーシップの発展とともに，共通して社会的信頼から能力への信頼，理解による信頼へと深化していることは明らかである。

　また，この 3 つの信頼の源泉は，パートナーシップの形成期と成長期，転換期において，それぞれ果たす役割の重要度が異なっていることも観察されている。形成期の段階では，社会的信頼に依拠するところが多く，その後は能力への信頼から理解による信頼へと重要度が変化している。

　一ノ蔵と環保米 NW の事例では，パートナーシップの進展につれて組織間信頼が深くなっているという点については，他の 3 つの事例と共通している。しかし，形成期における社会的信頼の比重はきわめて小さい。これは，両者の関係が形成期にすでに理解による信頼に深化していることを意味している。

すでに述べたように，両者はパートナーシップを組む以前から多様なつながりをもっており，共通の思いのもとで，パートナーシップが自然に生まれてきた。つまり，このパートナーシップは前述の3事例のように，「必要に応じて形成されるものではない」のである[29]。換言すれば，パートナーシップを組む際には，社会的信頼よりもレベルの高い能力への信頼と理解による信頼がすでに形成されていたと考えられる。また，さらに信頼が深化することにより，転換期になってくると，同じ理解による信頼とはいえ，他の3つの事例より深いものになっているのである。

図表9-15　各事例における組織間信頼

事例		信頼の源泉							
		形成期			成長期			転換期		
		社会的信頼	能力への信頼	理解による信頼	社会的信頼	能力への信頼	理解による信頼	社会的信頼	能力への信頼	理解による信頼
1	NEC⇒ETIC.	○	○			○	○			○
	ETIC.⇒NEC		○	○		○	○			○
2	トステム⇒UD生活者NW	○	○			○				○
	UD生活者NW⇒トステム			○			○			○
3	アイクレオ⇒子育てアドバイザー協会	○	○					○		
	子育てアドバイザー協会⇒アイクレオ		○	○			○			○
4	一ノ蔵⇒環保米NW		○			○				○
	環保米NW⇒一ノ蔵			○			○			○

⇓

4つの事例が仮説③をほぼ支持している

(出所)　筆者作成。

すなわち，仮説③は基本的に成立するといえる。しかしながら，信頼の3つの源泉の重要度がパートナーシップの発展とともにどのように変化するかは，パートナーシップを形成する以前の両者の歴史的な経緯に依存することもあろう。

3. 組織間学習に関する検証

＜仮説④＞

> 企業とNPOのパートナーシップでは，学習効果が高い。

第4章第3節で述べたように，企業とNPOのパートナーシップにおける組織間学習は，「相手を認知するための学習」と「知識を獲得するための学習」に分けられる。後者はさらに知識をどのように習得するかによって，既存知識の「移転による学習」と，新しい知識を生み出す「共創による学習」，そして組織を変化させる「誘発による学習」に分類される。以下では，これらの分類にもとづいて，組織間学習について検討したい。

① NECとETIC.の事例

まず，「相手を認知するための学習」について考察してみよう。図表9-16に示すように，NECは相手のNPOに対して，ミッションの高い組織であること，起業家育成のノウハウをもっていることなどを認識している。しかし，日常業務に取り組むスピード感やセキュリティについては，不安を感じている。

図表9-16　NECとETIC.の「相手を認知するための学習」

NEC 側	ETIC. 側
・ETIC.のミッションの高さ ・社会的課題に対する熱意 ・起業家育成ノウハウの保有 ・若者との広いネットワークの構築 ・スピード感覚やセキュリティに対する認識の不足	・多くのNPOとの協働 ・大企業であるNECの仕組みや考え方 ・協働事業に対するニーズ ・予算内での最善の努力

一方,「NEC 社会起業塾」に関連する事業が展開される以前から, ETIC. は NEC が IT の大企業であるだけでなく, 多くの NPO と協働を行っている企業であることを知っている。そして, パートナーシップを形成してからは, ETIC. は NEC の考え方や協働事業に対するニーズについて習得している。

つぎに, 図表 9-17 に示すデータをもとに,「知識を獲得するための学習」を検討する。まず移転による学習では, NEC は,「今日においてどのような社会的課題を解決する必要があるのか, 起業家を育成するためにどのような能力を身につけさせなければならないのか」[30], といった移動型知識を, ETIC. とパートナーシップを組むことによってはじめて得ている。

これに対して, 若者の集団である ETIC. のほうは, 企業とのはじめての

図表 9-17 NEC と ETIC. の「知識を獲得するための学習」

学習の パターン		NEC 側	ETIC. 側
移転	移動型 知識	・社会的な課題の存在 ・起業家支援の内容 ・効果的なプレゼンテーションの方法 ・より現場に近いアドバイスをする方法	・ビジネス社会における常識 ・大企業の仕事の進め方(PDCA サイクル)
	密着型 知識	—	—
共創	移動型 知識	・プログラムの進め方	・同左
	密着型 知識	・協働事業を成功させるためのノウハウ	・同左
誘発	移動型 知識	・社員の CSR に対する認識や知識の増加 ・社会起業家の役割と特性 ・NPO と協働する難しさとメリット	・提案力の強化 ・NEC の社員を事業に巻き込む方法 ・効果的にメディアに取り上げられる方法
	密着型 知識	・NPO を見極める能力	・起業家育成のノウハウの高度化
	慣性の 打破	・組織価値観の変革 (BtoB から BtoBtoC, BtoC へという新規事業分野への展開)	—

協働から，ビジネス社会の常識や，大企業が得意とする事業の進め方（PDCA サイクル）などについて学ぶことが多く，それによって刺激をうけ，モラールの向上につなげている。

また，共創による学習では，パートナーシップ事業を通じて，NEC と ETIC. はともに，起業家を育成するためのプロジェクトの進め方といった移動型知識と，協働事業を成功させるためのノウハウといった密着型知識を新たに創出し，これを他のパートナーシップ事業にも活用している。

さらに，誘発による学習については，パートナーシップ事業により，両者はそれぞれの組織内部の学習を促進させている。たとえば，起業塾の成功がNEC 社員の起業塾に対する関心を引き起こし，CSR に対する理解や知識が増えている。このような移動型知識だけでなく，これまでに ETIC. と共同事業を行った経験から，「どのように NPO と付き合っていくのか，いかにNPO を見極めたらいいのか」[31] といった密着型知識に関する組織学習も誘発されている。

NEC はこれまで企業を対象とした市場，すなわち BtoB 市場を中心に事業活動を展開してきた。しかし，前述したように，社会的課題に対する理解などそれまでとは異質な知識を獲得することにより，従来もっていた組織の価値観が変革され，BtoC 市場や BtoBtoC 市場といった消費者向けの新しい事業分野へと進出するようになった。これは，まさにそれまでの組織の慣性が打破されたことを示している。

一方，組織間関係に誘発されて生じた ETIC. 側の組織学習は，主にパートナー事業を継続的に行うために必要となるものである。とくに ETIC. の従来の起業家育成のノウハウは，パートナーシップを通じてさらに高度化され，NPO としての事業範囲の拡大につながっている。

② トステムと UD 生活者 NW の事例

この事例における「相手を認知するための学習」の内容は，図表 9-18 のようになる。具体的には，トステム側は，UD 生活者 NW が UD に関する調査や情報収集の専門性とノウハウをもっていることを学習している。一方，UD 生活者 NW 側は，トステムが製品開発を通じて社会価値の向上を求め

図表 9-18　トステムと UD 生活者 NW の「相手を認知するための学習」

トステム側	UD 生活者 NW 側
・UD に関する調査や情報収集の専門性とノウハウの保有 ・生活者の代表として生活者ニーズの研究・把握 ・社会性の徹底的な追求 ・仕事の効率の悪さ ・商品開発について未経験	・企業の考え方 ・製品開発における効率やスピードの優先 ・企業と NPO の価値観の違い

てはいるが，効率やスピードを優先させるという企業の考え方について学習し，両者の価値観が異なっていることを感じている。

つぎに，「知識を獲得するための学習」についてのデータは，図表9-19に示す。移転による学習では，トステム側は UD に関する知識や消費者のニーズに密着した調査の方法などの移動型知識を学習しているが，調査のコツについてはマスターすることができなかった。一方，製品開発にまったく経験のない UD 生活者 NW は，協働事業が展開するにつれて，製品開発の進め方を理解するようになった。

そして，共創による学習では，これまで両者がもっていなかった UD を考慮した玄関ドア「ピクシア」の共同開発のノウハウという，新しい知識が創出され，それぞれの組織に吸収，蓄積された。これは，企業と NPO との間に競争関係がないため，双方の組織がお互いに開放的な姿勢をもっており，本音を出しながら，商品開発を進めることができたからであると考える。

最後の誘発による学習については，企業と NPO 間の組織文化の違いが大きいことから，トステムは NPO との協働，とくに本業上での協働の難しさを強く感じている。しかしながら，同社の組織学習は移動型知識の学習に限られており，密着型知識に関する学習はみられていない。

また，UD 生活者 NW とのパートナーシップ事業が，トステムの関連部門を巻き込んで進められた結果，トステムの内部では部門間の連携が強化され，従来からの製品開発のルートが変更されることになった。つまり，「共同開発のプロセスにおいて行われた議論を通じて，さまざまなことについて気づき，これを改善に結びつけてきた」[32] という。このような組織内部の変

図表 9-19　トステムと UD 生活者 NW の「知識を獲得するための学習」

学習の パターン		トステム側	UD 生活者 NW 側
移転	移動型 知識	・UD に関する真の意味 ・消費者のニーズに密着した調査手順や方法	・製品開発の進め方
	密着型 知識	—	—
共創	移動型 知識	・UD を考慮した玄関ドア「ピクシア」の開発	・同左
	密着型 知識	・協働事業を成功させるためのノウハウ	・同左
誘発	移動型 知識	・ユーザーの多様なニーズをとらえる難しさ ・NPO と協働する難しさ	・調査技術の強化
	密着型 知識	—	・生活者のニーズを見抜く方法の強化
	慣性の 打破	・従来の製品開発プロセスの変更	—

化は，企業と NPO の協働が組織内部の学習を誘発した結果であると考えてよい。

　一方，UD 生活者 NW は，パートナーシップ事業を行うことにより，調査技術や生活者のニーズを把握する方法に関する組織学習が誘発され，より高度なものになっている。

　③ アイクレオと子育てアドバイザー協会の事例

　図表 9-20 と 9-21 に示すデータにもとづいて，この事例の組織間学習について検討する。

　まず，「相手に関する学習」については，子育て相談に関する見解や，講師陣の質の高さなどから，アイクレオは子育てアドバイザー協会が高い能力を有しているとことを知る。しかし，協会の担当者以外のスタッフがこの事業に関与しておらず，ノウハウが個人に固定化し，スタッフもあまり定着していない点を懸念している。

　他方，協会はパートナーシップを組む前から，アイクレオが母乳に一番近

図表 9-20　アイクレオと子育てアドバイザー協会の「相手を認知するための学習」

アイクレオ側	子育てアドバイザー協会側
・子育て相談に関する考え方が魅力的である ・講座のレベルがかなり高い ・企業の考え方を理解しており，NPOとして違和感はない ・講師のネットワークをもっている ・常にカリキュラムの改善に努力している ・講師は臨床の現場で活動しており，実践力が高い ・スタッフの入れ替えがかなり多い	・母乳に一番近い粉ミルクを作っている ・社長は人材を大事にしている ・社員たちは仕事に熱意をもっている ・ボランティア精神が旺盛である ・社員は相当教育されている会社であると感ずる ・フランクな組織文化を有する

図表 9-21　アイクレオと子育てアドバイザー協会の「知識を獲得するための学習」

学習のパターン		アイクレオ側	子育てアドバイザー協会側
移転	移動型知識	・アドバイザーとして必要な知識 ・一般的な講座の教え方や進め方	―
	密着型知識	・子育てアドバイザー養成のノウハウ	―
共創	移動型知識	・特化カリキュラムの作り方 ・合格率を高めるためのカリキュラムの作り方	・同左
	密着型知識	・協働事業を成功させるためのノウハウ	・同左
誘発	移動型知識	・相談ノウハウの習得方法 ・現場に合わせたカリキュラムに変換する知識 ・新しい教え方 ・アドバイザーの資質向上が重要であるとの認識	・時代の変化に適合する講座内容の変更 ・プログラムの組み合わせ方法の向上
	密着型知識	・知識を実践の場で活用するノウハウ（同行指導） ・アドバイザーとしての質を向上させるノウハウ ・受容と共感にもとづくコミュニケーション	・アドバイザー育成ノウハウの高度化 ・講師の個人的魅力の向上
慣性の打破		―	―

い粉ミルクのメーカーであることを知っており，パートナーシップ形成後は，旺盛なボランティア精神や，人材を大切にするというアイクレオの組織文化にじかにふれるようになっている．

　つぎに，両者間の「知識を獲得するための学習」について考察する．移転による学習では，アイクレオは相手から知識を習得し，自社のサービスを向上させるためにパートナーシップを組んでいる．その結果，多くの知識を学んでいる．

　具体的には，子育てアドバイザーの使命と役割や，親の心理，話の聴き方とコミュニケーションの技法，カウンセリング技法といった，アドバイザーが必要とする知識を身につけるとともに，言葉の選び方や，プレゼンテーションのやり方，パワーポイント資料の作成方法といった，一般的な講座の教え方・進め方についても学習している．

　このような移動型知識のほか，効果的な教え方や，わかりやすい教え方など，子育てアドバイザー養成のノウハウを習得している．これに対して，子育てアドバイザー協会側では，相手からの移転による知識学習はほとんどみられなかった．

　つぎに，両者間の「共創による学習」は，両者とも合格率を高めるためのカリキュラムの作成，アドバイザーを育成するノウハウや，協働事業を促進するためのノウハウの習得となっている．

　最後の「誘発による学習」がどのようなものであるかをみてみよう．知識の学習を協働の目的としたアイクレオは，協会から多くのアドバイザー養成に関する知識を獲得している．これらの知識にもとづいて，アイクレオの内部ではさらに組織学習が行われ，それをみずからのニーズにより適合する新しい知識に更新，変換している．

　このような組織学習によって生み出された移動型知識には，以下のようなものがある．それは，アドバイザーの輩出よりも，資質向上のほうが必要であるという認識である．また，講師は現場のニーズを把握してから教えるのが重要であることを知るようになった．

　アイクレオ側で行われた組織学習では，密着型知識も多く習得されてい

る。協会の同行指導などによって習得した理論的な知識を,実践の場で活用できるノウハウや,アドバイザーとしての質を向上させるノウハウ,受容と共感にもとづくコミュニケーション,などがあげられる。

一方,協会の側は,既存の知識を向上させるための組織学習が主に行われている。このような学習は協会の専門性や独自性を保つためのものであるので,協会にとってもっとも重要である。いったんアイクレオのような他の組織にノウハウを習得されてしまうと,パートナーシップが解消されるおそれが発生し,協会自体が存続しにくくなる。したがって,協会としてはつねに専門性の高度化を目指すのである。

④ 一ノ蔵と環保米NWの事例

この事例では,両者の間で環境保全米認証の委託,環境保全型酒米の共同栽培,そして共同研究という3つのパートナーシップ事業が実行されている。この3つの事業において行われた組織間学習を,図表9-22と図表9-23にまとめる。

まず,「相手を認識するための学習」については,一ノ蔵側は同NWの,私利私欲を超えて世のため人のために尽くす,という精神に感銘を受けている。また,当然のことながら,環境保全米の基準や栽培方法を開発し推進している同NWが,環境保全米づくりの問題に対して深い理解をもっていることも認識している。

一方,環保米NWは,「一ノ蔵の農業と醸造の未来を結びつけていきたいという願い」[33]や,「環境保全問題に熱心であり,早い段階から独自に取り組んでいる」[34]といった,同社の経営方針や経営姿勢に理解を示している。また,「困ったときにいつも対価を求めず協力してくれる」[35]など,同社の組織文化についても学習している。

すでに述べたように,両者はパートナーシップを形成する前から,互いに接触する機会が多く,さまざまなつながりがあったため,このような学習はすでに行われていたのである。

つぎに,「知識を獲得するための学習」についてみてみよう。「移転による学習」については,環境保全米認証の委託事業において,一ノ蔵は主に環境

図表 9-22　一ノ蔵と環保米 NW の「相手を認識するための学習」

一ノ蔵側	環保米 NW 側
• 私利私欲を超えて社会のために尽くしている • 環境保全米の栽培基準を開発し，推進している • 高い専門知識をもっており，企業と NPO との違いをほとんど感じない	• 早い段階から独自に環境にやさしい米づくりに取り組んでいる • 業界の環境は厳しいが，一ノ蔵の方針は一貫している • 対価を求めず協力してくれる • 一般企業のような利益追求だけという感じがない

図表 9-23　一ノ蔵と環保米 NW の「知識を獲得するための学習」

学習のパターン		一ノ蔵側	環保米 NW 側
移転	移動型知識	• 環境生態や環境保全米などの知識 • 環境保全米認証を受けるための知識	―
	密着型知識	• 環境保全米栽培のノウハウ	―
共創	移動型知識	• 共同調査や試験の実施方法 • 新しい作付けや除草・抑草などの実践と理論	• 同左
	密着型知識	• 環境保全米の一等米比率を向上させるノウハウ • 協働事業を成功させるノウハウ	• 同左
誘発	移動型知識	• 実験データの収集方法	• データ分析能力の向上 • 組織内での情報共有の重要性 • 企業の立場からものごとを考える必要性
	密着型知識	• 失敗を恐れないチャレンジ精神	• 環境保全米栽培ノウハウの高度化
	慣性の打破	―	―

保全米の認証を受けるために，認定機関である環保米 NW から，どのような栽培基準や手続きがあるのか，どのような資料を提出しなければならないのか，といった移動型知識を習得している。一ノ蔵が農業に参入した後に，両者が実施している減農薬環境保全米の共同栽培事業においては，農業に未経験であった一ノ蔵は，同 NW の直接指導をうけながら，多くの環境保全

米の栽培方法やノウハウなどを学習している。

「共創による学習」についてみてみよう。栽培試験やテキスト作成を行う共同研究の事業でも，一ノ蔵は両者が共同で行う調査や試験の実施方法，新しい作づけや除草・抑草方法の実践や理論といった，移動型知識を身につけている。さらに，環境保全米の一等米比率を向上させるための技術などの，密着型知識をも習得している。

最後に，「誘発による学習」は，主に環保米 NW の側でみられる。たとえば，既存の栽培技術やノウハウを一ノ蔵に伝授しながら，さらなる高度な栽培ノウハウに関する学習が誘発された。また，パートナーシップを推進するためには，組織内部で情報を共有することの重要性や，企業の立場からものごとを考える必要性などを学習している。

以上の4つの事例の考察をまとめると，図表9-24のようになる。図表が示すとおり，企業と NPO のパートナーシップにおいては，多様な組織間学習が行われており，学習効果がかなり高いということがいえる。それでは，このような学習が組織の異質性やジレンマの有無に関連しているかどうか，について議論したい。

まず，「相手を認知するための学習」の内容は，企業と NPO がそれぞれもっている能力や組織文化，考え方が中心となっている。異なる目的を達成するために存在する企業と NPO は，文化の異質性が高く，相互に未知なことが多い。一方，共通の社会的課題を解決するために形成された企業と NPO のパートナーシップでは，両者は事業を成功させたいという意識を強くもっている。

そのため，パートナーシップを形成・継続させていくには，双方の「相手を認知するための学習」が欠かせないことになる。言い換えれば，企業と NPO の組織間に存在する異質性が，この「相手を認知するための学習」を促進していると考えられる。

また，一ノ蔵と環保米 NW の事例では，このような学習はパートナーシップを組む前に多く行われているのに対して，他の事例では，パートナーシッ

プの形成までお互いに未知の関係であるため，この学習はパートナーシップのなかで行われている。

つぎに，「知識を獲得するための学習」はどのようになっているであろうか。まず「移転による学習」では，学習自体を協働の目的としているアイクレオと一ノ蔵は，移動型と密着型の知識をともに習得している。それに対して，他のケースでは，ほとんどが移動型知識の学習にとどまっている。

「共創による学習」については，4つの事例とも，事業の進め方や事業を成功させるためのノウハウを密着型知識として学習している点で，共通して

図表 9-24　各事例における組織間学習

学習のパターン			事例1		事例2		事例3		事例4	
			NEC	ETIC.	トステム	UD生活者NW	アイクレオ	子育てアドバイザー協会	一ノ蔵	環保米NW
相手を認知するための学習			○	○	○	○	○	○	○	○
知識を獲得するための学習	移転による学習	移動型知識	○	○	○	○	○	−	○	−
		密着型知識	−	−	−	−	○	−	○	−
	共創による学習	移動型知識	○	○	○	○	○	○	○	○
		密着型知識	○	○	○	○	○	○	○	○
	誘発による学習	移動型知識	○	○	○	○	○	○	○	○
		密着型知識	○	○	−	○	○	○	○	○
		慣性の打破	○	−	○	−	−	−	−	−

⇩

- 4つの事例ともおおむね仮説④を支持する
- 企業とNPOの組織間学習においては，相手を認知するための学習と誘発による学習の効果がもっとも顕著である

（出所）　筆者作成。

いる。

　最後に,「誘発による学習」は, 4つの事例ともほぼ顕著に現れている。それは密着型知識が多く得られていることからもわかる。さらに NEC の場合は, この組織学習によって組織の慣性までが変革され, 新しい事業展開の動きがみられ, イノベーションを起こしている。また, トステムの担当者は「NPO と議論すると, 必ず自分たちに気づかせてくれることがでてくる」と述べている。その結果, 同社においては部門間連携が強化され, 従来の製品開発プロセスが変更されることになった。

　つまり, 異質性の高い NPO とパートナーシップを形成することによって, 企業は内在している組織慣性にみずから気づき, それを顕在化させている。そして, その慣性を打破する可能性が高くなるのである。

　しかし, NPO 側の組織学習は, 協働事業を促進するための, すでにもっているノウハウの高度化など, 既存知識の改善が中心となっており, 慣性の打破までのデータは得られていない。

　また, 企業と NPO はかなりオープンなかたちで事業を推進しており, 双方がもっている固有のノウハウを相手に学習させないという, 抑制的な行動は見られなかった。子育てアドバイザー協会の担当者がいうように,「自分たちがもっている知識を習得してもらうことに抵抗がない」[36] のである。そして, 環保米 NW は,「環境保全米の栽培方法を隠すつもりはなく, 誰に対しても教えることができる」という[37]。このようなパートナー間の開放性, つまり相手がもっている知識に触れるチャンスがあるという透明性については, ハメル [1991] が主張する組織学習に影響を与える要素のひとつになるであろう[38]。

　以上の議論からわかるように, 企業と NPO 間における高い異質性が学習効果にマイナスの影響をもたらすようなデータは, 今回の事例調査のなかでは得られなかった。それは, 企業と NPO のパートナーシップにおいて, 学習のジレンマが存在していない, あるいは存在の必然性がきわめて低いからであると考える。したがって, 仮説 ④ はおおむね検証されている。

4. パートナーシップにおけるパフォーマンスに関する検証

＜仮説⑤＞

> パートナーシップにおけるパフォーマンスでは，「意図的パフォーマンス」のほかに，「随伴的パフォーマンス」が得られる。

ここでは，パートナーシップにおけるパフォーマンスを，パートナーの両者に共通のパフォーマンスと，それぞれが個別に得るパフォーマンス，という2つの視点から検討したい。

① NECとETIC.の事例

NECとETIC.による協働事業「NEC社会起業塾」を通じて得られたパフォーマンスは，図表9-25に要約される。

まず，共通のパフォーマンスとして，社会起業家の育成という目的が達成できたことがあげられる。この事業が始まってから9年間に34団体が

図表9-25　NECとETIC.のパフォーマンス

パフォーマンス	NEC側	ETIC.側	協働事業
意図的	・社会的評判の向上	・起業家育成ミッションの達成	・社会起業家育成という目的の達成
随伴的 (1次)	・CSRに対する社員の認識の向上 ・起業家支援内容の習得 ・リクルート効果	・信用度の向上 ・起業家育成ノウハウの高度化 ・提案力の強化 ・大企業の協働事業に対するニーズの理解	・社会起業家に対する認知度の上昇 ・NEC社会起業塾のブランド価値の向上 ・若手起業家コミュニティの形成 ・パートナーシップ事業を成功させるノウハウ獲得
随伴的 (2次)	・新しい事業目的の創出 ・社員の協働事業への関与拡大	・ボランティア有識者の増加 ・事業活動の拡大	・新しいパートナーシップの形成 ・起業家育成ブームの惹起 ・起業塾応募者の増加
随伴的 (3次)	・新市場の開拓 ・社員の専門スキルによる起業塾修了者への支援	―	―

「NEC社会起業塾」に参加し，現在（2010年）28団体が子育て，コミュニティ，教育，国際支援などの，さまざまな分野で社会変革を目指して活動を継続している。このようなパフォーマンスは，両者がパートナーシップを組む目的としてあげたものであり，意図したものである。

　「NEC社会起業塾」が生み出した起業団体の驚異的な生存率は，高く評価されている。起業塾の活動は「社会起業家」に対する認知度を向上させ，いまや「NEC社会起業塾」は，ひとつのブランドとして確立されている。若手起業家たちは，メーリングリストや交流会などを通じてコミュニケーションを深め，起業家のコミュニティが形成されている。このような展開は意図したものではなく，随伴的に得られたパフォーマンスであるということができる。

　また，NECとETIC.は事業の成功を通じて両者の関係をどのように構築し，パートナーシップ事業を推進していくのかに関するノウハウも獲得している。これらも共通目的の実現に随伴して得られたパフォーマンスである。

　このような随伴的パフォーマンスは，さらに起業塾応募者の増加や起業家育成のブームを引き起こしている。現在では，それぞれブラザー工業，花王，横浜市によって主宰されている「東海若手起業塾」，「花王社会起業塾」，「横浜市社会起業塾」などの類似のケースも現れている。それとともに，2010年には，横浜市や花王の参画によって，複数の企業や行政が参画できる社会起業家支援プラットフォーム「社会起業家イニシアティブ」が創設されている。

　さらに，NECとETIC.は，新しいパートナーシップとして，社会起業家の予備軍としての次世代ソーシャルイノベーションの担い手を育成するための「NEC次世代社会イノベータープログラム」を2009年に新たにスタートさせている。このようなパフォーマンスも随伴的にもたらされたものである。

　つぎに，NECがパートナーシップ事業で得たパフォーマンスにはどのようなものがあるのであろうか。NECはもともと社会起業家を育成するという共通目的のほかに，自社の社会的評判の向上もねらいのひとつとしてい

る。つまり，社会的評判の向上はNECの意図したパフォーマンスである。

　この事業で得られた高い社会的評判は，社会だけでなく，学生に対してもイメージ・アップとなり，優秀な人材の獲得につながっているという。さらに，NECの社内にも影響をもたらしている。社員は起業塾に関心をむけるようになり，CSRに対する認識が高まっている。

　また，それまでNEC社員からの参加がなかった起業塾の最終発表会や，起業家との交流会にも多くの参加者がみられ，起業塾事業への関与が拡大している。たとえば，社員がもっている専門的なスキルを活用して，起業家がかかえている課題に解決方法を提供するプログラム「NEC社会起業塾ビジネスサポーター」がスタートしている。これらの活動は，社会的評判の向上によって生まれた随伴的なパフォーマンスである。

　協働事業にかかわった社員は，起業家との公式または非公式なコミュニケーションを通じて，起業家の特性や役割を把握することができるようになっている。「NECの従来のビジネスモデルはBtoBである。消費者や生活者に一番近い存在で，社会のニーズをよく知っている起業家への支援は，BtoCやBtoBtoCという新たな事業を生み出すきっかけとなり，起業家との新しい連携が生まれつつある」[39]。これも随伴的パフォーマンスのひとつである。

　一方，ETIC.側は，パートナー事業の成功により，当然のことながら，ミッションの達成を実現している。また，「長年の協働で，安心感があるNPOというステータスを獲得する」[40]とともに，知名度があがり，事業活動が拡大している。また，「ボランティアとして支援する経営者や有識者が，この間非常に増えている」という[41]。

　それとともに，ETIC.はNECとの協働によって，大企業の協働事業に対するニーズを知ることとなり，よりよい提案ができるようになっている。これらのパフォーマンスも，当初は意図しておらず，随伴的にもたらされたものである。

　② トステムとUD生活者NWの事例

　両者のパートナーシップ事業により得られたパフォーマンスは，図表9-

図表 9-26　トステムと UD 生活者 NW のパフォーマンス

パフォーマンス	トステム側	生活者 NW 側	協働事業
意図的	・本業を通じて，社会的責任を果たすことができた	・暮らしやすい環境づくりというミッションを実現した	・消費者の真のニーズを反映する UD 商品を開発できた
随伴的（1次）	・社内の部門間の連携が密になった ・従来の製品開発のプロセスが改善された ・消費者の真のニーズが開発現場に届いた ・UD に対して理解が深まった	・信用度が向上した ・事業活動の範囲が拡大した ・企業がもっているマネジメント能力を学習することができた	・異質の組織とパートナーシップを組む経験 ・パートナーシップを活性化させる引き金となった

26 に示すとおりである。

　2003 年にトステムと UD 生活者 NW は，消費者の真のニーズを反映できる UD 商品の開発のためにパートナーシップを組み，1 年 2 ヵ月の期間を要して，玄関ドア「ピクシア」の共同開発を行った。UD に配慮した玄関ドアの開発の成功は，まさに意図したパフォーマンスである。

　企業にとって NPO は異質な組織であり，「NPO との本業上でのパートナーシップは，企業間連携よりはるかに難しい」という[42]。しかし，共同開発を通じて，相手の考え方や特徴が理解できるようになった。また，「日本における企業と NPO のパートナーシップはまだ少ないが，この共同開発事業は両者のパートナーシップを活性化させていく引き金となった」[43] ともいう。これらのパフォーマンスは，協働事業を通じて随伴的に得られたものである。

　トステムが得たパフォーマンスは，まず本業を通じた社会的責任の実行という，トステム自身の目的が達成できたことである。これは明らかに意図的なパフォーマンスの獲得である。

　また，同社のそれまでの縦割り組織が，UD という軸ができたことで，部門間の横のつながりが強化されている。それとともに，UD 生活者 NW との接触で，UD に対する理解が深まっただけでなく，社内に内在する組織の

慣性に気づくことが多くなり，従来の製品開発のプロセスが変更されるといった革新に結びついている。これらのパフォーマンスは意図的に得ようとしたものとは考えにくく，協働にともなって随伴的に得られたものである。

一方，UD生活者NWにとってのパフォーマンスは，協働事業によるミッションの実現であり，これによって社会からの信用がいっそう高まっている。また，他の企業とのパートナーシップも増加し，活動の範囲が広がっている。そして，企業の製品開発に直接かかわったため，企業がもっているマネジメント能力を学習するチャンスも得ている。これらは，随伴的に得られたパフォーマンスである。

③ アイクレオと子育てアドバイザー協会の事例

両者は2002年に協働事業をスタートさせて，それは現在でも，継続している。図表9-27は，この事業によってもたらされたパフォーマンスを示している。

アイクレオはこの事業を通じて，250名のアドバイザーを輩出し，意図したパフォーマンスを得ている。また，両者は単に契約上の関係にとどまらず，随時行われるコミュニケーションや情報交換によって，柔軟で多様な協力関係を構築し，協力の範囲も拡大している。たとえば，アイクレオは協会の活動現場に週1回参加しており，ボランティア活動でありながら，自社製品を紹介する機会にもなり，事業活動に貢献している。一方，アイクレオは協会の大阪校の開講にあたって，会場を提供するなどの協力をしている。これらは，当初意図されていなかったパフォーマンスであると考えられる。

アイクレオは，アドバイザーの養成だけでなく，認定講師制度の導入や学習によりアドバイザーの質を向上させることができ，他社との差別化を実現した。子育てアドバイザーの資格をもつことにより，母親と良好なコミュニケーションがとれるようになり，社員のモチベーションンの向上にもつながっている。

さらに，アドバイザー資格の取得は，「派遣先の病院や保健施設から自社の姿勢を理解してもらうことにつながり，間接的な企業広告となっている」[44]。現在では，アドバイザーは，ブランドとして社会に認識されるよう

になり，企業のイメージが向上し，人材も獲得しやすくなったという。

さらにまた，アイクレオの活動領域は，従来の病院から量販店や助産所へと広がっており，提供できる子育て相談のサービスは，点から面へと拡大しつつある。その結果，アイクレオは「製品からだけでなく，人と人の関係からも顧客が生まれるようになり」[45)]，差別化という意図的なパフォーマンスをもたらすことにつながっている。

これに対して，子育てアドバイザー協会は，組織のミッション達成という意図的なパフォーマンス以外に，企業との協働のなかで，企業ニーズの理解という随伴的なパフォーマンスを獲得している。また，「アイクレオの社員

図表9-27　アイクレオと子育てアドバイザー協会のパフォーマンス

パフォーマンス	アイクレオ側	子育てアドバイザー協会側	協働事業
意図的	・サービスの差別化を実現するためのアドバイザー育成ノウハウを獲得した	・母と子の健全な環境づくりというミッションを達成した	・子育てアドバイザーを輩出した
随伴的 (1次)	・アドバイザーの質が向上した ・栄養士のアドバイザー資格取得が広告の効果をもたらした ・企業イメージの向上につながった ・社員の活動領域が広がった ・アドバイザー養成に関する新しい知識を得た ・リクルート効果があった	・アイクレオのマーケティング力を活用できるようになった ・企業側のニーズが見えるようになった	・協力の範囲が拡大した ・協働のノウハウを獲得した
随伴的 (2次)	・アドバイザーどうしの横のつながりが形成された ・母親が相談できる場所が点から面に拡大した ・アドバイザーが企業ブランドとして認知された ・社員のモチベーションンの向上につながった ・講座の内容が高度化した	・協会の活動を計画的に考えるようになり，その範囲が広がった ・新しいビジネスモデルが開発された ・アドバイザー間のネットワークが形成された	―

は活動の現場で口コミをしてくれるので，自分たちの宣伝マンとなっている」というように，意図せずに企業側のマーケティング機能を活用することになったのである。

現在（2011年），アイクレオの本社であるグリコでも，28名がアドバイザー養成講座を受講している。それだけでなく，自発的に協会の講座を受講する他の粉ミルクメーカーの社員も増加して，協会の活動が広がっている。

さらに，協会はアドバイザー養成講座や子育て相談を利用して，より多くの人びとにメリットを享受してもらうために，千葉市と東京都中野区と共同で，子育て相談のE-ランニングシステムを開発して，活動範囲のさらなる拡大を図っている。これも随伴的にもたらされたパフォーマンスである。

④ 一ノ蔵と環保米NWの事例

環境にやさしい米づくりという共通目的を目指して，一ノ蔵は2001年から環保米NWに，環境保全米認定の委託をはじめている。2005年からは共同で環境保全型酒米の栽培を，そして，2007年からは共同研究を実施するようになっている。協働事業より得られたパフォーマンスはどのようなものであるのか，図表9-28にもとづいて考察していきたい。

まずは，協働事業として両者が得たパフォーマンスについてみてみよう。協働事業では，当初ねらいとしていた，ひとにとって安全かつ安心な米づくりが実現しており，環境や農地の保全にも貢献している。また，多様な協力関係が結ばれたことにより，両者は協働のノウハウを得るとともに，栽培に関する新しい知識が生み出されている。

パートナーシップが進展していくと，両者の信頼関係はいっそう深まり，互いに対価を求めずに，さまざまな場面で協力関係を形成している。たとえば，環保米NWが勉強会や研究会などを開催する際に，一ノ蔵の会場や施設を借りている。困ることがあるときには，気軽に一ノ蔵に依頼している一方，一ノ蔵の要望に対して同NWはできる限り協力している。

また，これまで農家の環境保全米に対する認識は高くなかったが，両者の活動の影響で，環境保全米の生産者が増加している。そして，宮城県内外の中小の酒販店は環境保全米への関心を高めてきているという[46]。

さらに，両者が長い年月をかけて取り組んできた環境保全米づくり活動によって，「点としての展開から地域への拡大」[47]という，随伴的なパフォーマンスが得られている。2007年に，宮城県内の消費者や生産者，マスコミ関係者，関係機関・団体などが一体となって，「みやぎの環境保全米県民会議」が設立されている。これにより，環境保全米運動は全県レベルに発展し，環境保全米の「完売」と「高付加価値化」が実現している。

つぎに，一ノ蔵が得たパフォーマンスについて検討したい。同社は農業に進出することにより，高品質の酒米の供給を確保できる体制ができあがりつつある。しかしながら，農業は一ノ蔵にとって新しい分野の事業活動であり，まったく経験やノウハウをもっていない。そこで，一ノ蔵は同NWとパートナーシップを組み，環境保全米の栽培ノウハウを習得している。また，一ノ蔵の農業への取り組みは，耕作が放棄された農地を活用するた

図表9-28 一ノ蔵と環保米NWのパフォーマンス

パフォーマンス	一ノ蔵側	環保米NW側	協働事業
意図的	・高品質酒米の供給を確保した	・環境や農地を守るというミッションを実現した	・環境にやさしい米をつくった
随伴的 （1次）	・環境問題に対する認識レベルが高まった ・環境保全米の栽培ノウハウを習得した ・地域の活性化に貢献できた ・農家との信頼関係が構築された ・会社のステイタスが上がった ・製品のバリエーションが増加した	・実験や学習の場が得られた ・環境保全米づくりのノウハウが更新できた ・宣伝効果が得られた ・NPOとしての認知度が高まった	・両者の関係が深くなり，多様な協力関係が形成された ・協働のノウハウを得た ・環境保全米を生産する農家が増えた ・中小の酒販店や一般市民の環境保全米への関心が向上した
随伴的 （2次）	・新しい協働が形成された ・社員のモチベーションが高まった ・人材の獲得につながった ・業績が向上した	・活動範囲が拡大した ・行政の協力が得られるようになった	・環境保全米運動の地域的拡大に影響を与えた ・新しい栽培方法を開発した

め，地域の活性化につながっている．

　協働事業を通じて，一ノ蔵の社員は日々学習しながら農業に取り組んでいるため，環境問題に対する認識のレベルが高まり，さらにその努力は周辺の農家に認められるようになって，農家との信頼関係が形成されている．また，「会社のステータスが上がり，酒米にストーリーがつくようになった」という[48]．この随伴的な成果は業績によい影響を与え，社員のモチベーションが高まり，またこのような取り組みに魅力を感じて入社する社員もいるという．

　その後，環保米 NW の担当者とのつながりによって，2007 年には栃木県にある NPO 有機稲作研究所との協働が始まり，そこで同社は有機栽培に関する理論的な指導を受けている．そのほか，同社は共同栽培で生産した複数の酒米を原料にして製品開発を行っており，自社製品のバリエーションが増加している．

　他方，環保米 NW は，協働事業によりもっとも基本的な目的であるミッションを達成し，協働事業を学習の場や実験の場として利用し，みずからもっている知識やノウハウを更新している．

　一ノ蔵は，協働事業をホームページで告知したり，環境保全米使用のラベルが貼ってある製品が市場に出まわることで，同 NW の活動を広報する効果をもたらし，一般消費者の同 NW に対する認知度が高まっている．これらの随伴的パフォーマンスはさらに，同 NW の活動範囲を拡大させ，行政からの協力も得るという新たなパフォーマンスに結びついている．

　以上の考察では，4つの事例とも意図したパフォーマンスのほかに，意図していない多くの随伴的なパフォーマンスが生み出されていることがわかる（図表9-29）．これに関しては，いくつかの共通点がみられる．

　まず，短期間で行われたトステムと UD 生活者 NW の事例を除いた3つの事例ではすべて，パートナーシップを拡大させている．両者間で新しい事業を展開したり，他者との間で新しいパートナーシップを組んでいる．

　つぎに，企業側では，パートナーシップを通じて得られた随伴的パフォー

図表 9-29　各事例におけるパフォーマンス

パフォーマンス	事例1			事例2			事例3			事例4		
	NEC側	ETIC側	協働事業	トステム側	UD生活者NW側	協働事業	アイクレオ側	子育てアドバイザー協会側	協働事業	一ノ蔵側	環保米NW側	協働事業
意図的	○	○	○	○	○	○	○	○	○	○	○	○
随伴的(1次)	○	○	○	○	○	○	○	○	○	○	○	○
随伴的(2次)	○	○	○	○	—	—	○	○	—	○	○	○
随伴的(3次)	○	—	—	—	—	—	—	—	—	—	—	—

⇩

4つの事例が仮説⑤をほぼ支持している

マンスのうち，イメージ・アップや，社員のモチベーションの向上，人材の獲得などが共通している。つまり，NPOとの協働は社内だけでなく，社外にも影響を及ぼしている。一方，NPO側が得た共通の随伴的パフォーマンスについては，認知度の向上や活動範囲の拡大などがあげられる。

いずれにせよ，企業とNPOのパートナーシップにおけるパフォーマンスについては，意図的パフォーマンスのほかに，さまざまな随伴的なパフォーマンスが得られるという結果が判明した。したがって，仮説⑤はほぼ支持されると考える。

第2節　事例の比較考察

前節では，事例データをもとに仮説を検証してきた。本節では，5つの視点について各事例のそれぞれの特徴に着目して，比較分析を行い，そのうえで，事例から得られる新しい発見について述べることにする。

1. 資源依存論の視点
(1) 新たな資源交換関係

　資源依存論によれば，組織は存続していくうえで，みずからもっている資源だけでは不十分であり，他の組織から資源を確保しなければならない。つまり，他の組織との間で資源交換を行わなければならないという。企業が社会的責任を効果的に実行するためにNPOとパートナーシップを組み，補完的に資源交換を行っていることは，4つの事例の共通点としてすでに仮説①で検証されている。ここでは事例のなかから，パートナーシップの発展につれて出現した，資源の新しい補完的交換についてみてみたい。

　まず，NECは社会起業家を育成するために，2002年より現在に至るまでETIC.と互いに資源を補いながら，「NEC社会起業塾」というパートナーシップ事業を継続的に行っている。この事業を通じて，両者の信頼関係が深まり，新たな「NEC次世代社会イノベータープログラム」が2009年に開始された。これは，両者間に新しい事業目的がつくられ，新しいパートナーシップが形成され，そして，新しい資源交換が行われたことを示している。

　また，この協働事業を継続的に推進した結果，NECの社員たちのCSRに対する認識が変化し，積極的にこの事業に関与するようになっている。社員が起業家と直接的なコミュニケーションをもつことで，NECの本業の領域において，起業家との協働が新たなかたちで現われている。

　たとえば，短期間ではあるが，NECは第5期（2005年度）起業塾の卒業生である「音の羽根」と協働して，携帯電話の着メロダウンロードによる寄付プログラムを実施した。また，第7期（2007年度）起業塾の卒業生である「ケアプロ」との協働によって，BtoCとBtoBtoCという新しい市場への事業展開をはじめている。

　このように，NECとETIC.によって行われてきた資源交換が，パートナーシップの進展とともに，新たな交換関係へと発展している。これにとどまらず，両者はそれぞれが他の組織とパートナーシップを構築し，さらなる新しい資源交換へと拡大している。

　つぎに，アイクレオと子育てアドバイザー協会の事例をみてみよう。この

協働事業では，協会はアイクレオに対して，自分たちの専門分野である子育てアドバイザー養成のノウハウや，相談に関する専門知識を提供している。一方，アイクレオはその対価として，協会に報酬を支払い，自社サービスの差別化やマーケットの拡大を進めた。これが両者間で行われた資源交換である。

協働事業が進むにつれて，両者はこの協働事業以外の場でも，新しい交換関係を形成し，協働の範囲を広げている。たとえば，協会はSOGOやジャスコなどの一時保育室で子育て相談を行っている。その際，よりよい相談サービスを提供するために，協会はアイクレオの社員に週1回参画してもらい，協会のアドバイザーとは別の観点から相談を行い，母親の悩みを解消している。このような活動に参加することにより，アイクレオにとって自社製品を紹介する場が増加している。

言い換えれば，協会はアイクレオに活動の場を提供しているのに対して，アイクレオは栄養に関する専門知識を提供している。両者は資金と知識というそれまでの資源交換関係から，知識と販売チャネルという新しい交換関係を生み出している。

一ノ蔵と環保米NWの事例では，資源交換は環境保全米の認証委託事業から始まっている。この事業において，両者は農家を通じた寄付金と栽培のノウハウといった資源を間接的に交換している。

その後，一ノ蔵の農業参入により，両者は環境保全型酒米の共同栽培に取り組んでいる。そして，環境保全型酒米の栽培技術の普及のため，両者は栽培テキストの作成を目指して，2年後に新たな共同研究を開始している。これらの共同栽培と共同研究では，一ノ蔵は試験田や設備を提供して酒米の栽培を実践しているのに対して，同NWは栽培の技術指導を行っている。このほかに，その後，同NWの仲介により，一ノ蔵は他のNPO研究所と新たにパートナーシップを形成し，有機栽培に注力するようになった。

このように，一ノ蔵と環保米NWは，両者間における新しい資源交換の展開だけでなく，それをきっかけに，外部との交換関係にも発展している。

一方，短期間で行われたトステムとUD生活者NWの交換関係はどのよ

うになっているのか。これについて検討してみよう。トステムはUD製品を開発しようとしたものの，自社の情報収集ルートでは消費者のニーズをつかめないと考え，UD生活者NWとパートナーシップを形成している。しかし，この事業が1年2ヵ月という短期間であったため，ほぼ10年間継続している他の3つの事例のような新たな資源交換の関係への発展はみられていない。

以上からわかるように，企業とNPOのパートナーシップにおける形成動機としての資源交換は，企業どうしの場合と同様な必要性と重要性をもっているといえる。

ただし，NECとETIC.，アイクレオと子育てアドバイザー，一ノ蔵と環保米NWの3つの事例では，比較的長期にわたってパートナーシップが継続しているため，その間に後述の組織間信頼や学習，パフォーマンスの相互作用が発生し，資源交換の範囲が広がっている。とくに，NECとETIC.および，一ノ蔵と環保米NWの事例では，両者間の資源交換から外部との資源交換にまで拡大しているのである。

また，アイクレオと子育てアドバイザー協会，一ノ蔵と環保米NWのように，企業とNPOのパートナーシップは，必ずしも双方向的な資源交換ではなく，一方向の資源提供もみられる。このような一方向的な資源提供関係が形成されるのは，パートナーどうしの深い信頼関係に関連しているとともに，NPOは必ずしも対価を求めないという組織の特徴にもよっている。このような関係は，資源依存論では説明できない点である。これについては，「有形ないし無形の，そして多少とも報酬ないし犠牲をともなう交換活動」[49]を分析する社会的交換理論を用いて議論する必要があると考える。

(2) パワーの依存関係

パワー関係については，企業間のものと異なっていることを，すでに第4章第1節で示した。企業とNPOのパートナーシップでは，パワーの依存関係は存在するが，必ずしもパワーが行使されているわけではない。

第1節での議論からわかるように，4つの事例では，企業はみずからの目

標を達成するために必要となる資源をNPOから確保しようとし，NPOに依存している。この点については，4事例とも共通しており，既存の資源依存論の主張を用いて説明することができる。

一方，資源依存論によれば，組織は他の組織に依存する一方，他の組織への依存を回避しようとしたり，逆にできる限り他の組織を自組織に依存させ，支配の及ぶ範囲を拡大して，依存関係を強化しようとする。そのため，パワーが行使されるようになる。

本研究で取り上げた4つの事例は，ともに協働のプロセスに参加しているメンバーは対等の関係であることを意識している。参加者は対等の関係を維持しながら，コミュニケーションを図り，パートナーシップを推進している。つまり，インタビュー調査からは，企業もNPOもパワーを前提にしてプロセスを有利に導こうとする動きはまったく観察されなかった。これは，企業どうしの場合のように，パワーの行使を前提とした依存関係があるという資源依存論の主張とは異なっている点である。具体的には，以下のようになる。

NECとETIC.においては，ETIC.側が独自のノウハウにもとづいて事業を運営しているため，意思決定の優位性が高く，主導権をもっている。一方，起業家育成事業は，NECの本業とは関連しておらず，NECはパワーを行使しなくても自社にマイナスの影響を生じるおそれが少ないため，ほとんどパワーを行使していない。

しかし，前節で行った仮説②の検証により，本業と無関連とはいえ，いったん自社に不利益なことが生じるおそれがある場合には，NECはパワーを行使している。セキュリティに対する認識不足の問題については，NECの担当者はETIC.に厳重な注意を促した。なぜならば，「たとえETIC.のほうで情報漏えいといった問題を起こしたとしても，パートナーであるNECには大企業として連帯責任が重大である」[50]からである。

さらにみていくと，このようなNECのパワー行使は，ガバナンスやコンプライアンスを重視する観点から行われていることがわかる。ETIC.は自社とは異なる組織価値や組織文化をもっていることはNECも理解している。

しかし，パートナーシップの発展により，NECは相手がもっている組織文化を理解するだけでなく，ときにはETIC.が自社のものと共有できるようにパワーを行使しようとしているのである。

これに対して，トステムとUD生活者NW，アイクレオと子育てアドバイザー協会では，企業の本業に沿ってパートナーシップが形成されている。そのため，企業側が主導的に事業を進めており，NPOのほうは企業の要求に応じるかたちになっている。

このような場合には，両者が対等にプロセスを進めながらも，パワーの行使がみられるのである。たとえば，共同開発を行っているトステムとUD生活者NWの場合，トステムは，企業として製品開発のコストや採算を考えなければならない。そのため，UD生活者NWの提案に対して，どうしても意見が合わないときには，みずから意思決定を下している。アイクレオと子育てアドバイザー協会の事例でも，アイクレオの担当者は費用問題について，上司に依頼し，組織のパワーを利用して解決を図るという場面がみられた。

この2つの事例は，NECとETIC.のように相手の組織文化を一体化させるためにパワーを行使する状況とは異なっており，事業を協調的に行うためにパワーを発揮していると考えられる。

上述の3つの事例においては，パワー関係が存在しているにもかかわらず，両者は対等な関係を保っており，相手をコントロールしたり，依存関係を変えようとするパワーの行使になっていないことが明確であろう。

また，これらのパワー行使は，自社の経済価値のみを追求するためではなく，NPOとの共通の社会目的に反しない範囲内のものなのである。というのは，トステムやアイクレオのような本業関連型パートナーシップでは，企業は経済価値を追求すると同時に，社会的責任の実行によって社会価値を求めるために，NPOとパートナーシップを作り上げているからである。

一方，一ノ蔵と環保米NWでは，企業の本業に関連するパートナーシップでありながら，パワーを行使する現象はまったくみられなかった。とはいえ，両者間において，パワー関係が存在しないわけではなく，潜在化してい

るだけであると考える。

　他の組織がもっている資源の重要度や，他の組織の資源に対する資源への自由裁量度，資源コントロールの集中度によってパワー関係が発生するという，フェファー＝サランシック［1978］の見解によれば，一ノ蔵と環保米NWでもパワー関係が存在しているはずである。しかし，この事例では，なぜパワーが潜在化しているのであろうか。これはのちに述べるように，両者の間で形成されている非常に強い信頼関係に関連していると考えるべきであろう。

　その理由については，以下の2つであると考える。ひとつは，強い組織間信頼があるため，相手に対する理解が深く，双方が相手の立場に立ってものごとを考えることができるからである。そのため，相手にとって望ましくないと思われる行動を回避することができ，相手がパワーを行使する必要性がなくなるのである。

　もうひとつは，組織間の信頼が強ければ，相手組織に対する制約が緩和され，パワーの行使が減少される可能性が高くなることである。換言すれば，パワーの行使と信頼関係は，トレード・オフの関係にあり，パワーの行使は信頼関係を損なうことになるのである[51]。

　要約していうと，企業とNPOのパートナーシップにおいては，資源依存論でいう，自社を有利にするためのパワーは行使されなかったのである。しかしながら，自社の利益を守るために，企業は協働事業に直接かかわる領域でパワーを行使するだけでなく，直接かかわらない領域でも行使する可能性がある。とはいえ，両者間の信頼が深まり，一体感が生まれることにより，このようなパワー行使は減少する。

　つまり，パートナーシップ事業において，パワーが行使されるかどうかは，活動の状況や両者の関係に応じてダイナミックに変化しているということが，事例を通じて明らかになった。

2. 組織間信頼の視点

　第1節で考察したように，パートナーシップの発展段階において，企業と

NPO の両者の間の信頼は，ともに社会的信頼，能力への信頼，理解による信頼という3つの源泉が相互作用していると同時に，重要度の増加や減少という変化を示している。また，両者の相手に対する信頼は，パートナーシップの発展につれて，ともに深化している。言い換えれば，長期に継続しているパートナーシップでは，短期的なものより深い信頼が構築されているはずである。これについては，4つの事例とも共通していると考える。

しかし，パートナーシップ形成までの両者の関係の状態については，大きな相違がみられる。結論からいえば，一ノ蔵と環保米 NW のケースでは，パートナーシップを組む前から，かかわりがあるため，両者間の信頼関係の深化に大きく影響している。

すでに図表8-1に示したように，一ノ蔵は，環境保全活動を推進するために，みずから研究会を立ち上げたり，さまざまな NPO 法人や団体との交流を深めてきた。そのなかで，同社は環保米 NW の法人会員になり，両者は多様なつながりをもってきた。また，積極的な情報交換により，両者の信頼関係は徐々に深まっている。このように，両者間において信頼の土台が築かれていたため，一ノ蔵の事業展開に応じて，パートナーシップが自然に形成されていったのである。

しかも，環境保全米の認証委託事業をはじめてから4年目の段階で，新たなパートナーシップ事業として共同栽培事業を行うようになり，その後，さらに共同研究へと発展している。協働事業を継続的に行っている NEC と ETIC. の事例，アイクレオと子育てアドバイザー協会よりも，はるかに早い段階で新しいパートナーシップに発展している。これのみならず，両者間では，他の事例のような契約を一切締結しておらず，「暗黙の了解」にもとづいてものごとを進めている。つまり，一ノ蔵と環保米 NW の間には，深い信頼関係が保持されているのである。

一方，他の3つの事例では，企業が明確な事業目的を定めてから，はじめて最適なパートナーを探索しはじめており，事前には接触がなかったのである。そのうえ，企業と NPO は，異なるセクターに属しており，企業が小規模である相手に関する情報を収集することについては，容易ではなかった。

そのため、トステムとUD生活者NWの場合、両者は半信半疑のなかで協働事業をスタートさせている。

一般的にまったく知らない相手より、むしろ熟知した相手を信頼するという傾向があるので、ある相手との関係から生じた歴史や経験は、いうまでもないが、その相手を信頼するかどうかの重要な根拠となるため[52]、このようにして形成される組織間信頼、つまり一ノ蔵と環保米NWのような組織間信頼は、他の3つの事例に比べ、とくに深いのである。

さらに、すでに提示した図表9-15によると、この3つの事例における企業とNPOのパートナーシップには、それぞれの相手に対する信頼の深化過程に差異がみられる。協働事業の進展にともなって共通目的の達成のために、情報の共有化などのコミュニケーションを通じて、相手の組織文化を徐々に受容していく変化が観察されている。その結果、パートナーシップの転換期において、双方はお互いに相手に対する理解による信頼を高めている。一方、形成期と成長期では、企業のNPOに対する信頼と、NPOの企業に対する信頼は、それぞれが依拠する源泉の重みに違いがみられると同時に、段階の進展とともに源泉の変化にも差が現れている。

まず、形成期では、短期間の接触であるために、企業のNPOに対する信頼については、能力への信頼が芽生えはじめているとはいえ、もっともレベルの低い社会的信頼にもとづくところが多かったのである。一方、NPOの企業に対する信頼は、それより高次の能力への信頼と理解による信頼であった。

しかし、この段階におけるNPOの企業に対する理解による信頼は、相手に対して抱いている好感や共感にとどまっており、転換期のものとは深さを異にしている。

つぎの成長期では、企業は主にNPOがもっている人材育成のノウハウや、消費者ニーズの調査技術に関する能力に着目しており、能力への信頼が確実に増加している。また、コミュニケーションや情報交換が活発に行われ、これにより理解による信頼も明らかに増加している。これに対して、この時期になると、NPOの企業に対する理解による信頼は、すでにある程度

のレベルに達しているのである。

　以上の分析から，両者の相手に対する信頼は，パートナーシップの発展段階によって深化しながらも，それぞれが重視する信頼の源泉が異なっていることがわかる。このような差異を企業とNPOの「組織間信頼の非対称性」とよぶことにする[53]。

　この組織間信頼の非対称性は，NECとETIC.，トステムとUD生活者，アイクレオと子育てアドバイザー協会，の3つの事例の深化過程を分析するなかで，新たに発見されたものである。組織間信頼の非対称性が発生する原因については，以下のように考えられる。

　① 組織目的が異なっている。

　近年，企業が経済価値だけでなく，社会価値をも重視するようになったとはいえ，主な活動現場は市場であることには依然として変わりがない。そのため，企業は常にコストの削減や機会主義の抑制などの合理的な行動をとらざるを得ない。従って，企業の相手への信頼が理解による信頼にまで深化したとしても，その根底にはやはり合理性があるのではないかと考える。つまり，企業のNPOに対する信頼は，図9-30の左側に示されているように，能力という合理的な信頼が最も重要である。

　一方，NPOは，社会的ニーズを優先するミッションの達成を目的とし，同じ価値観を持つ人びとが利害を超えて共通の社会的課題に取り組んでおり，ミッションに共感する人々を巻き込んで運営している。従って，実現しようとする社会価値が理解されないと，つまり，理解による信頼がなければ，協働事業を成立させることはできない。言い換えれば，NPOにとって，図9-30の右側に示されるような理解による信頼は協働事業を促進する上で不可欠なのである。

　② 直接的に関係する機会が少ない。

　社会的責任に対する認識が浅かった1980年代までは，企業は一連の公害問題を糾弾する立場にあるNPOと対立関係にあった。このようななかでは，両者はお互いに無関心ないしは強い不信感を持っており，理解し合おうとはしていなかった。近年，両者が共通の社会的課題を解決するために関係

図表9-30　企業とNPOの「組織間信頼の非対称性」のイメージ図

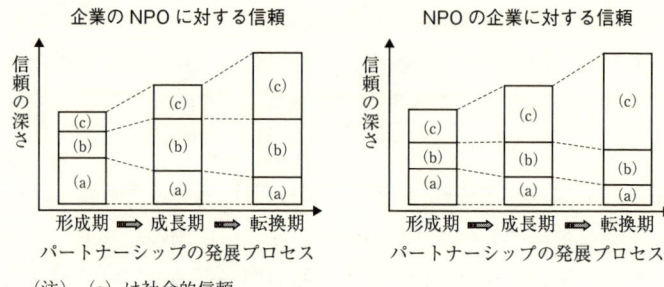

［企業のNPOに対する信頼］　　　［NPOの企業に対する信頼］

（信頼の深さ／形成期→成長期→転換期／パートナーシップの発展プロセス）

（注）（a）は社会的信頼
　　　（b）は能力への信頼
　　　（c）は理解による信頼

（出所）筆者作成。

を持つようになり，協働事業を試みる事例が増えつつある。とはいえ，企業間のものと比較すると遥かに少なく，能力や理解による信頼を深めるチャンスが少ないのである。

③　情報の格差が存在している。

　NECのような大企業は積極的に情報公開を行っているため，企業に関する情報は比較的入手しやすい。一方，殆どのNPOは，小規模であり，外部に対する情報発信力は高くないうえに，そのための能力も不足している。したがって，企業がNPOに関して入手できる情報はきわめて限られている。つまり，企業は既存の公開された経路から，特定のNPO組織に関する情報を容易に入手できず，社会的信頼を形成することが難しいのである。

　このことから，第4章第2節ですでに示した図表4-4は，企業とNPOのそれぞれの視点からとらえた図表9-30のように，新たに示す必要がある。ここで強調したいことは，企業のNPOに対する信頼の深化過程においては，能力への信頼がもっとも重要な役割を果たすが，NPOの企業に対する信頼の深化過程では，理解による信頼がもっとも重要になるということである。

　一方，このような「組織間信頼の非対称性」は，一定不変なものではな

く，情報共有や組織間学習などを通じて，均衡していく可能性が高い。3つの事例からパートナーシップが進展するにつれて，両者の間で理解による信頼が高まり，対等になっていく傾向がうかがえる。

このような組織間信頼の非対称性は，一ノ蔵と環保米NWの事例では，見い出すことができなかった。以下では，前述した原因をもとに検討したい。

まずは，両者がパートナーシップを組む際に，信頼の非対称性がすでに解消され，バランスがとれている状態になっているのではないかと考える。先述のように，他の3つの事例と異なり，一ノ蔵は，協働事業を行うために，相手としての環保米NWを新たに探索したのではなく，それ以前から協力関係を結んでおり，理解による信頼を形成している。また，パートナーシップの進展にともなって，深い理解による信頼，いわゆる一体感というべき状態になっている。

つぎに，組織の規模という点からも考えてみる必要がある。一ノ蔵は約160名の従業員を有している中小企業であり，NPOとの規模の差は，NECとETIC.，トステムとUD生活者NWのほどに大きくない。また，一ノ蔵は地域に密着しており，地域と共生する経営を目指している。同社は，長年にわたって環境保全に強い関心をもっており，パートナーシップを組む以前から，環保米NWの考え方に賛同し，それを理解している。他の3つの事例と比較すると，両者間における組織の異質性はそれほど高くなっていないのである。

つまり，企業とNPOのパートナーシップにおける組織間信頼の非対称性は，必ずしも存在するものではなく，パートナーシップを形成する際の諸条件によって，さまざまなかたちが現れると主張したい。

3. 組織間学習の視点

本章の第1節で，4つの事例のインタビューデータにもとづいて，仮説④の検証を行った。この検証を通じて，企業とNPOの間でどのような組織間学習が行われているかを明らかにすることができた。ここでは，4つの

事例の共通点と相違点について分析を試みたい。

既述のように，組織間学習は「相手を認知するための学習」と「知識を獲得するための学習」という2つのタイプがある。まず，「相手を認知するための学習」では，図表9-16と9-18, 9-20, 9-22に示したように，企業とNPOは相手について多くの学習を行っている。企業側にとっては，主にNPOがもっている高いノウハウやネットワークといった，能力に関する学習が顕著になっている。この現象は，前述の企業のNPOに対する信頼が，「能力への信頼」を重視していることの裏づけにもなるであろう。

一方，NPO側は，企業が協働事業に求めるものや，企業としての組織の考え方について多くを学習している。つまり，NPOは協働事業を成功させるために，企業を理解しようとしているのである。これはNPOの企業に対する信頼が「理解による信頼」に依拠していることを示している。

事例データから，パートナーシップを通じて，企業とNPOは相互に仕事の効率やセキュリティに対する認識，および相手の組織文化に違和感をおぼえていることが示されている。このような違和感は，組織間学習によって時間の経過とともに解消されていることも，データによって示されている。そのため，製品開発という一定の協働期間が定められたトステムとUD生活者NWの事例を除き，他の3つの事例は比較的長期にわたってパートナーシップを継続している。

言い換えれば，組織間における文化の異質性は，パートナーシップ事業に対してマイナスの影響を与えているわけではないのである。企業とNPOの組織目的は異なっており，コンフリクトが少ないため，むしろ文化の異質性をお互いに理解しようとしている。

つぎに，「知識を獲得するための学習」について論じる。図表9-17と9-19, 9-21, 9-23に示されるように，企業側においては，移転による学習と共創による学習，そして誘発による学習が行われている。NECとETIC.およびトステムとUD生活者NWの事例では，移転による学習をみると，密着型タイプの知識についてはほとんど習得できず，社会のニーズや起業家支援の内容，UDに関する知識などの，移動型知識の学習にとどまっている。

このような限られた学習効果しか得られていない理由については，以下のように解釈できる。前述のように，企業とNPOは，それぞれ補完的な資源を有している。このような補完的な資源をもつことは，組織間学習に対してプラスの影響を与える[54]。そのため，企業とNPOのパートナーシップでは，当初に学習が明確に意図されていなかったとしても，相互に異質な資源を持ち寄って，協調的に事業が進められた結果，相対的に移転しやすい移動型知識の学習を双方にもたらしている。

しかし，この2つの事例では，学習ははじめから意図的に行われていないため，獲得に長い時間や努力を必要とする密着型知識を得ることは困難なのである。つまり，ハメル [1991] が主張した[55]ように，学習しようとする意図は，パートナーシップを通じた組織間学習に対して大きな効果をもたらす要因のひとつである。

これに対して，アイクレオは，子育てアドバイザー協会がもっているアドバイザー育成のノウハウを獲得するためにパートナーシップを組んでいる。また，一ノ蔵は環境保全米の栽培知識の学習を目的としている一方，環保米NWはみずからもっている知識の高度化をねらっている。このような明確な学習意図をもっている2つの事例では，移動型知識だけでなく，密着型知識についても学ぶことができ，大きな学習効果をもたらしたのである。

企業とNPOのパートナーシップにおける学習で顕著なものは，誘発による学習である。これを通じて，企業側は「さまざまなことに気づかせられている」[56]ため，4つの事例のそれぞれにおいて大きな学習効果をあげている。

たとえば，トステムでは部門間の連携が強化され，従来の製品開発のプロセスを変更することになった。また，アイクレオは，どのように理論上の知識を実践の場で活用できるのか，またどのようにアドバイザーの質を向上させるのか，といったアドバイザー養成のための多くの密着型知識を習得している。そして一ノ蔵は，実験データの収集方法といった移動型知識と，チャレンジ精神といった密着型知識を獲得している。

さらに，パートナーシップを通じて，NECの社員はCSRに対する知識や認識が増加し，これにより起業塾への関心や関与度が高まり，社会起業家に

関する学習が促進されている。その結果，NEC は従来もっている組織の価値観が変革され，BtoB の事業領域から BtoC，BtoBtoC という新しい分野へと事業展開を行うようになった。まさにイノベーションが引き起こされたのである。

では，なぜ企業側には組織内部の学習が促されるのであろうか。その理由については，第4章で述べたように，2点あげられる。そのひとつは，企業と NPO とはそれぞれ異なる目的をもち，相互に補完的な経営資源が蓄積されているため，異質性が高いことである。もうひとつは本研究が検討している企業と NPO のパートナーシップは，Win-Win 関係であるので，相手からは多くを学習したいが，相手にはなるべく学ばせたくないという「組織間学習のジレンマ」が存在していないことである。とくに，NEC 側に顕著な学習成果があったのは，組織の学習能力にも関係していると考えられる。

一方，NPO 側の「知識を獲得するための学習」は，事例データからもわかるように，企業側に比べると，はるかに少ない。たとえば，NPO 側で行われた移転による学習は，ビジネス社会の常識や企業における仕事の進め方といった移動型知識にとどまっている。

また，誘発による学習についてみると，提案力の向上や，調査技術や人材育成ノウハウの高度化などである。つまり，NPO はパートナーシップを進めるために，みずからもっている既存の能力や知識を更新させ，つねに企業側のニーズに合致させることを重視しているために，組織内にイノベーションを引き起こすまでには至っていない。

最後に，両者間における共創による学習については，共同研究を行っている一ノ蔵と環保米 NW の間で，環境保全米栽培に関する新しい知識やノウハウを生み出した成果があげられる。一方，その他の3つの事例では，協働事業を成功させるために必要な知識やノウハウに限っており，それほど大きな学習効果が得られていない。

総じて，企業と NPO は，協働事業を促進するために，相手がもっている異質的な組織文化に関する認知的な学習を盛んに行う一方，相互の異質性を解消するための学習はほとんど行っていない。また，学習を意図した協働で

は，移動型知識だけでなく，密着型知識も習得でき，高い効果をあげている。異質性の高さとジレンマが存在しないことは，企業とNPOのそれぞれにとって誘発される組織学習を促進している。

4. パフォーマンスの視点

既述のように，図表9-25と9-26，9-27，9-28は，それぞれ4つの事例から得られる意図的パフォーマンスと随伴的パフォーマンスを示している。これらのパフォーマンスを整理してみると，連鎖効果や相乗効果，イノベーション効果によって，パフォーマンスがダイナミックに発展していく様子をみることができる（図表9-31）。以下では，これを検討したい。

① パフォーマンス間の連鎖効果

企業とNPOのパートナーシップでは，時間の経過とともに，「意図的パフォーマンス」であれ「随伴的パフォーマンス」であれ，得られたパフォーマンスがつぎつぎと新しいパフォーマンスを誘発していくという，連鎖効果が観察された。この連鎖効果の結果，成功したパートナーシップでは，パフォーマンスは順次に拡大していくのである。

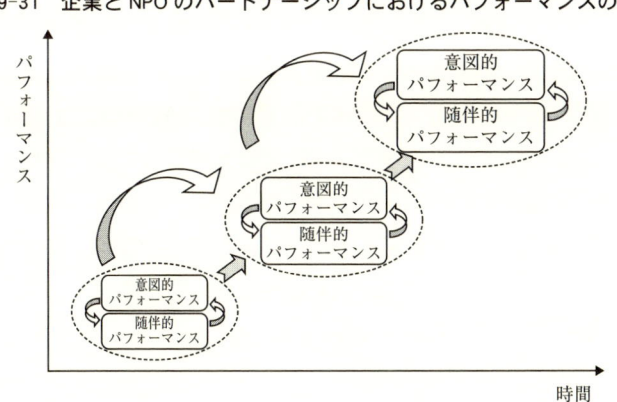

図表9-31　企業とNPOのパートナーシップにおけるパフォーマンスの発展

（注）　楕円の大きさは，パフォーマンスの高さを表している。
（出所）　著者作成。

まず，NECとETIC.では，獲得した社会起業家の育成という共通の意図的パフォーマンスが，NEC側に起業家の特性や役割に関する認知度を向上させるという，1次の随伴的パフォーマンスを引き起こし，これはさらに新しいパートナーシップの形成という，2次のパフォーマンスを発生させている。また，NECは起業家の特性や役割を把握できたという，1次の随伴的パフォーマンスを獲得することにより，新しい事業目的が形成され，新しい市場開拓につながるという，大きな2次パフォーマンスを生みだしている。

つぎに，トステムとUD生活者NW，アイクレオと子育てアドバイザー協会の事例では，それぞれUD製品の開発，子育てアドバイザーの輩出という共通の目的を実現させている。このような意図的パフォーマンスを達成することによる連鎖効果として，両者は協働事業を成功させる経験を積むとともに，本業を通じた企業とNPOのパートナーシップの活性化を促進させている。

また，アイクレオは，アドバイザーの養成により，事業活動の領域が拡大し，母親が相談できる場所は，点から面に発展している。さらに，NPOとの協働によってその社会性を活用し，企業価値を高めている。これは，意図的パフォーマンスがつぎつぎと随伴的パフォーマンスを引き起こしていることを示している。

一ノ蔵と環保米NWのパートナーシップにおいては，環境にやさしい米づくりという意図的パフォーマンスを得ることにより，環境保全米を生産する農家が増加するとともに，酒販店や消費者の環境保全米に対する関心を高めている。これはさらに，環境保全米運動が地域に拡大し，県民運動にまで発展するという随伴的パフォーマンスを生み出している。

また，環境保全米の生産を通じて，一ノ蔵の社会的評判が高まった。その波及効果として，自社の業績によい影響をもたらしただけでなく，優秀な人材を獲得しやすくしている。

② パフォーマンスの相乗効果

意図的であれ随伴的であれ，パフォーマンスはそれぞれが独立のものではなく，相互に影響し合っている。つまり，意図的パフォーマンスが随伴的パ

フォーマンスを創出し，新しく得た随伴的パフォーマンスは，既存の意図的パフォーマンスを高めている。

たとえば，NEC と ETIC. では，共通の社会起業家育成という意図的パフォーマンスを達成することにより，社会に起業家育成のブームを引き起こし，起業塾の応募者が増加している。このような随伴的パフォーマンスの獲得が，起業家育成という意図的パフォーマンスをより達成しやすくしている。

これだけでなく，起業家の育成に成功したため，この事業がマスコミによく取り上げられるようになり，社会に大きなインパクトを与えている。つまり，起業家育成という共通の意図的パフォーマンスを達成することにより，NEC として意図していた自社の社会的評判を高めている。言い換えれば，意図的パフォーマンスは，さらに高い意図的パフォーマンスをもたらしている。

また，NEC は協働事業を通じて，社員の CSR に対する意識を惹きつけることになり，社員がもっている専門スキルを活用する「NEC 社会起業塾ビジネスサポーター」という，新しいパートナーシップを作り出している。そして，このような随伴的にもたらされたパフォーマンスも，NEC が期待している社会的評判の向上という意図的パフォーマンスにつながっている。

アイクレオと子育てアドバイザー協会においても，同様な相乗効果がみられる。たとえば，子育てアドバイザーを養成できたことで，協力の範囲が拡大し，より多くのアドバイザーを輩出するだけでなく，アドバイザーの質も向上させている。

さらに，4つの事例に共通して，NPO は企業とのパートナーシップを通じて，自己のミッションを実現するとともに，社会的信用度が高まり，活動の範囲が拡大している。当然のことながら，それは意図したミッションの達成の促進にプラスの作用をしていることはいうまでもない。

さらにまた，NEC と ETIC.，アイクレオと子育てアドバイザー協会，一ノ蔵と環保米 NW のパートナーシップでは，NPO は，成功した協働事業によって能力の向上という随伴的なパフォーマンスを得ている。そして，それ

がさらなる意図的パフォーマンスの向上に結びつくという相乗効果を生み出している。

一方，トステムと UD 生活者 NW のように，短期的なプロジェクト型のパートナーシップでは，製品が開発された時点で両者の関係が解消され，相乗効果はほとんどみられなかった。

③ イノベーション効果

イノベーションとは，新しい知恵・知識を使って，ある一定期間内に企業に金銭的な報酬をもたらすことであり，新しい商品やサービス，事業の開発，プロセス改善，ビジネスモデルの改革，顧客体験創造など，適用範囲は広範に及ぶという[57]。

クリステンセン（Christensen, C. M.）によると，イノベーションは，持続的イノベーションと破壊的イノベーションに分けられる[58]。既存製品の性能を高める新技術は「持続的技術」であり，これを可能にすることを「持続的イノベーション」という。これに対して，破壊的イノベーションとは，これまでとまったく異なる価値基準にもとづいて行われるものであり，新しい市場や価値を創出することができる。

企業と NPO は，組織の目的や価値観が異なっており，異質性が高い。このような異なった組織どうしのパートナーシップでは，相互作用によって，みずからの組織の慣性に気づき，新しい刺激を受ける可能性が高い。その結果，既成観念が打破され，新しい知識がうまれたり，従来にない販売チャネルを開拓することができる。

たとえば，NEC の場合，協働事業を通じて消費者の身近で活動し社会的ニーズを把握している起業家と接触する機会が増えている。このような異質性の高い起業家への支援をきっかけに，NEC は新しい事業目的を発見している。すなわち，従来の BtoB 中心の事業を，BtoC または BtoBtoC へと拡大させ，新しい市場を創出している。つまり，クリステンセンがいう「破壊的イノベーション」を引き起こしている。

トステムと UD 生活者 NW の場合は，UD 生活者 NW がもっている異質的な組織文化はトステムにさまざまな気づきをもたらしている。その結果，

トステムは従来の製品開発プロセスを変更し，新しい開発方法を創り出した。これは「持続的イノベーション」ということができる。

そして，アイクレオと子育てアドバイザー協会の場合には，アイクレオは，新しい知識の獲得によって，顧客に新しいサービスを提供でき，製品の付加価値を高めている。一方，子育てアドバイザー協会は，協働事業に誘発された知識向上の学習を絶えず行い，インターネットを通じたe-ラーニングという新しいビジネスモデルを開発している。

また，一ノ蔵と環保米NWのパートナーシップは，酒米の認証委託事業から，酒米の共同栽培へ，そして共同研究にまで発展している。このような協働により，従来と異なる疎植や米ぬか抑草といった環境保全型酒米の栽培方法や除草・抑草方法が開発されており，社会に大きなインパクトを与えている。

企業とNPOのパートナーシップが発展することによって，意図しない成果としてイノベーションが引き起こされることが，事例からわかった。両者間で深い信頼関係が形成され，組織間学習を継続的に行うのであれば，イノベーションの可能性はいっそう高まるであろう。

5. パートナーシップの発展プロセス

組織間信頼と組織間学習，パフォーマンスが，それぞれパートナーシップの推進とともに変化し，発展していくことは，第4章の第2，3，4節で明らかにしてきた。しかし，両者のパートナーシップは，この3つの要素がそれぞれ単独に作用することによって発展するだけでなく，その相互作用に大きく影響を受けていることが事例の考察から明らかになった。

以下では，組織間信頼と組織間学習の相互関係だけでなく，組織間信頼と組織間学習，得られたパフォーマンスという3つの要素の相互関係が，具体的にどのようにパートナーシップの発展に影響を与えているのかについて検討したい。

(1) 組織間信頼と組織間学習のダイナミックな関係

　企業とNPOのパートナーシップにおいて，組織間信頼と組織間学習は相互に影響しあっている。まず，組織間学習が信頼に及ぼす影響を検討する。企業とNPOは，社会的課題を解決するためにパートナーシップを形成しているが，本来の活動目的や領域が異なるため，お互いに相手のことをそれほど知っているわけではない。パートナーシップを形成する段階では，外部の評判という社会的信頼に依拠しながら，それぞれ相手を認知するための学習が必要となる。

　この相手を認知するための学習は，信頼関係を発展させるための前提である。図表9-16と9-18，9-20，9-22に示すように，企業とNPOは，それぞれ相手の能力やノウハウ，考え方などについて学んでいる。それによって，相手がもっている能力や特徴が確認され，その価値観や規範が理解しやすくなり，結果として両者の認識のギャップを埋めることができるようになる。

　すでに述べてきたが，企業とNPOでは文化の異質性が高く，信頼に非対称性が存在する場合がある。両者は相手を認知するための学習によって，相手組織がもっているノウハウなどの能力を確認して，能力への信頼を深めることができる。それとともに，お互いに異なっている組織文化に対する認識や理解が高まり，いわゆる理解による信頼が深まっていく。しかも，これは組織文化の異質性から生じるコンフリクトの減少にもつながるであろう。

　知識を獲得するための学習は，信頼の構築にも貢献している。たとえば，NECとETIC.では，NECは，社会に存在する問題や社会起業家の役割と特性を学んでいるが，他方でETIC.は，ビジネス社会の常識や大企業の仕事の進め方について学習している。また，トステムとUD生活者NWでは，トステム側は，UDに関する知識や消費者のニーズを確実に反映できる調査の方法を習得しているのに対して，UD生活者NWは，まったく経験したことのない製品開発の進め方について学習している。そして，アイクレオは，アドバイザー養成に必要な知識と教え方を，子育てアドバイザー協会から習得している。さらに，一ノ蔵は，環境生態や環境保全米に関する知識や，環境保全米の栽培方法について，環保米NWから学習している。

つまり，企業と NPO は，相手が有している異質な知識の学習を通じて，相互に知識や価値観の共有が容易になり，協働事業をより効果的に進めている。その結果，両者間の関係に柔軟性がもたらされ，信頼がいっそう促進されている。

　一方，組織間学習を有効に進めるためには，組織間信頼の醸成が欠かせない重要なポイントとなっている。信頼が高まると，パートナー間ではフォーマルな情報交換だけでなく，インフォーマルな情報交換も活発に行われるようになり，コミュニケーションの活性化をもたらす。そして，相手が保有している資源へのアクセスが容易になり，移動型知識や密着型知識の獲得を可能にする[59]。

　ここでは，アイクレオと子育てアドバイザー協会，一ノ蔵と環保米 NW の例をとりあげてみる。協働事業を通じて，子育てアドバイザー協会のアイクレオに対する理解による信頼が深まることになり，両者は定例の会議だけでなく，電話やメール以外にも頻繁に接触し，雑談を交わしている。その結果，アイクレオにとってはノウハウを獲得する機会が増えるとともに，協会のもつ能力に対する信頼が高まることになる。これにより，さらなる学習意欲が促進され，カリキュラムの内容が新たに改善されている。組織間の知識の移転や共有，すなわち学習が促進され，協働のレベルも高くなっている。

　また，一ノ蔵と環保米 NW のパートナーシップにおいても，類似した現象が見い出される。すでに述べたように，パートナーシップの形成以前からつながりをもっていた両者は，他の3つの事例より深い信頼関係を構築している。組織間学習も知り合いになった頃から行われているので，組織間学習の期間は長く，学習の内容も多い。

　双方は，3つの協働事業のほか，多様な勉強会や研究会などで，接触する機会をもっている。また，両者はきわめてオープンな意見交換を行っており，指導を受けている一ノ蔵も，指導する立場にある環保米 NW も，ともに環境保全米の栽培知識を学習している。その成果のひとつとして，両者のパートナーシップは共同栽培から共同研究に発展している。

　これに対して，最低限の信頼さえ欠如しているような組織間の関係では，

パートナー間の不確実性が高いので，交換される情報や知識の正確さはどうしても低くなり，交換される範囲も狭く，価値のある情報の共有は難しくなる[60]。つまり，信頼が低い場合，組織間における知識の交換が少なく，学習は妨げられることになる。

(2) 3つの要素に関するダイナミックな関係

以下では，組織間信頼，組織間学習とパフォーマンスという3つの要素間の相互作用について考察する。組織間信頼と組織間学習がパフォーマンスに対してプラスの影響を与えるという結果については，企業どうしの先行研究からすでに確認できている。パートナーシップにおける環境，実行すべき活動，協働のプロセス，パートナーのスキル，目指すべき目標に関する学習が行われるのであれば，共同作業の効率性，組織の調整能力，新しい知識の獲得といった，高いパフォーマンスを達成することができるのである。

ザヒーア＝ハリスによると，組織間信頼は，経済的パフォーマンスを促進するだけでなく，関係的パフォーマンスや社会的コントロールといったパフォーマンスにも影響を及ぼしている[61]。ただし，社会価値を追求する企業とNPOのパートナーシップでは，信頼は主に関係的なパフォーマンスに影響を与えていると考える。

一方，パートナーシップにおけるパフォーマンスは，信頼や組織間学習に対してどのような影響を与えるのであろうか。期待されるパフォーマンスが得られない場合，組織は，パートナーが有するコンピタンスやケイパビリティに疑問をもつようになる。それゆえ，組織間のコンフリクトが顕著になり，信頼のレベルが相応に下がることが予想される[62]。これに対して，組織は期待以上の成果を認識するようになると，パートナー組織への信頼が強まるのである[63]。

このような議論は，企業とNPOのパートナーシップにも適用できると考える。以下では，事例のデータにもとづいて考察したい。

NECとETIC.の場合は，社会的評判の向上という意図的パフォーマンスの達成により，NEC社員のCSRに関する知識が増え，事業への関与も拡大

している。そのため，随伴的パフォーマンスとして，社員のスキルを活かした新たなパートナーシップが形成されている。

また，NEC にとって異質性の高い起業家への支援は，社内に新しい市場開拓というイノベーションを引き起こしている。このようなイノベーションは，意図的パフォーマンスの獲得が組織学習を誘発し，その結果として生じた随伴的パフォーマンスである。

そして，起業家育成の実現というパフォーマンスの達成は，両者の組織間学習が促進されるだけでなく，組織間信頼も深めている。このようなパフォーマンスと信頼，学習が相互作用した結果，両者に新しいパートナーシップの形成，ステークホルダーの拡大などの，別次元のパフォーマンスが得られている。このことから，パートナーシップにおけるパフォーマンスには連鎖や波及の効果があると考える。

アイクレオは，協働事業を通じて，子育てアドバイザーを育成するためのノウハウの獲得という意図的パフォーマンスを得ている。このように習得した知識は，子育てアドバイザーの育成に関する新しい知識を生み出す源泉となり，養成講座の質がよりいっそう高くなっている。

一方，ETIC. や UD 生活者 NW，子育てアドバイザー協会，環保米 NW といった NPO は，みずからもっているノウハウなどの能力が高度化され，事業活動の拡大に結びついている。

また，一ノ蔵と環保米 NW の場合，長期にわたって深い信頼関係を維持していることが特徴になっている。両者は，互いに困っている際に助け合うという，対価を求めない協力関係にまで発展している。このような深い信頼関係をもとに，両者はさまざまな場面で学習を行っており，環境保全米の栽培技術をともに向上させている。これにより，一ノ蔵は地域に貢献できるだけでなく，消費者のニーズに合致する多品種の製品を生産することができ，自社の経済価値の向上を実現している。

このようにみてくると，組織間学習の促進と，信頼関係の強化，パフォーマンスの増加は，相互に強く関連しており，シナジー効果をもたらしていることがわかる。このシナジー効果を通じて，いままでにない知識が創出され

たり，事業活動の範囲が拡大できるようになり，パートナーシップが発展しているのである。

第3節　小括

以上，仮説の検証と事例の比較考察を行ってきた。そのなかから，組織間信頼における非対称性の存在と，パフォーマンスに関する連鎖効果，相乗効果，イノベーション効果という3つの特徴，および組織間信頼と組織間学習，パフォーマンスの3つの要素間のダイナミックな関係性を明らかにした。これらの議論にもとづいて，パートナーシップの発展プロセスにおける4つの事例の特徴をまとめておきたい。

まず，社会起業家の育成を目指すNECとETIC.からまとめてみよう。NECはCSRの一環として，NPOとのパートナーシップ関係づくりという活動方針に基づき，ETIC.と「NEC社会起業塾」事業をはじめた。両者は，企画段階からお互いに保有している資源を出し合い，それぞれの役割を分担しながら，対等な立場で事業を継続してきた。

この事業において，「NECが提供している資金や機材などは，経理的に投資勘定としてカウントされているわけではないが，投資という意識を強くもちながら，事業に取り組んでいる」という[64]。NECにとっては，このような中長期的なリターンの獲得を期待するという投資的な考え方が重視され，その方針に沿って，両者は毎年事業の見直しを行い，結果をフィードバックして，事業の改善に努力している。

その後，両者間で「NEC次世代社会イノベータープログラム」が開始している。また，両者間だけでなく，横浜市や花王が新たに参加する「社会企業塾イニシアティブ」が創設されている。さらに，NECと社会起業家との間でも，新しいパートナーシップが形成されつつある。つまり，両者間に限らず，外部とのパートナーシップが形成され，しかも多様なかたちで発展している。

当初，NECはETIC.についてはほとんど知らない状態で協働事業を開始

した。パートナーシップの形成段階における両者間の信頼関係は浅く，信頼の非対称性が存在している。学習もはじめから意図したものではなく，相手に関する学習や移動型知識の習得，誘発による学習が中心であった。

そして，パフォーマンスについては，図表9-29に示すように，意図的パフォーマンスだけでなく，第1次，第2次，さらに第3次の随伴的パフォーマンスが得られ，イノベーション効果のほかに，多くの連鎖効果や相乗効果が現れている。たとえば，NECの側は，社会起業家の育成と社会的評判の向上といった意図したパフォーマンスを得ている。それにより，パートナーシップ事業の影響は全社レベルに拡大し，社員のCSRに対する認識が高まり，学習が誘発された。その連鎖効果として，新しい分野への事業展開というイノベーションを引き起こしている。

NECとETIC.では，パートナーシップの発展プロセスにおいて，連鎖効果や，相乗効果，イノベーション効果により，多様な随伴的パフォーマンスが顕著に現れていることがわかる。

つぎに，トステムとUD生活者NWの事例について検討してみる。トステムは，UD生活者NWがもっている専門的な知識やUDに対する考え方などに共感して，パートナーとして選定している。

玄関ドアの共同開発プロセスにおいて，まず，両者は役割分担や守秘義務，報酬などについて，しっかりと契約書を交わしている。そして，お互いに理解しあうために，定例会議を開き，対等の立場で意見交換を行いながら，共同開発を推進している。ただし，共同開発にあたり，双方の意見がどうしても合わない場合は，トステムが判断をくだしている。共同開発の完成にともない，両者間のパートナーシップは解消され，その後の発展はみられなかった。

この事例においても，両者の間の信頼関係は，社会的信頼から能力への信頼，そして理解による信頼へと深化している。とはいえ，形成段階での信頼は壊れやすい社会的信頼に依拠しており，やはり信頼の非対称性が存在している。また，この事業で行われた組織間学習はNECとETIC.と同様に相手に関す学習と，比較的に移転しやすい移動型知識の習得，誘発による学習で

ある。

　1年2ヵ月で終了しているこの事例におけるパートナーシップは，どちらかといえば，意図的パフォーマンスを重視しているものであるといってよい。

　3つ目の事例は，子育てアドバイザーを育成するためのアイクレオと子育てアドバイザー協会のパートナーシップ事業である。アイクレオは，サービスの差別化をはかり，競争優位を獲得するために，子育てアドバイザー協会が開いている講座に注目した。協会の実力を確かめるため，のちに協働事業の担当者となるアイクレオの社員が数ヵ月間講座に参加している。それと並行して，両者の交流が始まり，信頼関係が芽生えている。

　このような背景のもと，子育てアドバイザーの養成講座の委託事業が正式にスタートしている。委託事業が実施される際，アイクレオは子育てアドバイザー養成に関する知識を積極的に学習し，相手から吸収している。その結果，自前の講師をもつための子育てアドバイザー講師認定制度を導入するようになった。

　さらなる学習によって，その後アイクレオは一部の講座を自社で行うことができるようになったため，両者の協働内容は，アイクレオがみずから養成したアドバイザーを協会に認証してもらうことに変わっている。

　つまり，アイクレオは，相手からつぎつぎと移動型知識だけでなく，密着化型知識をも習得している。さらに，これにとどまらず，誘発による学習が行われ，みずから移動型と密着型の新しい知識を生み出しており，自社のニーズに対応している。

　パートナーシップが委託事業から講師認定事業，そしてアドバイザー認証事業へと変化していった背景には，両者間における深い信頼関係が不可欠であったことがあげられる。また，場合にもよるが，両者の信頼関係は対価を求めない段階にまで発展している。しかしながら，アイクレオがたえず学習を継続しない限り，このような発展はできなかったであろう。

　一方，協会側はパートナーシップ事業においては学習される立場にある。しかし，みずからの専門性や独自性をたもち，事業や組織自体を存続させる

ために，協会はつねに子育てアドバイザーの育成に関する知識を高度化しており，誘発による学習を盛んに行っている。

以上の議論からわかるように，アイクレオと子育てアドバイザー協会のパートナーシップでは，組織間学習がもっとも顕著に現れている。

最後は，環境保全米づくりの共同研究を目指す一ノ蔵と環保米 NW の事例をみてみよう。既述のように，この事例では両者は以前からすでに知り合いになっており，多くの場面で接触する機会があり，コミュニケーションを密に保っている。つまり，両者の間における信頼関係は，パートナーシップを形成する前からすでに構築されているのである。

そのため，2001 年から始まった環境保全型酒米の認証委託事業は，事業の目的を定めてから協働のパートナーを選択するものではなく，環保米 NW が認証資格を得られるようになった際に，両者間で自然に発生したものである。

また，一ノ蔵の農業参入を契機に，両者は酒米の共同栽培に取り組むようになり，さらに，より多くの農家が環境保全型酒米に取り組めるような状況を作り出すために，酒米づくりのテキストの制作にむけて，共同研究を開始している。

この事例では，他の3つの事例のように契約や覚書を一切締結しておらず，両者は相手の立場に立ってものごとを考え，対価を求めないスタンスでパートナーシップを推進している。両者間に深い信頼関係がなければ，このようなことは実現できないであろう。またこの事例では，両者間におけるパワーの行使や信頼の非対称性は見い出すことができなかった。前述したように，これも，深い信頼に関連していると考える。

組織間学習については，アイクレオの事例と同様に，学習は意図的に行われているのである。このような学習は環境保全型酒米の共同栽培から始まり，その後共同研究に発展している。これにより，一ノ蔵は環境保全米の栽培に関する移動型と密着型知識を習得している。また，誘発による学習もみられる。

これに対して，環保米 NW は一ノ蔵に知識を伝授しながらも，みずから

学習を行い，既存の知識を継続的に更新し，栽培に関する新しい知見を生み出している。この事例では，パートナーシップを組む以前から組織間の信頼関係が形成されているだけでなく，学習が意図的に行われている。一ノ蔵と環保米 NW は，組織間信頼と学習の相互作用が顕著に現れている事例である。

注
1) トステムサッシ・ドア引戸事業統轄部統轄部長へのインタビューより。
2) 一ノ蔵農社参事へのインタビューより。
3) 環保米 NW 元理事長へのインタビューより。
4) ETIC. インキュベーション事業部担当者へのインタビューより。
5) トステムサッシ・ドア引戸事業統轄部統轄部長へのインタビューより。
6) 子育てアドバイザー協会コンセプチュアル・ディレクターへのインタビューより。
7) アイクレオ営業部医療企画課担当者と子育てアドバイザー協会コンセプチュアル・ディレクターへのインタビューより。
8) 一ノ蔵農社参事へのインタビューより。
9) 同上。
10) 環保米 NW 元理事長へのインタビューより。
11) 同上。
12) ETIC. インキュベーション事業部担当者へのインタビューより。
13) NEC CSR 推進本部社会貢献室担当者へのインタビューより。
14) 同上。
15) NEC CSR 推進本部社会貢献室担当者へのインタビューより。
16) トステムサッシ・ドア引戸事業統轄部統轄部長へのインタビューより。
17) 同上。
18) アイクレオ営業部医療企画課担当者へのインタビューより。
19) 同上。
20) アイクレオ営業部医療企画課担当者と子育てアドバイザー協会コンセプチュアル・ディレクターへのインタビューより。
21) アイクレオ営業部医療企画課担当者へのインタビューより。
22) 子育てアドバイザー協会コンセプチュアル・ディレクターへのインタビューより。
23) 同上。
24) 一ノ蔵農社参事へのインタビューより。
25) 一ノ蔵農社参事と環保米 NW 元理事長へのインタビューより。
26) 一ノ蔵農社参事へのインタビューより。
27) 同上。
28) 環保米 NW 事務局担当者へのインタビューより。
29) 一ノ蔵農社参事と環保米 NW 元理事長へのインタビューより。
30) NEC CSR 推進本部社会貢献室担当者へのインタビューより。
31) 同上。
32) トステムサッシ・ドア引戸事業統轄部統轄部長へのインタビューより。

注　249

33)　環保米 NW 事務局担当者へのインタビューより。
34)　環保米 NW 元理事長へのインタビューより。
35)　環保米 NW 事務局担当者へのインタビューより。
36)　子育てアドバイザー協会コンセプチュアル・ディレクターへのインタビューより。
37)　環保米 NW 元理事長へのインタビューより。
38)　Hamel, G. [1991] pp. 83-103.
39)　NEC CSR 推進本部社会貢献室担当者へのインタビューより。
40)　ETIC. インキュベーション事業部担当者，同横浜社会起業応援プロジェクトリーダーへのインタビューより。
41)　同上。
42)　トステムサッシ・ドア引戸事業統轄部統轄部長へのインタビューより。
43)　同上。
44)　アイクレオ営業部医療企画課担当者へのインタビューより。
45)　子育てアドバイザー協会コンセプチュアル・ディレクターへのインタビューより。
46)　環保米 NW 元理事長へのインタビューより。
47)　同上。
48)　一ノ蔵農社参事へのインタビューより。
49)　Blau, P. M. [1964] 訳書，79 頁。
50)　NEC CSR 推進本部社会貢献室担当者へのインタビューより。
51)　張淑梅 [2004] 49 頁。
52)　Luhmann, N. [1988] 訳書，28-64 頁，Zaheer, A. = McEvily, B. = Perrone, V. [1998] p. 143, Sako [1998] p. 394, Young-Ybarra, C. = Wiersema, M. [1999] p. 8, 真鍋誠司 = 延岡健太郎 [2003] 59 頁。
53)　White, M. P. = Eiser, J. R. [2005] は，同じ「非対称性」(Trust Asymmetry) という言葉を用いている。彼らの非対称性は，「信頼を構築するには時間がかかるが，短時間で崩壊する」という安定性に関する性質を述べている。これは組織間信頼の深化過程による源泉の非対称性という筆者の主張とは，本質的に異なる概念である。
54)　冨田健司 [2007] 285-314 頁。
55)　Hamel, G. [1991] pp. 83-103.
56)　トステムサッシ・ドア引戸事業統轄部統轄部長へのインタビューより。
57)　Andrew, J. P. = Sirkin, H. L. [2007] 訳書，4 頁。
58)　Christensen, C. M. [2001] 訳書，9-10 頁。
59)　Ireland, R. D. = Hitt, M. A. = Webb, J. W. [2006] pp. 336-340, Zaheer, A. = Harris, J. [2006] pp. 190-191, Das, T. K. = Teng, B. [1998] pp. 491-512, 若林直樹 [2009] 4-5 頁，冨田健司 [2007] 285-414 頁，若林直樹 [2006] 109-132 頁，今野喜文 [2006] 70 頁。
60)　Inkpen, A. [2000] pp. 1019-1043.
61)　Zaheer, A. = Harris, J. [2006] pp. 190-191.
62)　Inkpen, A. [2001] p. 442.
63)　真鍋誠司 [1998] 135-154 頁。
64)　NEC CSR 推進本部社会貢献室担当者へのインタビューより。

終章
本研究の総括と課題

第1節 本研究の要約と結論

1. 全体の要約

　経済のグローバル化やITの進展，少子・高齢化などにより，企業経営をとりまく環境が大きく変化している。企業は持続的に経営活動を行うために，新しい価値を創出しようとしている。それを実現させるには，外部組織とのパートナーシップの形成が重要なカギとなる。

　このような背景から，企業はグループ経営や企業間提携による対応をこれまで以上に模索するようになっている。それだけでなく，社会的課題の解決に専門性をもつ，異セクターのNPOとパートナーシップを組むケースが新たに出現しはじめており，CSRの実行を通じて，社会価値の向上をねらっている。

　しかし，このような企業とNPOのパートナーシップは新しい領域であり，それに関する研究はそれほど多くない。そこで，本研究では，これについて，その形成動機と発展プロセス，結果を検討するための分析枠組の構築を目指した（第3章と第4章）。

　そこでは，まず既存の企業とNPOのパートナーシップに関する代表的な研究を取り上げ，その限界を指摘した。つぎに，主に企業を対象にして議論されてきた組織間関係論のうち，資源依存論，組織間信頼，組織間学習，パフォーマンスに関する先行研究をサーベイして，分析枠組（Ⅰ）（図表4-7）を提示し，そこからさらに5つの仮説を導出した。

　そして，仮説を検証するために，4つの先進的事例についてインタビュー

調査を行った。それらは、NECとETIC.が取り組んだ「NEC社会起業塾」（第5章）、トステムとUD生活者NWによるUD商品の共同開発（第6章）、アイクレオと子育てアドバイザー協会による子育てアドバイザー養成（第7章）、一ノ蔵と環保米NWによる環境にやさしい保全米の共同研究（第8章）である。

これらの事例から得られた基礎データをもとに、第4章で提示した仮説の検証を試み（第9章の第1節）、分析枠組にもとづく事例の検証や比較考察を行った（第9章の第2節）。そのなかから、企業とNPOの間の信頼の非対称性や、パフォーマンスに現れるダイナミクスを引き起こす3つの要因、および組織間信頼、組織間学習、パフォーマンスの3つの要素間の相互作用という新しい発見を提示した。そして、パートナーシップの発展プロセスにおける各事例の特徴を示した（第9章の第3節）。

最後に、本研究の総括として、全体を要約して結論を導き出したうえで、分析枠組の精緻化を行い、本研究のインプリケーションと今後の課題を述べることにする（終章）。

2. 本研究の結論

本研究では、企業の社会的責任の自発的な実行をめぐって、企業とNPOの間でなぜパートナーシップが形成され、それがどのように発展し、またそのパートナーシップからどのようなパフォーマンスが得られるのかについて考察を行った。さらに、時間の経過とともにパートナーシップがどのように変化するのかという点についても論じた。

この議論のために、既存の先行研究をふまえて分析枠組（Ⅰ）（図表4-7）を構築し、そこから企業間パートナーシップとの関連性を意識して導き出した仮説について、事例のデータをもとに検証を行った。その結果は第9章第1節に示したが、そのなかからこれまでの企業間パートナーシップではみられなかったいくつかの現象が発見されている。それをふまえて、以下のような結論を導き出すことができる。

(1) 資源の補完的交換

　資源依存論の観点で考察すると，企業とNPOのパートナーシップにおいても資源依存の関係が成立しており，両者は資源交換を目的にしてパートナーシップを形成している。ただし，交換される経営資源の内容は，異なっている。企業どうしの場合，ケースに応じてさまざまであり，自社がもっていない資源を補うための交換もあれば，すでにもっている資源をさらに補強するための交換もある。

　これに対して，企業とNPOの場合，両者は社会のなかでそれぞれ異なる役割を果たしており，経営能力や資金，人材といった資源について同質のものは少なく，ほとんどが資源を補完的に交換することが多いと考える。

　また，比較的長期のパートナーシップでは，関係の発展によってその過程で両者間のほかに，外部の他者との間でも新たな資源交換が行われる可能性が生じる。つまり，パートナーシップの発展により，資源交換の範囲が拡大していくのである。これは，社会的課題の解決を目指す両者のパートナーシップは多くのステークホルダーに注目され，社会的な反響が大きいので，企業どうしの関係と比べると，新たなパートナーシップが創出される可能性が高いことを意味する。

　さらに，資源交換は必ずしも双方向的に行われているわけではなく，これまでの資源依存論では説明しにくい一方向的な資源提供もみられる。これは，社会価値の追求を目的とするパートナーシップに現れる特徴的な現象であるのかもしれない。

(2) パワーの限定的行使

　パワーの行使については，企業どうしの場合と異なる傾向がみられる。企業どうしのパートナーシップでは，資源交換を自社に有利にするためにパワーを行使するので，それが依存関係の前提となっている。これに対して，企業とNPOには，このようなパワーの働きはほとんどみられない。共通の社会目的を達成するために形成され，両者が対等であることが意識されているので，企業は必ずしもパワーを行使することなく，対立があったとしても

むしろコミュニケーションによって解決を図ろうとする傾向がみられる。

　ただし，NPO の行動が企業の経済的利益に過度にマイナスの結果をもたらすおそれがでてくると，企業はパワーを行使する。それは，組織文化の共有を求めるためのものもあれば，コンフリクトを解消して協働事業を促進するためのものもある。とはいえ，パワーの行使は両者が目指す共通の社会目的の実現に反しない範囲内で行われる。

(3)　深化する組織間信頼

　企業と NPO の組織間信頼を構成する「社会的信頼」，「能力への信頼」，「理解による信頼」という3つの源泉は，パートナーシップの発展プロセスの形成期，成長期，転換期の各段階において並存しながら，それぞれの信頼の役割の重要度が増加したり，減少したりという変化がみられることがわかった。また，相手に対する信頼が，全体としてパートナーシップの発展につれて，「社会的信頼」から「能力への信頼」，そして「理解による信頼」へとシフトしていくように深化していくことが判明した。このように，信頼の変化のプロセスを段階的にとらえる考え方は，企業どうしの場合と同様に有効であると考える。

　また，パートナーどうしがすでに相手に関する十分な情報をもっている場合，組織間信頼はパートナーシップの形成以前にある程度構築されることとなり，それが形成動機のひとつにもなっている。

(4)　組織間信頼の非対称性

　事例のデータをもとに信頼の深化過程を分析したところ，企業と NPO 間で組織間信頼に非対称性が生じているという新しい事実が発見できた。これはパートナーシップの発展段階において，企業と NPO では，信頼の3つの源泉の重要度が，発展プロセスの段階ごとに異なっているという非対称性である。

　具体的には，企業の NPO に対する信頼が「能力への信頼」に依拠することが多いのに対して，NPO の企業に対する信頼の場合には，「理解による信頼」が多い。

ただし，このような「組織間信頼の非対称性」は，必ずしもすべての場合に存在するものではなく，少なくとも事例分析の結果からは，パートナーシップの形成以前に両者の接触が十分にある場合，非対称性は現れていない。また，この非対称性は一定不変のものとはいえず，両者の信頼関係の深化によって「理解による信頼」へと均衡に向かう可能性が高い。
　この非対称性は組織目的が異なり，異質性の高い企業とNPOのパートナーシップであるがゆえに存在するものではないかと考えられる。

(5)　効果的な組織間学習
　組織間学習には，「相手を認知するための学習」と「知識を獲得するための学習」があり，さらに後者には，既存知識の「移転による学習」，新しい知識の「共創による学習」，そして，「誘発による学習」があるとした。
　企業とNPOのパートナーシップは，企業どうしと比べて異質性が高く，両者間で「相手を認知するための学習」が顕著にみられ，さらに「誘発による学習」も多く行われている。また，組織間学習のジレンマが存在する可能性が低いため，双方による学習の効果は大きいと考えられる。
　企業とNPOでは，異質性が高いことから，知識を獲得するための学習効果は，学習を意図するかどうかに強く関連していると考えられる。学習を意図する場合は移動型知識だけでなく，密着型知識も学習することができるが，意図しない場合は移動型知識の習得にとどまることが多い。

(6)　パフォーマンスに関する3つの効果
　パフォーマンスには意図的なものと随伴的なものが存在し，前者は本来意図した目的が達成されることによって得られたものであり，後者はプロセスないし結果のなかで意図せずに発生したものである。
　企業とNPOは，お互いに認識が浅い状態でパートナーシップを形成し，形成後に組織間で信頼の形成や学習が行われることが多い。このため，むしろ「随伴的パフォーマンス」が多く期待できるのではないかと考える。また，資源交換が両者間だけでなく，外部の多くのステークホルダーを巻き込むこと

になるため,「随伴的パフォーマンス」が得られる可能性はいっそう高くなる。

そして,パフォーマンスは相乗効果をもたらすだけでなく,得られたパフォーマンスからつぎつぎと新しいパフォーマンスが生み出されるという連鎖効果も確認できた。さらに,新しい知識や新たなパートナーシップを創出するというイノベーション効果も現われている。パフォーマンスに関するこの3つの効果がパフォーマンスのダイナミクスを引き起こす要因となっていることは事例の分析で見い出された事実である。

(7) 3つの要素によるパートナーシップの発展

組織間信頼の深化と組織間で行われる学習は,それぞれがパートナーシップを発展させる原動力となっている。同時に,組織間信頼と組織間学習による相互作用もパートナーシップを促進している。

また,組織間信頼と組織間学習,およびその結果として得られたパフォーマンスという3つの要素が相互に作用しあいながら,パートナーシップをダイナミックに変化させているという,これまでの研究ではみられない現象が観察されている。

具体的には,パフォーマンスが組織間信頼と組織間学習のアウトプットであるとともに,信頼と学習のダイナミクスのインプットとなり,ふたつを促進する要因となっている。そして,組織間信頼,組織間学習,パフォーマンスという3つの要素は,それぞれがパートナーシップを発展させていると同時に,その相互作用もまたパートナーシップを発展させているのである。

ただし,3つの要素はまったく同じ働きをしているのではなく,実際にどの要素が重要な役割を果たしているのかは状況によって変わると考えられる。

3. 動態的分析枠組の精緻化

既存の先行研究をふまえて,第4章で分析枠組（Ⅰ）(図表4-7) を提示した。この分析枠組は,パートナーシップの形成から始まり,組織間信頼と組織間学習によるパートナーシップの発展,そして,その結果であるパフォーマンスという一連のプロセスに着目して,パートナーシップをダイナ

ミックにとらえようとしたものである。

　しかしながら，4つの事例を検討するなかで，プロセスの経過にともなって，組織間信頼，組織間学習，パフォーマンスの相互作用がパートナーシップの発展に大きく寄与していることが明らかになった。そこで，分析枠組（Ⅰ）に対して，事例研究で得られたこれらの発見事実を取り入れることによって，図表終-1に示すような新たな分析枠組（Ⅱ）を構築することができる。これは，企業とNPOのパートナーシップの形成動機，発展プロセス，パフォーマンスのダイナミクスをより精緻に表わす分析枠組になっている。

　この分析枠組（Ⅱ）の特徴は，プロセスにおける3つの要素間の関係性を強調するものである。具体的には，ひとつは組織間信頼と組織間学習の2者間の相互作用がパートナーシップの発展を促進していることである。もうひとつは意図的パフォーマンスと随伴的パフォーマンスの間の関係性で，両者

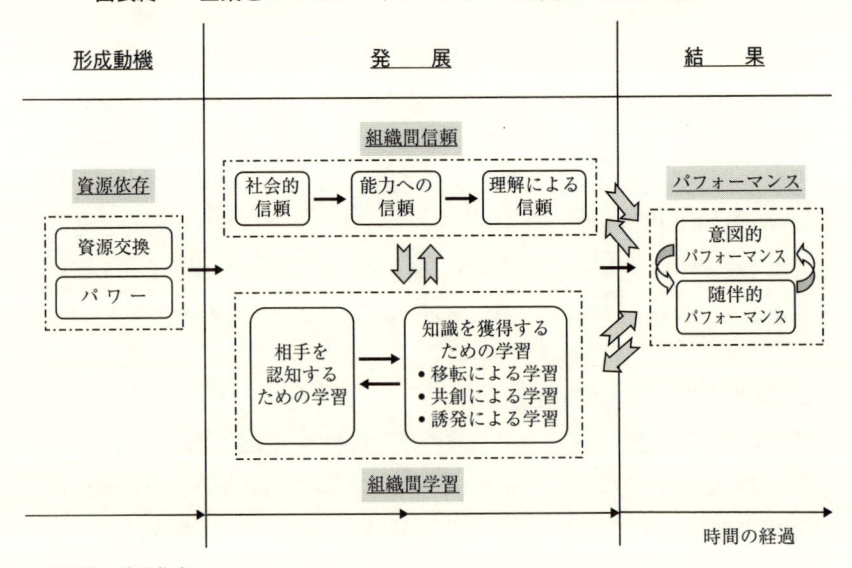

図表終-1　企業とNPOのパートナーシップの動態的な分析枠組（Ⅱ）

形成動機	発　展	結　果

資源依存
- 資源交換
- パワー

組織間信頼
- 社会的信頼 → 能力への信頼 → 理解による信頼

組織間学習
- 相手を認知するための学習 ↔ 知識を獲得するための学習
  - 移転による学習
  - 共創による学習
  - 誘発による学習

パフォーマンス
- 意図的パフォーマンス ⇔ 随伴的パフォーマンス

時間の経過 →

（出所）　筆者作成。

第1節　本研究の要約と結論　257

がお互いに影響し合った結果，パフォーマンスの連鎖効果，相乗効果，イノベーション効果が得られることである。そして，組織間信頼と組織間学習，パフォーマンスの3者が影響し合い，パートナーシップの発展をさらに促進させている。

つまり，企業とNPOのパートナーシップは，各要素の単独作用だけでなく，それらの相互作用によっても発展しているのである。このような相互作用は図表終-1に太い矢印で表示されている。

分析枠組（I）は第9章で議論したように，企業とNPOのパートナーシップの時間的経過によるプロセスのダイナミクスを説明するのに，おおむね有効であると考える。そのうえに，4つの事例検証によって，組織間信頼と組織間学習のそれぞれの発展プロセスと，意図的パフォーマンスと随伴的パフォーマンスの関係，そして，組織間信頼，組織間学習，パフォーマンスの3つの要素の間の関係，つまり，相互作用が明らかになり，これを加えることで分析枠組をさらに精緻化することができたのであり，本研究が成し得た大きな成果であるといえる。

とはいえ，形成動機からパートナーシップの発展，その結果というパートナーシップ全体のプロセスについては，さらに吟味する必要があると考える。この分析枠組のベースとなっている段階的な考え方は，パートナーシップの形成動機をスタート地点としている。すなわち，企業とNPOがパートナーシップの形成以前は，お互いにまったく未知であることを想定したものである。

しかしながら，一ノ蔵のような地域に密着した中小企業は，草の根で活動しているNPOとは接触の機会が比較的に多いので，パートナーシップを形成する以前に，組織間信頼や組織間学習が行われている可能性が高い。言い換えれば，パートナーシップの形成動機が発生する前に，両者間にある程度の信頼関係ができあがっており，相手に関する学習も行われている。このような場合，企業とNPOの最初の接触からたどる歴史的な経緯を分析することが重要な意味をもつことになるであろう。

第2節　本研究のインプリケーション

本研究のインプリケーションは，実践面と理論面について，以下のように要約できる。

1. 実践面におけるインプリケーション

(1) 企業側——NPOとのパートナーシップ形成への動機づけ

すでに述べたように，CSRは企業にとって必要不可欠なコンセプトになりつつあり，企業は成長が著しいNPOと対等に資源交換を行ってパートナーシップを組む事例が増えている。しかしながら，このパートナーシップが社会価値の実現のみならず，企業本来の目的である経済価値の達成につながるにもかかわらず，現実には実践されるケースはまだ多くない。

その理由は第1章第3節で述べたように，企業の多くはNPOに対する理解が不足しており，協働によってどのような活動ができるか，またどのようなメリットが得られるのかを十分に把握していないからである。

本研究は，4つの事例で企業とNPOが行った協働事業を紹介し，そのプロセスを明らかにするとともに，そこから得られるパフォーマンスについて詳細に検討した。このような事例研究は企業がNPOとパートナーシップを組む際の懸念を取り除き，企業にとって戦略性の高い試みとして取り組むためのひとつのインセンティブとなるであろう。

(2) NPO側——企業とパートナーシップを構築するための指針

日本のNPOは多くが小規模であり，つねに厳しい財務状況に直面しており，単独で活動するにはさまざまな限界がある。それゆえ，NPOとしては企業のニーズを理解したうえで，いかにしてパートナーシップを組むかが重要である。

本研究は理論研究と事例研究を併用し，企業とNPOのパートナーシップを複眼的にとらえたものである。形成動機から，その発展，パフォーマンス

といったパートナーシップの構築そのものを幅広く分析している。したがって、その成果はNPOが企業と協働事業をすすめる場合、どのような問題が発生し、相手をどのように理解すべきかという疑問に対して、多くの情報を与えることができると確信する。これらの情報は、企業とパートナーシップを組む際に、NPOに実践的な指針を与えることができるであろう。

また、事例でもみたとおり、NPOは企業とパートナーシップを組むことにより、単独では不可能な大きな目標を達成することができる。さらに、意図した目的以外に多くの有用なパフォーマンスを獲得し、NPOの組織としても格段に成長している。今後も企業とのパートナーシップがいっそう増加することが期待される。

2. 理論面におけるインプリケーション

(1) 企業をベースにした組織間関係論への適用可能性の示唆

第3章で議論した、資源依存論や組織間信頼、組織間学習アプローチ、パートナーシップにおけるパフォーマンスといった組織間関係論の各テーマは、主に企業を研究の対象にしている。本研究は、この考え方を援用しながら、企業とNPOの関係を分析することを試みた。それは既存の組織間関係論が企業とNPOの関係について、企業間の関係と比較してどのような相違点があるのか、どの程度適用できるのかについて明らかにしようとするものである。これについては、具体的に以下のような点が考えられる。

① 資源依存論では企業とNPOのパートナーシップを十分に説明できない点があることを明らかにした。つまり、資源交換が企業どうしと同様にパートナーシップの形成動機となっているものの、交換される資源の内容とパワーの行使状況については、企業間のものとは相違がみられる（図表4-1と4-2参照）。

② 組織間信頼というきわめてあいまいで抽象度の高い概念を、「社会的信頼」、「能力への信頼」、「理解による信頼」という3つの源泉で構成されるものとしてとらえ、それぞれの源泉の役割が変化する過程を示した。これにより、組織間信頼の形成や時間的な変化をより明瞭に説明することができた

(図表4-4参照)。

③ 学習の目的について，組織間学習を「相手を認知するための学習」と「知識を獲得するための学習」に類型化し，知識を獲得するための学習をさらに「移転による学習」と「共創による学習」，「誘発による学習」という3つの概念に分類することを試みた（図表4-5と4-6参照）。

事例の分析では，どのような学習が顕著に現れ，どのような状況のときにどのように学習が抑制されるのかについて詳細に調べることができた。このような詳細な分類は，パートナーシップで行われる組織間学習の効果をより明確に分析するのに役に立つものと考える。

企業とNPOのパートナーシップでは，形成期において，両者はかならずしも学習の意図をもっているとはいえない。これは，知識の獲得をねらう企業どうしのパートナーシップにみられる学習とは異なっている。また，学習の意図がないとしても，組織間に学習のジレンマが存在しないこと，誘発による組織学習が顕著に行われていることが明らかになった。

④ パートナーシップにおけるパフォーマンスについては，意図的と随伴的という新たな視点を導入して考察している。この考察によって，協働の経験が少ない企業とNPOが，事業からどのようなパフォーマンスが得られるのかをより客観的にみることができる。4つの事例でみたように，企業とNPOは，協働事業を通じて単に意図したとおりのパフォーマンスを得ただけでなく，さまざまな随伴的なパフォーマンスを獲得している。

以上のようなダイナミックな動きが，企業とNPO，さらには協働事業そのものを飛躍的に発展させている。また，両者がパートナーシップを組むことの意義は，当事者間を越えて社会全体に広がっている。その意味で，このようなパートナーシップが増加すれば，大きな経済価値と社会価値を生み出すことができると考える。

(2) 企業をベースにした組織間関係論への刺激

山倉健嗣［2007］によると，従来の企業間パートナーシップに関する研究は，形成動機やパートナーの識別を中心に展開しており，時間の経過による

変化についてはそれほど議論されてこなかった[1]という。

　また，第3章で取り上げた先行研究によれば，パートナーシップの発展については，組織間信頼と組織間学習をそれぞれ単独のプロセスとして議論しているが，組織間信頼，組織間学習，パフォーマンスという3つの要素の相互作用による発展にはふれていない。つまり，これまでの組織間関係論はパートナーシップをダイナミックにとらえている研究はきわめて少ないのである。

　そこで，本研究では，資源依存論，組織間信頼，組織間学習，パフォーマンスに関する先行研究をサーベイし，新しい知見をくわえて検討を行った。そして，企業とNPOとのパートナーシップの形成動機，発展プロセスとその結果に関して，これをダイナミックに説明する分析枠組（Ⅰ）を構築した。

　さらに，この分析枠組にしたがって事例分析を行い，そこから得られた新しい発見事実を加えて，分析枠組（Ⅱ）を精緻化した。この精緻化された分析枠組は，企業間のパートナーシップの変化を考察するにも有効であり，組織間関係論に対して多少なりとも理論的な貢献をするものであると考えている。

(3)　企業とNPOの関係に関する理論研究の新たな試み

　従来の企業とNPOの関係については，第2章で述べたように，事例の紹介，実態や特徴による類型的整理といった研究が多かった。また，パートナーシップの展開をプロセスでとらえようとしたり，ステークホルダー・パースペクティブの視点でとらえるものもあるが，これらは理論との対応が不十分であったり，パートナーシップの変化そのものにほとんど注目していない。したがって，この分野はいまだに未開拓の領域であり，十分な成果が得られていないといえよう。

　このような背景のもと，既存の組織間関係論をもちいてはいるが，新たな試みとして両者の関係をダイナミックに説明できる分析枠組を提示した。そして，事例研究によってこの分析枠組をさらに修正し，その有効性を検証す

ることができた。

つまり，本研究では理論研究と事例研究を併用して，企業とNPOの関係の変化をとらえようとしている。このような研究は，不十分な状態にある企業とNPOのパートナーシップに関する理論研究にひとつの方向性を示すことができたのではないかと考える。

(4) 本研究における新たな発見

本研究は，インタビュー調査で得られたデータで分析枠組の有効性を検証するという定性分析の方法を採用した。具体的には，事前に送付した質問項目について回答者に自由に話してもらい，発言のなかから質問に関連するデータをカテゴリーごとに抽出・整理して分析を行っている。その結果，仮説が検証され，さらに膨大なデータからは以下のような新しい事実が導き出された。

① 組織間信頼の深化過程について，企業とNPOのそれぞれが重視する信頼の源泉は異なるという，「組織間信頼の非対称性」が明らかになった（図表9-30参照）。これは，組織間信頼の分析が相手に対する信頼と相手からの信頼という2つの視点に分けて考察する必要があるという重要な点を示唆している。NPOにはパートナーシップの形成前だけでなく，形成後にも情報発信や伝達の努力が欠かせないし，つねにみずからの専門能力を高めることが求められる。一方，企業はどれほどNPOについて学習し，理解を深めるかがポイントとなる。

② パフォーマンスには連鎖効果や相乗効果，イノベーション効果といった特徴が観察され（図表9-31参照），それぞれの成果の相互関係をとらえることが重要であることがわかった。

③ パートナーシップにおける組織間信頼や組織間学習，パフォーマンスという3つの要素は，相互に作用し合ってパートナーシップを促進させている。これは，パートナーシップをよりダイナミックにとらえることを可能にするであろう。

質的なデータをもちいて分析する事例研究の方法が，事象のプロセスや因果関係の解明，新たな理論の構築に有効であるという，沼上幹［1994, 1999］

やレメニー（Remenyi, D.）ら［2002］などが主張している[2]が，本研究においてもこの見解を支持することができると考える。

つまり，詳細なインタビューデータによる事例分析を行っているからこそ，本研究が目的としたパートナーシップのダイナミクスを解明することができたのではなかろうか。

第3節　今後の課題

最後に，今後の課題について言及しておきたい。

1. 事例研究から実証研究への転換

本研究では，4つの事例の分析によって，分析枠組と仮説の検証を試みた。しかし，少ない事例数であるため，普遍的な傾向をとらえることはできなかった部分がある。したがって，今後は検討すべき対象となる事例数を増やし，さらなる定性分析を行って本研究が示した結論の一般性を高める必要があると考える。

そして，今後は，企業とNPOのパートナーシップの実践が増加するにつれて，定量分析が可能となるので，それも視野に入れて，沼上［1994］や坂下昭宣［2007］が指摘している，事例研究に存在する「統計的一般化」の問題[3]を解決しなければならない。

2. 複数の異セクター間パートナーシップに関する研究への拡大

本研究は，営利セクターの企業と非営利セクターのNPOという，異セクターに属する2者間のパートナーシップを検討した。しかし，より効果的に社会的課題に取り組むには，公共サービスを提供する公的セクターである行政とのパートナーシップも重要であり，企業が複数の他の組織とパートナーシップを組むことは，今後ますます必要となっていくと考えている。NECへのインタビューのなかでもその動きはすでにみられるようになっている。

このような潮流を意識して，企業やNPO，行政などの複数の異なるセク

ターの組織間パートナーシップの研究が今後行われなければならないと考えている。その場合，企業とNPOの2者間の関係に着目して作り上げた本研究の分析枠組が，性質の異なる複数セクター間の関係にどのように適用できるのか，あるいは拡張が必要なのか，さらに議論を深めていきたい。

注
1) 山倉健嗣［2007］106頁。
2) 沼上幹［1994］55-56頁，Remenyi, D., et al.［2002］訳書, 29-30頁。
3) 沼上幹［1994］56-67頁，坂下昭宣［2007］93頁。

参考文献

英語文献

Abzug, R. = Webb, N. J. [1999] "Relationships Between Nonprofit and For-Profit Organizations: A Stakeholder Perspective", *Nonprofit and Voluntary Sector Quarterly*, Vol. 28, No. 4, pp. 416-431.

Andrew, J. P. = Sirkin, H. L. = BCG [2006] *Payback: Reaping the Rewards of Innovation*, Harvard Business School Press. (重竹尚基 = 小池仁監訳, 遠藤真美訳 [2007] 『BCG流成長へのイノベーション戦略』ランダムハウス講談社。)

Argyris, C. [1977] "Double loop learning in organizations", *Harvard Business Review*, Vol. 55, Sep-Oct, pp. 115-125. (有賀裕子訳 [2007] 「シングル・ループ学習では組織は進化しない 「ダブル・ループ」とは何か」『ダイヤモンド・ハーバード・ビジネス・レビュー』, 第32巻4号, 100-113頁。)

Ariño, A. [2003] "Measures of Strategic Alliance Performance: An Analysis of Construct Validity", *Journal of International Business Studies*, Vol. 34, pp. 66-79.

Austin, J. E. [2000] "Strategic Collaborations Between Nonprofits and Businesses", *Nonprofit and Voluntary Sector Quarterly*, Vol. 29, No. 1, pp. 69-97.

Austin, J. E. [2003] "Strategic Alliances: Managing the Collaboration Portfolio", *Stanford Social Innovation Review*, Summer, Leland Stanford Jr. University, pp. 49-55.

Axelrod, R. [1984] *The Evolution of Cooperation*, Basic Books. (松田裕之訳 [1993] 『つきあい方の科学』HBJ出版局。)

Bachmann, R. = Zaheer, A. [2008] "Trust in Interorganizational Relations", Cropper, S. = Ebers, M. = Huxham, C. = Ring, P. S. Eds., *The Oxford Handbook of Interorganizational Relations*, Oxford University Press, pp. 533-554.

Badaracco, Jr., J. L. [1991] *The Knowledge Link: How Firms Compete through Strategic Alliances*, Harvard Business School Press. (中村元一 = 黒岡哲彦訳 [1991] 『知識の連鎖』ダイヤモンド社。)

Barbalet, J. [2005] "Trust and Uncertainty: The Emotional Basis of Rationality". (www.allacademic.com/meta/p94720_index.html, 2009年6月10日アクセス)

Barney, J. B. [2002] *Gaining and Sustaining Competitive Advantage*, 2nd Edition, New Jersey. (岡田正大訳 [2003] 『企業戦略論――競争優位の構築と持続[上・中・下巻]』ダイヤモンド社。)

Blau, P. M. [1964] *Exchange and Power in Social Life*, John Wiley & Sons. (間場寿一 = 居安正 = 塩原勉訳 [1974] 『交換と権力』新曜社。)

Carroll, A. B. [1979] "A Three-Dimensional Conceptual Model of Corporate Social Performance", *Academy of Management Review*, Vol. 4, No. 4, pp. 497-505.

Carroll, A. B. [1981] *Business & Society: Managing Corporate Social Performance*, Little, Brown and Company.

Carroll, A. B. [1993] *Business and Society: Ethics and Stakeholder Management*, 2nd Edition,

South-Western Publishing Co..
Carroll, A. B. [1996] *Business & Society: Ethics and Stakeholder Management*, 3rd Edition, South-Western College.
Child, J. = Faulkner, D. [1998] *Strategies of Cooperation: Managing Alliances, Networks, and Joint Ventures*, Oxford University Press.
Child, J. = Faulkner, D. = Tallman, S. B. [2005] *Cooperative Strategy*, Oxford University Press.
Christensen, C. M. [1997] *The Innovator's Dilemma: When New Technologies Cause Great Firms to Fail*, Harvard Business School Press. (玉田俊平太監修, 伊豆原弓訳 [2001]『イノベーションのジレンマ―技術革新が巨大企業を滅ぼすとき』翔泳社。)
Cohen, W. M. = Levinthal, D. A. [1990] "Absorptive Capacity: A New Perspective on Learning and Innovation", *Administrative Science Quarterly*, Vol. 35, No. 1, Special Issue, pp. 128-152.
Coleman, J. S. [1990] *Foundations of Social Theory*, Harverd University Press. (久慈利武訳 [2006]『社会理論の基礎』青木書店。)
Cook, K. S. [1977] "Exchange and Power in Networks of Interorganizational Relations", *The Sociological Quarterly*, Vol. 18, pp. 62-82.
Cropper, S. = Ebers, M. = Huxham, C. = Ring, P. S. [2008] "Introducing Interorganizational Relations", Cropper, S. = Ebers, M. = Huxham, C. = Ring, P. S. Eds., *The Oxford Handbook of Interorganizational Relations*, Oxford University Press, pp. 3-21.
Dacin, T. = Reid, D. = Ring, P. S. [2008] "Alliances and Joint Ventures: The Role of Partner Selection from an Embeddedness Perspective", Cropper, S. = Ebers, M. = Huxham, C. = Ring, P. S. Eds., *The Oxford Handbook of Interorganizational Relations*, Oxford University Press, pp. 90-117.
Das, T. K. = Teng, B. [1998] "Between Trust and Control: Developing Confidence in Partner Cooperation in Alliances", *Academy of Management Review*, Vol. 23, pp. 491-512.
Das, T. K. = Teng, B. [2000a] "Instabilities of Strategic Alliances: An Internal Tensions Perspective", *Organization Science*, Vol. 11, No. 1, pp. 77-101.
Das, T. K. = Teng, B. [2000b] "A Resource Based Theory of Strategic Alliances", *Journal of Management*, Vol. 26, No. 1, pp. 31-61.
Das, T. K. = Teng, B. [2001] "Trust, Control, and Risk in Strategic Alliances: An Intergrated Framework", *Organization Studies*, Vol. 22, No. 2, pp. 251-283.
Das, T. K. = Teng, B. [2002] "Alliance Constellations: A Social Exchange Perspective", *The Academy of Management Review*, Vol. 27, No. 3, pp. 445-456.
Das, T. K. = Teng, B. [2003] "Partner Analysis and Alliance Performance", *Scandinavian Journal of Management*, Vol. 19, pp. 279-308.
David, V. [2005] *The Market for Virtue: The Potential and Limits of Corporate Social Responsibility*, Brookings Institution Press. (小松由紀子 = 村上美智子 = 田村勝省訳 [2007]『企業の社会的責任 [CSR] の徹底研究―利益の追求と美徳のバランス その事例による検証』一灯舎。)
Davis, G. F. = Cobb, J. A. [2010] "Resource Dependence Theory: Past and Future", Schoonhoven, C. B. = Dobbin, F. Eds., *Stanford's Organization Theory Renaissance, 1970-2000* (Research in the Sociology of Organizations, Volume 28), Emerald Group Publishing Limited, pp. 21-42.
Doz, Y. L. [1996] "The Evolution of Cooperation in Strategic Alliances: Initial Conditions or Learning Processes?", *Strategic Management Journal*, Vol. 17, pp. 55-83.
Dyer, J. = Singh, H. [1998] "The Relational View: Cooperative Strategy and Sources of

Interorganizational Competitive Advantage", *Academy of Management Review*, Vol. 23, No. 4, pp. 660-679.
Dyer, J. H. = Nobeoka, K. [2000] "Creating and Managing a High-performance Knowledge-sharing Network: The TOYOTA Case", *Strategic Management Journal*, Vol. 21, pp. 345-367.
Enerson, R. M. [1962] "Power-Dependence Relations", *American Sociological Review*, Vol. 27, pp. 31-40.
Fiol, C. M. = Lyles, M. A. [1985] "Organizational Learning", *Academy of Management Review*, Vol. 10, pp. 803-813.
Garvin, D. A. [1993] "Building a Learning Organization", *Harvard Business Review*, Vol. 71, Issue, 4, pp. 78-91. (ダイヤモンド・ハーバード・ビジネス・レビュー編集部訳 [2007]「学習する組織」の実践プロセス」『組織能力の経営論』ダイヤモンド社, 37-83頁。)
Geddes, M. [2008] "Interorganizational Relationships in Local and Regional Development Partnerships", Cropper, S. = Ebers, M. = Huxham, C. = Ring, P. S. Eds., *The Oxford Handbook of Interorganizational Relations*, Oxford University Press, pp. 203-230.
Giddens, A. [1990] *The Consequences of Modernity*, Statesman & Nation Publish Company. (松尾精文 = 小幡正敏訳 [2002]『近代とはいかなる時代か──モダニティの帰結』而立書房。)
Grant, R. M. [1996] "Prospering in Dynamically-Competitive Environment: Organizational Capability as Knowledge Integration", *Organization Science*, Vol. 7, pp. 375-387.
Gray, B. [1990] "Building Interorganizational Alliances: Planned Change in a Global Environment", *Research in Organizational Change and Development*, Vol. 4, pp. 101-140.
Gray, B. = Wood, D. J. [1991] "Collaborative Alliances: Moving From Practice to Theory", *Journal of Applied Behavioral Science*, Vol. 27, No. 1, pp. 3-22.
Gray, B. [1989] *Finding Common Ground for Multiparty Problems*, Jossey-Bass Publishers.
Gulati, R. [1998] "Alliance and Networks", *Strategic Management Journal*, Vol. 19, pp. 293-317.
Gulati, R. = Gargiulo, M. [1999] "Where Do Interorganizational Networks Come From?", *American Journal of Sociology*, Vol. 104, No. 5, pp. 1439-1493.
Gulati, R. = Nickerson, J. A. [2008] "Interorganizational Trust, Governance Choice, and Exchange Performance", *Organization Science, Articles in Advance*, pp. 1-21.
Guo, C. = Acar, M. [2005] "Understanding Collaboration Among Nonprofit Organizations: Combining Rescource Dependency, Institutional, and Network Perspectives", *Nonprofit and Voluntary Sector Quarterly*, Vol. 34, No. 3, pp. 340-361.
Hamel, G. [1991] "Competition for Competence and Interpartner Learning within International Strategic Alliance", *Strategic Management Journal*, Vol. 12, pp. 83-103.
Hamel, G. = Doz, Y. L. [1998] *Alliance Advantage: The Art of Creating Value Through Partnering*, Harvard Business School Press. (志太勤一 = 柳孝一監訳, 和田正春訳 [2001]『競争優位のアライアンス戦略──スピードと価値創造のパートナーシップ』ダイヤモンド社。)
Hamel, G. = Doz, Y. L. = Prahalad, C. K. [1989] "Collaboration with Your Competitors and Win", *Harvard Business Review*, January-February, pp. 133-139. (小林薫訳 [1989]「ライバルとの戦略的提携で勝つ法」『ダイヤモンド・ハーバード・ビジネス・レビュー』, 4-5月号, 11-27頁。)
Hamel, G. = Prahalad, C. K. [1994] *Competing for the Future*, Harvard Business School Press. (一條和生訳 [2001]『コア・コンピタンス経営──未来への競争戦略』日本経済新聞社。)
Heimeriks, K. H. = Duysters, G. [2007] "Alliance Capability as a Mediator Between Experience and Alliance Performance: An Empirical Investigation into the Alliance Capability

Development Process", *Journal of Management Studies*, Vol. 44, No. 1, pp. 25-49.
Homans, G. C. [1961] *Social Behavior: Its Elementary Forms*, Harcourt, Brace & World.（橋本茂訳 [1978]『社会行動—その基本形態』誠信書房。）
Howard, R. B. [1953] *Social Responsibility of Businessman*, Harper & Brothers.（日本経済新聞社訳 [1960]『ビジネスマンの社会的責任』日本経済新聞社。）
Huber, G. P. [1991] "Organizational Learning: The Contributing Processes and Literatures", *Organization Science*, Vol. 2, No. 1, pp. 88-115.
Huxham, C. = Beech, N. [2008] "Interorganizational Power", Cropper, S. = Ebers, M. = Huxham, C. = Ring, P. S. Eds., *The Oxford Handbook of Interorganizational Relations*, Oxford University Press, pp. 555-579.
Ingram, P. [2002] "Interorganizational Learning", Baum, Joel A. C. Ed., *The Blackwell Companion to Organizations*, Blackwell Publishing, pp. 642-663.
Inkpen, A. C. [2000] "Learning Through Joint Ventures: A Framework of Knowledge Acquisition", *Journal of Management Studies*, Vol. 37, No. 7, pp. 1019-1043.
Inkpen, A. C. [2001] "Strategic Alliance", Hitt, M. A. = Freeman, R. E. = Harrison, J. S. Eds., *The Strategic Management*, Blackwell Publishing, pp. 409-432.
Ireland, R. D. = Hitt, M. A. = Webb, J. W. [2006] "Entrepreneurial Alliances and Netwoks", Shenkar, O. = Reuer, J. J. Eds., *Handbook of Strategic Alliances*, Sage Publications, pp. 333-352.
Kale, P. = Singh, H. = Perlmutter, H. [2000] "Learning and Protection of Proprietary Assets in Strategic Alliances: Building Relational Capital", *Strategic Management Journal*, Vol. 21, pp. 217-237.
Kanter, R. M. [1994] "Collaborative Advantage: Successful Partnerships Manage the Relationship, Not Just the Deal", *Harvard Business Review*, July-August, pp. 96-108.（宮下清訳 [1994]「コラボレーションが創る新しい競争優位」『ダイヤモンド・ハーバード・ビジネス』, 10-11月号, 22-36頁。）
Khanna, T. = Gulati, R. = Nohria, N. [1998] "The Dynamics of Learning Alliances: Competition, Cooperation and Relative scope", *Strategic Management Journal*, Vol. 19, No. 3, pp. 193-210.
King, A. [2007] "Cooperation Between Corporations and Environmental Groups: A Transaction Cost Perspective", *Academy of Management Review*, Vol. 32, No. 3, pp. 889-900.
Knoke, D. = Chen, X. [2008] "Political Perspectives on Interorganizational Networks", Cropper, S. = Ebers, M. = Huxham, C. = Ring, P. S. Eds., *The Oxford Handbook of Interorganizational Relatioas*, Oxford University Press, pp. 441-472.
Kogut, B. = Zander, U. [1992] "Knowledge of the Firm, Combinative Capability, and the Replication of Technology", *Organization Science*, Vol. 3, pp. 383-397.
Koontz, Z. M. = Thomas, C. W. [2006] "What Do We Know and Need to Know About the Environmental Outcomes of Collaborative Management?", *Public Administration Review*, Vol. 66, pp. 111-121.
Lambert, D. M. = Knemeyer, A. M. [2004] "We're in This Together", *Diamond Harvard Business Review*, Vol. 82, Issue, 12, pp. 114-122.（マクドナルド京子訳 [2005]「パートナーシップ・モデル実践法」『ダイヤモンド・ハーバード・ビジネス・レビュー』, 6月号, 108-119頁。）
Larson, A. [1992] "Network Dyads in Entrepreneurial Settings: A Study of the Governance of Exchange Relationships", *Administrative Science Quarterly*, Vol. 37, pp. 76-104.
Levine, S. = White, P. E. [1961] "Exchange as a Conceptual Framework for the Study of

Interorganizational Relationships", *Administrative Science Quarterly*, pp. 583-601.
Levinthal, D. A. = March, J. G. [1993] "The Myopia of Learning", *Strategic Management Journal*, Vol. 14, pp. 95-112.
London, T. = Rondinelli, D. A. = O'Neill, H. [2006] "Strange Bedfellows: Alliances Between Corporations and Nonprofits", Shenkar, O. = Reuer, J. J. Eds., *Handbook of Strategic Alliances*, Sage Publications, pp. 353-366.
Lober, D. J. [1997] "Explaining the Formation of Business-Environmentalist Collaborations: Collaborative Windows and the Paper Task Force", *Policy Science*, Vol. 30, pp. 1-24.
Lotia, N. = Hardy, C. [2008] "Critical Perspectives on Collaboration", Cropper, S. = Ebers, M. = Huxham, C. = Ring, P. S. Eds., *The Oxford Handbook of Interorganizational Relatioas*, Oxford University Press, pp. 366-389.
Luhmann, N. [1968] *Vertrauen: Ein Mechanismus der Reduktion Sozialer Komplexität*, Ferdinand Enke Verlag. (野崎和義 = 土方透訳 [1988]『信頼―社会の複雑性とその縮減』未来社。)
Lunnan, R. = Haugland, S. A. [2008] "Predicting and Measuring Alliance Performance: A Multidimensional Analysis", *Strategic Management Journal*, Vol. 29, pp. 545-556.
Makhija, M. V. = Ganesh, U. [1997] "The Relationship Between Control and Partner Learning in Learning-related Joint Ventures", *Organization Science*, Vol. 8, No. 5, pp. 508-527.
Martin, X. = Krishnan, R. [2006] "When Does Trust Matter to Alliance Performance?", *Academy of Management Journal*, Vol. 49, No. 5, pp. 894-917.
Mayer, R. C. = Davis, J. H. [1995] "An Integrative Model of Organizational Trust", *Academy of Management Review*, Vol. 20, No. 3, pp. 709-734.
Merton, R. K. [1949] *Social Theory and Social Structure: Toward the Codification of Theory and Research*, Free Press. (森東吾 = 森好夫 = 金沢実 = 中島竜太郎訳 [1961]『社会理論と社会構造』みすず書房。)
Mizruchi, M. S. = Yoo, M. [2002] "Interorganizational Power and Dependence", Baum, Joel A. C. Ed., *The Blackwell Companion to Organizations*, Blackwell Publishing, pp. 599-620.
Moorman, C. = Deshpandé, R. = Zaltman, G. [1993] "Factors Affecting Trust in Market Research Relationships", *Journal of Marketing*, Vol. 57, pp. 81-101.
Mowery, D. C. = Oxley, J. E. = Silverman, B. S. [1996] "Strategic Alliances and Interfirm Knowledge Transfer", *Strategic Management Journal*, Winter Special Issue, 17, pp. 77-92.
Muthusamy, S. K. = White, M. A. [2006] "Does Power Sharing Matter? The Role of Power and Influence in Alliance Performance", *Journal of Business Research*, Vol. 59, pp. 811-819.
Neil, J. M. [1989] *The Generous Corporation: A Political Analysis of Economic Power*, Yale University Press. (井関利明監修, 松野弘 = 小阪隆秀監訳 [2003]『社会にやさしい企業』同友館。)
Park, S. = Ungson, G. [2001] "Interfirm Rivalry and Managerial Complexity: A Conceptual Framework of Alliance Failure", *Organization Science*, Vol. 12, pp. 37-53.
Paxton, P. [1999] "Is Social Capital Declining in the United States?: A Multiple Indicator Assessment", *American Journal of Sociology*, Vol. 105, No. 1, pp. 88-127.
Pfeffer, J. = Salancik G. R. [1978] *The External Control of Organizations: A Resource Dependence Perspective*, Harper & Row.
Pfeffer, J. [2005] "Developing Rescource Dependence Theory", Smith, K. G. = Hitt, M. A. Eds., *Great Minds in Management*, Oxford Unversity Press, pp. 437-459.
Porter, M. E. = Kramer, M. R. [2002] "The Competitive Advantage and Corporate Philanthropy",

Diamond Harvard Business Review.（沢崎冬日訳［2003］「競争優位のフィランソロピー」『ダイヤモンド・ハーバード・ビジネス・レビュー』, 3月号, 24-43頁。）

Porter, M. E. = Kramer, M. R. [2006] "Strategy and Society: The Link Between Competitive Advantage and Corporate Social Responsibility", *Diamond Harvard Business Review*.（村井裕訳［2008］「競争優位のCSR戦略」『ダイヤモンド・ハーバード・ビジネス・レビュー』, 1月号, 36-52頁。）

Provan, K. G. [1980] "Recognizing, Measuring and Interpreting the Potential/Enacted Power Distinction in Organizational Research", *Academy of Management Review*, Vol. 5, No. 4, pp. 549-559.

Provan, K. G. [1984] "Interorganizational Cooperation and Decision Making Autonomy in a Consortium Multihospital System", *Academy of Management Review*, Vol. 9, No. 3, pp. 494-504.

Provan, K. G. = Sydow, J. [2008] "Evaluating Interorganizational Relationships", Cropper, S. = Ebers, M. = Huxham, C. = Ring, P. S. Eds., *The Oxford Handbook of Interorganizational Relations*, Oxford University Press, pp. 691-716.

Pucik, V. [1995], "Competitive Collaboration and Learning: The Next Round".（島本実訳［1995］「競争的協力と学習—次のラウンドへ向けて」『ビジネス・レビュー』, Vol. 42, No. 4, 35-45頁。）

Remenyi, D. = Williams, B. = Money, A. = Swartz, E. [1998] *Doing Research in Business and Management: An Introduction to Process and Method*, Sage Publications.（小樽商科大学ビジネス創造センター訳［2002］『研究のための進め方—修士・博士論文を書くまえに』同文舘出版。）

Sako, M. [1991] "The Role of 'Trust' in Japanese Buyer-Supplier Relationships", *Rcerche Economiche*, XLV, 2-3, pp. 449-474.

Sako, M. [1992] *Prices, Quality and Trust: Inter-Firm Relations in Britain and Japan*, Cambridge University Press.

Salmon, L. M. [1994] *America's Nonprofit Sector*, Foundation Center.（入山映訳［1994］『米国の「非営利セクター」入門』ダイヤモンド社。）

Salmon, L. M. [1997] *Holding the Sector: America's Nonprofit Sector at a Crossroads*, Brookings Institution Press.（山内直人訳［1999］『NPOの最前線—岐路に立つアメリカ市民社会』ダイヤモンド社。）

Schrage, M. [1990] *Shared Minds: The New Technologies of Collaboration*, John Brockman Associates.（藤田史郎監修［1992］『マインド・ネットワーク』プレジデント社。）

Seitanidi, M. M. = Crane, A. [2009] "Implementing CSR through Partnerships: Understanding the Selection, Design and Institutionalisation of Nonprofit-Business Partnerships", *Journal of Business Ethics*, Vol. 85, pp. 413-429.

Senge, P. M. [1990] *The Fifth Discipline: The Art & Practice of The Learning Organization*, Crown Business.（守部信之訳［1995］『最強組織の法則』徳間書店。）

Sharfman, M. P. = Gray, B. = Yan, A. [1991] "The Context of Interorganizational Collaboration in the Garments Industry: An Institutional Perspective", *Journal of Applied Behavioral Science*, Vol. 27, pp. 181-208.

Sirmon, D. G. = Lane, P. J. [2004] "A Model of Cultural Differences and International Alliance Performance", *Journal of International Business Studies*, Vol. 35, pp. 306-319.

Stafford, E. R. = Polonsky, M. J. = Hartman, C. L. [2000] "Environmental NGO-Business

Collaboration and Strategic Bridging: A Case Analysis of the Greenpeace-Foron Alliance", *Business Strategy and the Environment*, Vol. 9, pp. 122-135.

Sydow, J. [1998] "Understanding the Constitution of Interorganizational Trust", Lane, C. = Bachmann, R. Eds., *Trust within and between Organizations: Conceptual Issues and Empirical Applications*, Oxford University Press, pp. 31-63.

Thomson, A. M. = Perry, J. L. [2006] "Collaboration Processes: Inside the Black Box", *Public Administration Review*, Dec. pp. 20-32.

Thomson, J. D. [1967] *Organizations in Action*, McGraw-Hill.（高宮晋監訳［1987］『オーガニゼーション・イン・アクション』同文舘。）

Tidd, J. = Bessant, J. = Pavitt, K. [2001] *Managing Innovation: Integrating Technological, Market and Organizational Change*, John Wiley & Sons.（後藤晃 = 鈴木潤監訳［2004］『イノベーションの経営学―技術・市場・組織の統合的マネジメント』NTT出版。）

Utterback, J. M. [1998] *Mastering the Dynamics of Innovation*, Harvard Business School Press.（大津正和 = 小川進監訳『イノベーション・ダイナミクス』有斐閣。）

Venkatraman, N. = Ramanujam, V. [1986] "Measurement of Business Performance in Strategy Research: A Comparison of Approaches", *Academy of Management Review*, Vol. 11, No. 4, pp. 801-814.

Wenger, E. C. = Snyder, W. M. [2000] "Communities of Practice: The Organizational Frontier", *Harvard Business Review*, Jan-Feb, pp. 139-145.（西村裕之訳［2001］「インフォーマル・ネットワークが生み出す組織活力「場」のイノベーション・パワー」『ダイヤモンド・ハーバード・ビジネス・レビュー』，第26巻8号，120-129頁。）

Waddock, S. A. [1988] "Building Successful Social Partnerships", *Sloan Management Review*, Summer, pp. 17-23.

Williamson, O. E. [1975] *Market and Hierarchies: Analysis and Antitrust Implications*, The Free Press.（浅沼萬里 = 岩崎晃訳［1980］『市場と企業組織』日本評論社。）

Wood, D. J. = Gray, B. [1991] "Toward a Comprehensive Theory of Collaboration", *Journal of Applied Behavioral Science*, Vol. 27, No. 2, pp. 139-162.

Woolthuis, R. K. = Nooteboom, B. = Jong, G. D. [2010] "Roles of Third Parties in Trust Repair: An Empirical Test in High Tech Alliances", pp. 1-21.（www.bartnooteboom.nl/site/img/klanten/250/Roles%20of%20third%20parties%20in%20trust%20repair.pdf, 2010年5月3日アクセス）

Young-Ybarra, C. = Wiersema, M. [1999] "Strategic Flexibility in Information Technology Alliances: The Influence of Transaction Cost Economics and Social Exchange Theory", *Organization Science*, Vol. 10, No. 4, pp. 439-459.

Zaheer, A. = Harris, J. [2006] "Interorganizational Trust", Shenkar, O. = Reuer, J. J. Eds., *Handbook of Strategic Alliances*, Sage Publications, pp. 169-197.

Zaheer, A. = McEvily, B. = Perrone, V. [1998] "Does Trust Matter? Exploring the Effects of Interorganizational and Interpersonal Trust on Performance", *Organization Science*, Vol. 9, No. 2, pp. 141-159.

日本語文献

青木崇［2010］「企業変革を導く組織間学習の形成とコーポレート・ガバナンスとの共進化」『東京国際大学論叢』，第81号，77-92頁。

赤羽新太郎編著［2007］『経営の新潮流―コーポレートガバナンスと企業倫理』白桃書房。

赤岡功 [1981]「組織間関係の対象と方法」『組織科学』,Vol. 15, No. 4。
足達英一郎 [2007]「「市場の進化」にみる新しい時代のメルクマール:ISO26000」『経済セミナー』,No. 627, 19-23 頁。
安藤史江 [2001]『組織学習と組織内地図』白桃書房。
飯田史彦 [1996]「日本企業のフィランソロピー戦略―戦略的社会貢献の基本原理と諸問題(下)」『商学論集』,第 64 巻,第 3 号,57-71 頁。
飯田史彦 [1996]「日本企業のフィランソロピー戦略―戦略的社会貢献の基本原理と諸問題(上)」『商学論集』,第 64 巻,第 2 号,1-31 頁。
池田耕一 [2004]「CSR[企業の社会的責任]と企業戦略」『日本経営倫理学会誌』,第 11 号。
石井淳蔵 [1983]『流通におけるパワーと対立』千倉書房。
石井圭介 [2010]「水平的連携によるイノベーションの創出」『生産管理』,Vol. 17, No. 2, 66-71 頁。
石井真一 [2003a]「提携マネジメントの分析視座―提携動機に関する研究を手がかりに」『経営研究』(大阪市立大学経営学会),Vol. 54, No. 2, 1-18 頁。
石井真一 [2003b]『企業間提携の戦略と組織』中央経済社。
伊吹英子 [2005]『CSR 経営戦略―「社会的責任」で競争力を高める』東洋経済新報社。
岩田若子 [1999]「企業と NPO とのパートナーシップ諸類型―戦略的社会貢献活動をめぐって」『日本都市学会年報』,Vol. 32, 101-110 頁。
植木英雄 [2005]「知の国際移転と組織間学習」『東京経大学会誌』,No. 246, 13-27 頁。
NHK 取材班 [1977]『企業と社会』日本放送出版社。
NPO 法人環境保全米ネットワーク編 [2011]『環境保全米農法の手引き』NPO 法人環境保全米ネットワーク。
大倉邦夫 [2009]「協働による企業の社会的事業の展開―エコサークルの事例を通じて」『日本経営学会第 83 回大会報告要旨集』,384-387 頁。
大滝精一 [1991]「戦略提携と組織学習」『組織科学』,Vol. 25, No. 1, 36-40 頁。
大野貴司 [2008]「経営戦略と組織間関係―戦略化と物語の観点から」『岐阜経済大学論集』,Vol. 41, No. 3, 81-116 頁。
岡村龍輝 [2006]「NPO・NGO との協力による持続的競争優位の構築―企業と環境との相互作用の視点から」『大学研究年報』,第 35 号, 19-38 頁。
岡本大輔 [2007]「企業の社会性と CSP-CEP 関係―ニューラルネットワーク・モデルを用いて」『三田商学研究』,第 50 巻第 3 号, 83-103 頁。
奥康平 [2008]「経営統合における制度的信頼と自律性のバランス」『経営研究』(大阪市立大学経営学会),Vol. 59, No. 2, 97-113 頁。
加賀田和弘 [2005]「企業の社会的責任(CSR)―その歴史的展開と今日的課題」『関西学院大学 Kwansei Gakuin policy studies review』[2006], Vol. 7, 43-65 頁。
影山摩子弥 [2010]「企業と NPO の接点としての CSR―企業と NPO による協働のシステム論的必然性と協働の事例」『横浜市立大学論叢』(人文科学系列),Vol. 61, No. 1, 47-67 頁。
金川一夫 [2008]「組織間関係論にもとづいた企業統合に関する研究―キヤノンアプテックスとコピアの事例」『九州産業大学経営学論集』,Vol. 18, No. 3, 63-75 頁。
金川一夫 [2008]「組織間関係論にもとづいた企業統合に関する研究―大和ハウス工業と大和団地の事例」『商経学叢』,Vol. 55, No. 1, 109-115 頁。
亀川雅人 = 高岡美佳編著 [2007]『CSR と企業経営』学文社。
河西邦人 [1995]「組織間関係の形成と経営戦略」『青山社会科学紀要』,Vol. 23, No. 2, 25-55 頁。
川村雅彦 [2004]「日本の「企業の社会的責任」の系譜[その 2]」『ニッセイ基研 REPORT』ニッ

セイ基礎研究所, 5月.
関東経済産業局［2005］『企業とコミュニティビジネスとのパートナーシップ—企業, コミュニティビジネス, インターミディアリーの関係づくり』広域関東圏コミュニティビジネス推進協議会.（www.kanto.meti.go.jp/seisaku/community/data/houkokusyo_noval6fy.pdf, 2009年10月15日アクセス）
岸田真代編著［2005］『NPOからみたCSR—協働へのチャレンジ』同文舘出版.
岸田真代編著［2006］『企業とNPOのパートナーシップ—CSR報告書100社分析』同文舘出版.
岸田真代編著［2007］『CSRに効く！—企業&NPO協働のコツ』風媒社.
岸田真代編著［2008］『点から線へ　線から面へ』風媒社.
岸田真代編［2010］『NPO&企業　協働の10年　これまで・これから』サンライズ出版.
岸田真代＝高浦康有［2003］『協働へのチャレンジ』同文舘出版.
岸田民樹編［2005］『現代経営組織論』有斐閣ブックス.
京都産業大学ソーシャル・マネジメント教育研究会編［2009］『ケースに学ぶソーシャル・マネジメント』文眞堂.
久保田進彦［2009］「埋め込まれた交換関係の分析フレームワーク」『経営論集』, 第74号, 1-21頁.
経済企画庁［2000］『国民生活白書（平成12年版）』大蔵省印刷局.
結城祥［2006］「マーケティング・チャンネルにおけるパワーと信頼」『三田商学研究』, 第49巻, 第7号, 25-46頁.
現代企業研究編［1994］『日本の企業間関係—その理論と実態』中央経済社.
合力知工［1998］「現代における企業の社会的責任」『商學論叢』, 第43巻, 第1号, 135-174頁.
古賀純一郎［2005］『CSRの最前線』NHK出版.
小島廣光［2006］「協働の窓モデル」『経済学研究』, Vol. 55, No. 4, 11-30頁.
小島廣光＝畑山紀＝大原昌明＝樽見弘紀＝平本健太［2008］「NPO, 政府, 企業間の戦略的協働—北海道NPOバンク」『経済学研究』, Vol. 58, No. 2, 11-44頁.
小島廣光＝平本健太［2009］「戦略的協働とは何か」『経済学研究』, Vol. 58, No. 4, 155-194頁.
後藤祐一［2009a］「戦略的協働の理論的枠組」『經濟學研究』, Vol. 58, No. 4, 319-330頁.
後藤祐一［2009b］「ツール・ド・北海道と車粉問題の解決プロセスの特徴」『經濟學研究』（北海道大学）, Vol. 59, No. 3, 225-234頁.
小林俊治＝齊藤毅憲編著［2008］『CSR経営革新』中央経済社.
小山嚴也［2011］『CSRのマネジメント—イシューマイオピアに陥る企業』白桃書房.
近藤弘毅［2010］「組織間関係を通じたポピュレーション・レベル学習のマネジメント」『経営学研究』（目白大学）, 第8号, 51-60頁.
今野喜文［2000］「中堅中小企業の創造型戦略的連携と組織間学習プロセス」『北星論集』（経）, 第38号, 53-70頁.
今野喜文［2004］「戦略的提携における獲得のマネジメントについて」『北星論集』（経）, 第44巻, 第1号, 45-66頁.
今野喜文［2006］「戦略的提携論に関する一考察」『北星論集』（経）, 第45巻, 第2号, 65-86頁.
近能善範［2002］「自動車部品取引のネットワーク構造とサプライヤーのパフォーマンス」『組織科学』, Vol. 35, No. 3, 83-100頁.
財団法人中部産業活性化センター編［2009］『企業側からみたNPOとの協働に関する調査研究事業報告書』.（www.cirac.jp/document/ciac/research/20/npo.pdf, 2010年4月16日アクセス）
斎藤槙［2004］『社会起業家—社会責任ビジネスの新しい潮流』岩波新書.
坂口順也［2005］「組織間信頼を用いた研究の展開と課題」『関東学園大学経済学紀要』, 第32集,

第2号,39-48頁.
坂下昭宣［2007］「実証研究と『結論の一般性』」『組織科学』,第41巻第1号,93頁.
坂本文武［2004］『NPOの経営—資金調達から運営まで』日本経済新聞社.
櫻井克彦［1977］『現代企業の社会的責任』千倉書房.
櫻井克彦［1979］『現代企業の経営政策—社会的責任と企業経営』千倉書房.
櫻井克彦［1999］「コーポレートガバナンスに関する一考察—企業の社会的責任との関連を中心に」『経済科学』,第46巻,第4号,29-42頁.
櫻井克彦［2000］「企業社会責任研究の生成発展分化とその今日的課題」『経済科学』,第47巻,第4号,29-49頁.
櫻井克彦［2001］「現代経営学研究と「企業と社会」論的接近」『経済科学』,第49巻,第3号,1-12頁.
櫻井克彦［2002］『現代の企業と社会』（第4版）千倉書房.
櫻井武寛［2005］「無農薬,減農薬栽培米で造ったお酒の味」『こめねっと』,第51号,1頁.
櫻井通晴［2005］『コーポレートレピュテーション』中央経済社.
櫻木晃浩＝松本力也［2009］「環境経営戦略における組織間関係—NPO法人川崎市民石けんプラントの事例研究」『共栄大学研究論集』,Vol. 7, 47-63頁.
酒向真理［1998］「日本のサプライヤー関係における信頼の役割」,藤本隆宏＝西口敏宏＝伊藤秀史編［1998］『リーディングサプライヤー・システム—新しい企業間関係を創る』有斐閣,91-118頁.
佐々木利廣［2001］「企業とNPOのグリーンアライアンス」『組織科学』,Vol. 35, No. 1, 18-31頁.
佐々木利廣［2003］「企業とNPOのコラボレーション—JAHDSのマインアイ共同開発」『経営論集』（明治大学経営学研究所）,50巻,第2号,297-311頁.
佐々木利廣［2004］「欧米アパレル企業とNPOのコラボレーション」,白石善章＝田中道雄編著『現代日本の流通と社会』ミネルヴァ書房,第14章.
佐々木利廣［2009］「NPOとの協働によるCSRの実践」『日本経営教育学会第59回全国研究大会研究報告集』,34-37頁.
佐々木利廣［2010］「企業とNPOの組織間関係—日米の協働ケースをもとに」『経営論集』（明治大学経営研究所）,Vol. 57, No. 1・2号,247-267頁.
佐々木利廣編著［2007］『チャレンジ精神の源流』ミネルヴァ書房.
佐々木利廣＝加藤高明＝東俊之＝澤田好宏［2009］『組織間コラボレーション—協働が社会的価値を生み出す』ナカニシヤ出版.
澤井雅明［2009］「IBMのマーケティング施策変遷についての一考察—組織間関係維持の観点から」『広島大学マネジメント研究』,Vol. 9, 13-24頁.
島田恒［2003］『非営利組織研究—その本質と管理』文眞堂.
島田恒［2005］『NPOという生き方』PHP新書.
清水龍瑩［1993］「日本型経営「取引信頼」とそのグローバル化」『組織科学』,Vol. 27, No. 2, 4-13頁.
下村博史［2006］「パートナーシップ論から見た物流アウトソーシング」『日本物流学会誌』,第14号,133-140頁.
社団法人経済団体連合会編［1999］『社会貢献白書—企業と社会のパートナーシップ』日本工業新聞社.
社団法人日本経済団体連合会社会貢献推進委員会1％クラブ編［2010］『2009年度社会貢献活動実績調査結果』.
首藤恵［2007］「SRIの持つ可能性」『経済セミナー』,No. 627, 32-35頁.

鈴木均［2010］「NEC の CSR への取り組み事例から―NPO/NGO との連携による社会的課題の解決を目指して」『Business Research』No. 1034, 60-67 頁。
園部靖史［2009］「企業の信頼を向上させる企業の社会貢献活動の属性」『広告科学』, Vol. 50, 79-901 頁。
田尾雅夫［2001］『ボランタリー組織の経営管理』（第 2 版）有斐閣。
田尾雅夫［2004］『実践 NPO マネジメント』ミネルヴァ書房。
髙井透［2001］「組織間学習と合弁企業の組織能力」『組織科学』, Vol. 35, No. 1, 44-62 頁。
高浦康有［2006］「企業と NPO の協働と倫理―対等なパートナーシップ関係の構築に向けて」『経済学』（東北大学）, Vol. 67, No. 4, 433-442 頁。
高岡伸行［2005］「CSR パースペクティブの転換」『日本経営学会誌』, No. 13, 3-16 頁。
髙巖 = 辻義信 = Scott T. D. = 瀬尾隆史 = 久保田正一［2003］『企業の社会的責任』日本規格協会。
髙巖 = 日経 CSR プロジェクト編［2004］『CSR　企業価値をどう高めるか』日本経済新聞社。
高嶋克義［1984］「流通システムにおける勢力の分析枠組―資源依存アプローチ」『六甲台論集』, 第 31 巻, 第 2 号, 103-115 頁。
高田薫［1975］『企業の環境適応』中央経済社。
高橋伸幸 = 山岸俊男［1993］「社会的交換ネットワークにおける権力」『理論と方法』, Vol. 8, No. 2, 251-269 頁。
田中行彦［2009］「インテグラル型アーキテクチャにおける組織間知識創造」『日本経営学会第 83 回大会報告要旨集』, 153-156 頁。
谷口勇仁［1997］「企業社会責任研究の新展開―社会業績・経済業績相関研究の枠組の構築」『経済科学』（名古屋大学）, Vol. 45, No. 1, 75-94 頁。
谷口勇仁［2000］「企業社会戦略の探求―社会性の達成度合と戦略類型の分析」名古屋大学大学院経済学研究科博士論文。
谷口勇仁［2002］「企業と社会論の構成と展開」, 手塚公登 = 小山明宏 = 上田泰編著『経営学再入門』同友館, 167-182 頁。
谷本寛治［2002a］「NPO と企業の新しい関係」, 谷本寛治 = 田尾雅夫編著『NPO と事業』ミネルヴァ書房。
谷本寛治［2002b］「企業と NPO のフォアフロント」, 奥林康司 = 稲葉元吉 = 貫隆夫編著『NPO と経営学』中央経済社。
谷本寛治［2002c］『企業社会のリコンストラクション』千倉書房。
谷本寛治編著［2004］『CSR 経営―企業の社会的責任とステイクホルダー』中央経済社。
谷本寛治編著［2006］『CSR―企業と社会を考える』NTT 出版。
谷本寛治［2007］「企業と社会」を考える」『経済セミナー』, No. 627, 14-18 頁。
谷本寛治 = 田尾雅夫［2002］『NPO と事業』ミネルヴァ書房。
田村正紀［2006］『リサーチ・デザイン―経営知識創造の基本技術』白桃書房。
丹下博文［2001］『企業経営の社会性研究―社会貢献地球環境高齢化への対応』中央経済社。
千葉隆之［1997］「市場と信頼」『日本社会学会　社会学評論』, Vol. 48, No. 3, 317-333 頁。
張淑梅［2004］『企業間パートナーシップの経営』中央経済社。
陳韻如［2004］「資源依存理論による動態的分析」『経済論叢』（京都大学）, 第 173 巻, 第 56 号, 52-67 頁。
角野信夫［1997］「企業統治の組織論(1)―フェファー・サランシックの「資源依存モデル」」『神戸学院経済学論集』, Vol. 29, No. 3, 19-38 頁。
寺本義也［1988］「ネットワーク組織とパワー――イノベーションとパワー関係の変革」『組織科学』,

Vol. 21, No. 1, 2-14 頁。
寺本義也 = 秋澤光・他［2007］『営利と非営利のネットワークシップ』同友館。
電通総研［1996］『NPOとは何か──社会サービスの新しいあり方』日本経済新聞社。
十川廣國［2004］「戦略的提携と組織間学習──その試論的検討」『三田商学研究』（慶應義塾大学），第48巻，第1号，55-65頁。
十川廣國［2005］『CSRの本質──企業と市場社会』中央経済社。
東洋経済新報社編『CSR企業総覧2008』東洋経済新報社。
徳田昭雄［2000］『グローバル企業の戦略的提携』ミネルヴァ書房。
冨田健司［2007］「製薬企業における戦略的提携の効果的マネジメント」『医療と社会』，Vol. 17, No. 3, 285-314頁。
冨田健司［2009］「国際戦略的提携における信頼の構築」『日本経営学会第83回大会報告要旨集』，392-395頁。
富永健一［1997］「組織と市場の社会学理論」『UP』，第26巻，第11号，25-29頁。
長積仁［2008］「地域密着型スポーツ組織における組織間関係の様相──組織間関係の生成と発展のプロセスに焦点を当てて」『徳島大学総合科学部人間科学研究』，Vol. 16, 17-30頁。
西剛広［2005］「資源依存パースペクティブに依拠した取り締役会の役割」『商学経営論集』（明治大学），Vol. 23, 211-225頁。
西村友幸［2001］「組織間知識移転のガバナンス──能力・知識・パワー」『社会科学研究』（釧路公立大学紀要），Vol. 13, 97-115頁。
西村友幸［2008］「組織間関係形成の2つの視点──自律協働システムの概念を用いて」『社会科学研究』（釧路公立大学紀要），Vol. 20, 75-91頁。
西村友幸［2009］「垂直的組織間関係における調整の構造」『日本経営システム学会誌』，Vol. 26, No. 1, 17-26頁。
日本経営比較学会編［2006］『会社と社会──比較経営学のすすめ』文理閣。
日本電気株式会社CSR推進本部社会貢献室編［2011］『NECの社会貢献活動』。
日本電気株式会社編［2011］『CSRダイジェスト2011』。
沼上幹［1994］「個別事例研究の妥当性について」『ビジネス・レビュー』，Vol. 42, No. 3, 55-70頁。
沼上幹［1999］「経営学における意図せざる結果の探求」『経營學論集』（日本経営学会），Vol. 69, 173-178頁。
沼上幹［2000］『行為の経営学──経営学における意図せざる結果の探究』白桃書房。
野中郁次郎 = 加護野忠男 = 小松陽一 = 奥村昭雄 = 坂下昭宣［1978］『組織現象の理論と測定』千倉書房。
野中郁次郎［1990］『知識創造の経営』日本経済新聞社。
野中郁次郎［1991］「戦略提携序説──組織間知識創造と対話」『ビジネス・レビュー』，Vol. 38, No. 4, 1-13頁。
延岡健太郎 = 真鍋誠司［2000］「組織間学習における関係的信頼の役割：日本自動車産業の事例」『神戸大学経済経営研究』，第50号，125-144頁。
八都県市首脳会議環境問題対策委員会緑化政策専門部会編［2009］『企業と行政の連携による緑地保全・緑化推進のあり方に関する検討調査報告書』．(workingforsocialchange.info/about/publication/publication-002/，2010年11月20日アクセス)
馬頭忠治 = 藤原隆幸編著［2009］『NPOと社会的企業の経営学──新たな公共デザインと社会創造』ミネルヴァ書房。
林伸二［2000］『組織心理学』白桃書房。
林雄二郎 = 今田忠［1999］『フィランソロピーの思想──NPOとボランティア』日本経済評論社。

原田勝広 = 塚本一郎編著［2006］『ボーダレス化するCSR—企業とNPOの境界を超えて』同文舘出版．
馮晏［2007］「NPOと企業のパートナーシップ—大企業3社の事例を中心として」『現代経営研究』，第10号，79-102頁．
馮晏［2009］「日本におけるCSRの進化—自発性への転換」『現代経営研究』，第11号，57-78頁．
馮晏［2010］「ものづくり戦略（現実編）」，片岡信之 = 齊藤毅憲 = 佐々木恒男 = 高橋由明 = 渡辺峻編著『アドバンスド経営学—理論と現実』中央経済社，第6章，200-210頁．
馮晏［2011］「企業とNPOのパートナーシップの構築—分析フレームワークをめぐって」『横浜市立大学大学院院生論集』，第15号，16-32頁．
馮晏［2012］「企業とNPOの組織間信頼の深化過程—分析枠組と事例研究」『現代経営研究』，第12号，44-62頁．
馮晏［2013］「企業とNPOの協働事業におけるパフォーマンスのダイナミクス」『戦略研究』，第12号，123-138頁．
福岡県新社会推進部社会活動推進課編［2009］『NPOと企業の協働実態調査』．（www.pref.fukuoka.lg.jp/soshiki/detail.html?lif_id=47433，2010年11月20アクセス）
福原康司［2003］「組織間関係における信頼とパワーの連動過程—境界担当者の機能を中心に」『専修大学経営研究所報』，第150号，1-20頁．
藤井敦史［1999］「NPO概念の再検討—社会的使命を軸としたNPO把握」『組織科学』，Vol. 32, No. 4, 24-32頁．
藤井良広 = 原田勝広［2006］『CSR優良企業への挑戦』日本経済新聞社．
藤本隆宏 = 高橋伸夫 = 新宅純二郎 = 阿部誠 = 粕谷誠［2005］『経営学研究法』有斐閣アルマ．
ヘラー，D. A.［2007］「組織間学習におけるティーチングの効果—学ぶ側だけのものか？」，藤本隆宏編著『ものづくり経営学』光文社，第8章．
松野弘 = 堀越芳昭 = 合力知工編著［2006］『「企業の社会的責任論」の形成と展開』ミネルヴァ書房．
松本潔［2007］「企業の社会性概念に関する一考察—企業と非営利組織［NPO］との協働の方向性」『自由が丘産能短期大学紀要』，No. 40, 31-56頁．
松本渉［2006］「NPOの存在理由と組織化との関係」『日本経営学会誌』，第18号，56-68頁．
松本恒雄［2007］「"コンプライアンス"は何を示すか」『経済セミナー』，No. 627, 24-27頁．
松行彬子［2000］『国際戦略提携』中央経済社．
松行彬子［2002］「グループ経営における組織学習と組織間学習」『嘉悦大学研究論集』，Vol. 44, No. 2, 1-17頁．
松行彬子［2004］「日米企業のソフトウェア共同開発による知識コミュニティの形成とゆらぎを通した自己組織化プロセス」『嘉悦大学研究論集』，Vol. 47, No. 1, 1-15頁．
松行康夫 = 松行彬子［2002］『組織間学習論—知識創発のマネジメント』白桃書房．
松行康夫 = 松行彬子［2003］「新しい公共におけるNPOを中心としたパートナーシップの形成と社会起業家の創出」『経営論集』，第61号，61-78頁．
松行康夫 = 松行彬子［2004］『価値創造経営論—知識イノベーションと知識コミュニティ』税務経理協会．
馬奈木俊介［2007］「企業の立場から考えるCSR活動」『経済セミナー』，No. 627, 28-31頁．
真鍋誠司［1998］「自動車部品取引における信頼の担保メカニズ」『六甲台論集』，第45巻，第2号，135-154頁．
真鍋誠司［2000］「企業間関係における信頼概念の考察」『産開研論集』（大阪府立産業開発研究所），第12号，79-90頁．

真鍋誠司 [2002]「企業間における信頼とパワーの効果」『組織科学』, Vol. 36, No. 1, 80-94 頁。
真鍋誠司 = 延岡健太郎 [2002]「ネットワークの信頼の構築―トヨタ自動車の組織間学習システム」『一橋ビジネス・レビュー』, 第 50 巻, 3 号, 184-193 頁。
真鍋誠司 = 延岡健太郎 [2003]「信頼の源泉とその類型化」『国民経済雑誌』, 第 187 巻, 第 5 号, 53-65 頁。
水尾順一 = 田中宏司編著 [2004]『CSR マネジメント―ステークホルダーとの共生と企業の社会的責任』生産性出版。
三戸公 [1994]『随伴的結果―管理の革命』文眞堂。
南知恵子 [2004]「リレーションシップ・マーケティング―資源依存パースペクティブによるアプローチ」『国民経済雑誌』, 第 190 巻, 第 3 号。
森本三男 [1994]『企業社会責任の経営学的研究』白桃書房。
安田洋史 [2006]『競争環境における戦略的提携―その理論と実践』NTT 出版。
安田洋史 [2010]『アライアンス戦略論』NTT 出版。
山内直人 [1999]『NPO データブック』有斐閣。
山内直人 [2002]『NPO の時代』大阪大学出版社。
山岡義典 [2005]「民間非営利セクターの全体像をどうとらえるか？―その骨子を三層の組織類型で把握する試み」『大原社会問題研究所雑誌』, No. 555, 1-20 頁。
山岸俊男 [1998]『信頼の構造―こころと社会の進化ゲーム』東京大学出版会。
山倉健嗣 [1977]「組織間関係の分析枠組」『組織科学』, Vol. 11, No. 3, 62-73 頁。
山倉健嗣 [1981]「組織間関係論の生成と展開」『組織科学』, Vol. 15, No. 4, 24-34 頁。
山倉健嗣 [1986]「「組織の組織」論の構想」『横浜経営研究』, 第 7 巻, 第 2 号, 15-23 頁。
山倉健嗣 [1993]『組織間関係―企業間ネットワークの変革に向けて』有斐閣。
山倉健嗣 [1995]「組織間関係」, 赤岡功編『現代経営学を学ぶ人のために』世界思想社, 第 6 章。
山倉健嗣 [2001]「アライアンス論・アウトソーシング論の現在」『組織科学』, Vol. 31, No. 3, 61-73 頁。
山倉健嗣 [2007]『新しい戦略マネジメント―戦略・組織・組織間関係』同文舘出版。
山倉健嗣 [2009]「中小企業の成長の成長戦略と組織・組織間関係」『横浜国際社会科学研究』, Vol. 13, No. 6, 1-8 頁。
山本正編著 [2000]『企業と NPO のパートナーシップ』アルク。
横山恵子 [2001]「NPO の設立による企業間協働と企業社会貢献の新展開―ジオ・サーチ社を中心とした協働型パートナーシップ」『組織科学』, Vol. 34, No. 4, 67-84 頁。
横山恵子 [2002]「企業の社会性と NPO との関係構築―類型化による検討」『經營學論集』（日本経営学会）, Vol. 72, 242-243 頁。
横山恵子 [2003]『企業の社会戦略―社会価値創造にむけての協働型パートナーシップ』白桃書房。
横山恵子 [2008]「NPO, 政府, 企業間の戦略的協働に関する一考察―人道目的の地雷除去支援の会（JAHDS）」『東海大学政治経済学部紀要』, Vol. 40, 305-327 頁。
吉田猛（孟史）[1987]「組織と資源交換―焦点組織の行動と交換関係の形成」『経営論集』（朝日大学経営学部）, 第 2 巻, 第 2 号, 1-22 頁。
吉田猛（孟史）[1988]「資源交換関係における相互作用依存―その問題点と対処行動の一考察」『経営論集』（朝日大学経営学部）, 第 3 巻, 第 1 号, 23-40 頁。
吉田孟史 [1994]「組織間学習と実現技術」, 大石泰彦教授古稀記念論文集刊行会編『現代経済社会における諸問題（第 3 巻）』東洋経済新報社, 157-178 頁。
吉田孟史 [2004]『組織の変化と組織間関係―結びつきが組織を変える』白桃書房。
吉田民雄 = 横山恵子 = 杉山知子 [2006]『新しい公共空間のデザイン―NPO・企業・大学・地方

政府のパートナーシップの構築』東海大学出版会。
若林直樹［2001］「日本企業間のアウトソーシングにおいて組織間信頼の果たす役割」，平成11年度～12年度科学研究費補助金奨励研究［A］研究成果報告書，東北大学大学院経済学研究科。
若林直樹［2003］「社会ネットワークと組織間での信頼性―「埋め込み」アプローチによる経済社会学的考察」『社会学評論』，Vol. 54, No. 2, 159-174 頁。
若林直樹［2006］『日本企業のネットワークと信頼』有斐閣。
若林直樹＝山下勝＝山田仁一郎＝中本龍市＝中里裕美［2009］「日本映画の製作提携における凝集的な企業間ネットワークと興行業績―2000年代の製作委員会のネットワーク分析」京都大学大学院経済学研究科ワーキング・ペーパー，No. J-70, 1-25 頁。
若林正秋［2009］「行政と NPO の協働に関する一考察―先行研究の整理と論点の提示」『政策科学』，Vol. 17, No. 1, 139-149 頁。

参考ホームページ

NPO 法人 ETIC.（www.etic.or.jp/）
NPO 法人環境保全米ネットワーク（www.epfnetwork.org/okome/）
NPO 法人子育てアドバイザー（www.kosodate.gr.jp/）
NPO 法人ユニバーサルデザイン生活者ネットワーク（www.udc.ne.jp/）
アイクレオ株式会社（www.icreo.co.jp/）
一ノ蔵株式会社（www.ichinokura.co.jp/）
神奈川県ホームページ（www.pref.kanagawa.jp/）
神奈川新聞社ローカルニュース（news.kanaloco.jp/localnews/article/1003070029/）
千葉県ホームページ（www.pref.chiba.lg.jp/）
東北環境パートナーシップオフィス（epo-tohoku.blogspot.com/）
トステム株式会社（www.tostem.co.jp/）
内閣府 NPO ホームページ（www.npo-homepage.go.jp/data/pref.html）
日本電気株式会社（www.nec.co.jp/）
日本マイクロソフト株式会社（www.microsoft.com/japan/）
日本名門酒会ホームページ（www.meimonshu.jp/index.php）
農林水産省ホームページ（www.maff.go.jp/）
横浜市ホームページ（www.city.yokohama.jp/）

あ と が き

　本書は，平成24年3月に横浜市立大学から授与された博士学位論文をさらに吟味・整理したものである。ここでは，これまでの研究の経緯を振り返ってみたい。

　私はNPOで仕事をしてきたこともあって，日本のNPO経営や，企業との関係のあり方などに関心をもって研究に取り組んできた。そのなかで，とくに企業とNPOのパートナーシップについて関連する専門知識を学習し，研究集団・ISS研究会において政府や企業の情報を収集するなどして，予備調査をすすめてきた。その後，企業とNPOのパートナーシップをテーマにして，研究をスタートさせたのである。

　このような分野は，今後の企業や社会にとって重要な課題になると強く感じ，さらなる研究を行うべく，平成19年に横浜市立大学大学院国際総合科学研究科経営学専攻の修士課程へ進学した。

　修士課程では，経営戦略論や経営組織論のほか，CSRやNPO，組織間関係論を中心に，企業とNPOのパートナーシップについて研究を進めた。そして，「CSRの進化モデル」の観点で企業とNPOのパートナーシップを検討した成果を修士論文にまとめることができた。

　研究をさらに深めるため，平成21年に引き続き同大学院国際マネジメント研究科博士課程に進学した。企業とNPOのパートナーシップのダイナミクスに焦点をあて，一貫して上記の分野をテーマとして研究に取り組み，博士論文の完成に至っている。

　このような研究過程のなかで，多くの先生方のご指導をいただいた。まずは，博士後期課程の3年間では，指導教授の野々山隆幸先生（現在・横浜市立大学名誉教授，愛知産業大学経営学部長）に言葉で表せないほどのお世話になった。そして，修士課程2年では，澤田直宏先生（現在・青山学院大学

准教授）に，経営組織論や経営戦略論をはじめとする多くの理論を学習するよう勧めていただいただけでなく，ケースメソッドの重要性についても教えていただいた。また，稲垣京輔先生（現在・法政大学経営学部教授）からはネットワーク進化論などについて学ぶことができた。

つぎに，博士論文の作成にあたって，横浜市立大学国際マネジメント研究科の諸先生，とくに岸川善光先生，三浦敬先生，丸山宏先生，宮下清先生から多くの有益なコメントをいただいた。この場を借りて感謝の意を表したい。

また，修士課程1年の指導教授であり，現在でもご指導いただいている齊藤毅憲先生（現在・横浜市立大学名誉教授，関東学院大学教授）ご夫妻には，大変お世話になった。お二方のさまざまなサポートを受けていなかったら，本研究を成し遂げることはできなかったであろう。

私が所属した博士後期課程の野々山ゼミナールの研究テーマは，経営情報論であった。そのため，該当分野に関する知見を得るとともに，そこから多くの学問的な刺激をいただいた。さらに，ISS研究会のメンバーからは，貴重なアドバイスをいただいたうえに，日本語の手助けまでしてくださった。謝意を申し上げる次第である。

最後に，日々の研究生活が多忙で，休日もほとんど研究に費やしたため，家族に多くの我慢やさびしい思いをさせた。ここで娘の悠里にも感謝したい。また，私をいつも影で支えてくれた遠く祖国に暮らす両親にもこの本を捧げたい。

平成24（2012）年7月

馮　晏

事項索引

欧文

alliance 26
behavioral learning 76
cognitive learning 76
collaboration 24
collaborative learning 106
competitive learning 107
criticality of the resource 50
CRM 21, 27
CSR 1, 92, 93, 97
double-loop learning 67
economic performance 108
embedded knowledge 69
enacted power 96
Exchange Approach 47
explicit knowledge 70
financial performance 78
focal organization 49
Interorganizational Learning 46
Interorganizational Trust 46
IORs 45
knowledge link 71
migratory knowledge 69
nonfinancial performance 80
NPO 11, 12, 92, 93, 94
Organization Set Approach 46
potential power 96
products link 71
relative magnitude 50
Resource Dependence Theory 46
single-loop learning 67
social performance 109
strategic alliance 25
tacit knowledge 70
Transaction Cost Approach 46

ア行

相手を認知するための学習 103, 106, 115, 208, 232, 240
暗黙知 70
依存関係 48, 52, 54, 224, 225
一体感による信頼 59, 60, 64
移転による学習 104, 116, 209, 232, 234
移動型知識 69, 70, 104, 209, 233, 234, 241
意図的パフォーマンス 111, 112, 116, 118, 220, 235, 236, 243
イノベーション 238, 239, 243
イノベーション効果 238, 245, 255

カ行

外部組織 49
関係の信頼 58, 60
関係的パフォーマンス 81, 82
間接的な影響 81, 82
機会主義 35, 99, 229
企業集団 7
境界連結担当者 35, 64, 65
競争的な学習 107
競争的な関係 48
共創による学習 104, 116, 209, 234
共存的な関係 48
協働 24
協力的な学習 106, 107
国の文化 84, 85, 87
経済的パフォーマンス 81, 108, 109, 112
形式知 70
行為的依存 48, 50
交換アプローチ 47
交換の相対的な規模 50
行動的学習 76
合理的信頼 58
個人間信頼 56, 64, 65
コーズ・リレーテッド・マーケティング 21, 27

コントロールの回避戦略　54

サ行

財務的パフォーマンス　78, 79
資源依存の回避戦略　54
資源依存論　46, 47, 53, 221, 223
資源交換　47, 49, 93, 179, 221, 223, 252
資源コントロールの集中度　50, 51
資源の緊急性　50
資源の重要度　50
資源への自由裁量度　50, 51
持続的イノベーション　238
実行されるパワー　96
社会的協調　54, 55
社会的信頼　99, 101, 117, 198, 227, 240
社会的パートナーシップ　23
社会的パフォーマンス　109
社会的評判　42
受動的CSR　17
焦点組織　49, 52, 53
シングルループ学習　67
垂直型合併　55
垂直的提携関係　8
随伴的パフォーマンス　110, 111, 112, 114, 118, 219, 236, 237
水平型合併　55
水平的提携関係　8
ステークホルダー・パースペクティブ　37
成果的依存　48
製品の連鎖　71, 72
潜在的なパワー　96
専門職の文化　84, 86, 87
戦略的提携　8, 25, 75, 77
相乗効果　236, 238, 245, 255
組織化過程　30
組織学習　66, 67, 68
組織間学習　46, 66, 67, 68, 69, 72, 75, 77, 82, 86, 106, 115, 233, 240, 241, 242, 243, 254
組織間学習アプローチ　65
組織間学習のジレンマ　75, 113
組織間関係　7
組織間関係論　45
組織間信頼　46, 56, 65, 81, 82, 115, 117, 226, 228, 240, 241, 242, 243, 253

組織間信頼の源泉　99
組織間信頼の深化過程　100, 101
組織間信頼の非対称性　229, 230, 231, 253
組織慣性　72, 73, 210
組織間ネットワーク　46
組織セット　45
組織セット・アプローチ　46
組織的変革戦略　54
組織文化　84, 86, 87, 234, 240

タ行

ダイアド　45, 56
対抗行動　55, 56
ダブルループ学習　67
短期的パフォーマンス　80
知識の連鎖　71, 72
知識を獲得するための学習　103, 106, 107, 113, 116, 209, 232, 234, 240
長期的パフォーマンス　80
直接的な影響　81
提携　26
取引コスト・アプローチ　46

ナ行

認知的学習　76
能動的CSR　17
能力への信頼　99, 101, 117, 198, 228, 240

ハ行

破壊的イノベーション　238
パートナーシップ　23, 24, 25
パフォーマンス　77, 80, 81, 82, 84, 87, 108, 116, 235, 242, 243, 254
パワー　38, 51, 52, 55, 56, 95, 115, 223
パワーの行使　96, 97, 184, 185, 224, 226, 252
非財務的パフォーマンス　80
非対称的依存関係　52, 53
プロアクティブなパートナーシップ　34, 36
補完的交換　221, 252
本業関連型パートナーシップ　20, 225
本業無関連型パートナーシップ　19, 120

マ行

密着型知識　69, 70, 209, 233, 235, 241

ヤ行

誘発による学習　104, 116, 210, 234

ラ行

リアクティブなパートナーシップ　34, 36
理解による信頼　99, 101, 117, 198, 228, 229, 231, 240
連鎖効果　235, 245, 255

人名索引

Abzug, R.　37, 43
Argyris, C.　67
Austin, J. E.　26, 42
Badaracco, Jr., J. L.　25, 69, 72, 103, 104
Barney, J. B.　93
Child, J.　57, 59, 60, 62, 64, 100
Christensen, C. M.　238
Crane, A.　30
Das, T. K.　25, 26
Dill, W.　45
Donabedian, A.　77
Doz, Y. L.　26, 74, 75, 82, 106
Duysters, G.　81
Emerson, R. M.　52
Faulkner, D.　57, 59, 60, 62, 100
Garvin, D. A.　66
Gray, B.　109, 110, 112
Gulati, R.　25, 81, 106
Hamel, G.　26, 74, 82, 105, 210, 233
Harris, J.　81, 101
Haugland, S. A.　80
Heimeriks, K. H.　81
Huber, G. P.　67
Ingram, P.　66
Inkpen, A.　26, 102, 103
Khanna, T.　106, 107
Krishnan, R.　81
Lane, P. J.　84
Levine, S.　45, 47
London, T.　30, 33, 42, 43
Lunnan, R.　80
Martin, X.　81
McEvily, B.　64
Merton, R. K.　111
Muthusamy, S. K.　80
Nickerson, J. A.　81
Nohria, N.　106
O'Neill, H.　30, 33

Perrone, V.　64
Perry, J. L.　112
Pfeffer, J.　47, 48, 49, 50, 52, 54, 55, 226
Prahalad, C. K.　74
Provan, K. G.　77, 79, 96
Ramanujam, V.　78
Remenyi, D.　263
Rondinelli, D. A.　30, 33
Salancik, G. R.　47, 49, 50, 52, 54, 226
Salmon, L. M.　11
Schrage, M.　24
Seitanidi, M. M.　30, 42, 43
Senge, P. M.　66, 67
Sirmon, D. G.　84
Snyder, W. M.　66
Sydow, J.　77, 79
Tallman, S. B.　57, 59, 60, 62, 100
Teng, B.　25, 26
Thompson, J. D.　47
Thomson, A. M.　112
Venkatraman, N.　78
Webb, N. J.　37
Wenger, E. C.　66, 67
White, M. A.　80
White, P. E.　45, 47
Wiersema, M.　98
Wood, D. J.　109, 110, 112
Young-Ybarra, C.　98
Zaheer, A.　64, 81, 101
石井真一　26
岩田若子　28, 42
今野喜文　68
坂下昭宣　263
櫻井通晴　112
酒向真理　57, 60, 61, 64, 99, 101
佐々木利廣　14
島田恒　11, 12, 14
下村博史　23

田尾雅夫　11
谷口勇仁　41, 109
谷本寛治　3, 13, 14, 28, 42
張淑梅　23, 74, 75, 105
長積仁　24
沼上幹　262, 263
野中郁次郎　25
延岡健太郎　57, 58, 60

藤井敦史　11
松行彬子　68
松行康夫　68
真鍋誠司　57, 58, 60
三戸公　111
山倉健嗣　52, 53, 260
横山恵子　39, 41, 42, 43, 109, 110
吉田猛（吉田孟史）　55, 67, 68

著者略歴

馮　晏（ヒョウ　イエン）

2009年　横浜市立大学大学院国際総合科学研究科博士前期課程修了
2012年　横浜市立大学大学院国際マネジメント研究科博士後期課程修了
　　　　（博士（経営学）学位授与）
同年　　横浜市立大学共同研究員，横浜市立大学CSRセンターLLP特別研究員
主要著作　「企業とNPOの組織間信頼の深化過程―分析枠組と事例研究」
　　　　（『現代経営研究』，第12号，2012年）
　　　　「企業とNPOの協働事業におけるパフォーマンスのダイナミクス」（『戦略研究』，第12号，2013年）
　　　　『アドバンスト経営学―理論と現実』（共著，中央経済社，2010年）など

企業とNPOのパートナーシップ・ダイナミクス

2013年3月30日　第1版第1刷発行　　　　検印省略

著　者　　馮　　　晏

発行者　　前　野　　弘

発行所　　株式会社　文　眞　堂
　　　　　東京都新宿区早稲田鶴巻町533
　　　　　電話　03(3202)8480
　　　　　FAX　03(3203)2638
　　　　　http://www.bunshin-do.co.jp/
　　　　　〒162-0041　振替00120-2-96437

印刷・真興社　製本・イマヰ製本所
© 2013
定価はカバー裏に表示してあります
ISBN978-4-8309-4773-5 C3034

研究集団・ISS 研究会

ISS 研究会代表
関東学院大学教授
横浜市立大学名誉教授 　齊藤　毅憲

　ISS 研究会（Japan Society for the Study of Information, System and Strategy）は，情報（I），システム（S），戦略（S）という現代経営（学）のキー・コンセプトを中心とする研究グループであり，「新しい経営学の創造」を目ざして，平成 4（1992）年 7 月に設立した。

　これまでの主たる研究成果としては，『経営学ゼミナール』（日本実業出版社，平成 5 年），『新次元の経営学』（文眞堂，平成 6 年）などの著書がある。

　また，『外国人雇用に関する実態調査』（報告書，平成 5 年），「日本企業における外国人雇用に関する実態調査」（『経営行動』第 10 巻 2 号，平成 7 年），「高齢者雇用共同事業所のモデル研究開発」（報告書，平成 5 年），「横浜市におけるコンベンション機能を生かした都市部活性化方策検討調査」（報告書，平成 10 年），「ビジネス系短期大学の戦略論調査」（平成 6 ～ 8 年）や「大学における国際経営教育調査」（平成 9 年），「スモール・ビジネスの経営戦略論研究」（平成 10 ～ 11 年）などにあたっている。

　さらに，平成 8 年からは若い人びとの研究発表の場として査読つきの研究雑誌『現代経営研究』（Contemporary Management Studies，平成 24 年までに 12 号）を公刊してきた。

平成 25（2013）年 3 月

ISS 研究会叢書

第1巻　合谷美江著『女性のキャリア開発とメンタリング』
　　　　平成11年，176頁，本体2500円＋消費税

第2巻　飯嶋好彦著『サービス・マネジメント研究―わが国のホテル業をめぐって―』
　　　　平成13年，394頁，本体3200円＋消費税

第3巻　阿部　香著『英知結集のマネジメント―経営学における認知科学的アプローチ―』
　　　　平成13年，258頁，本体2800円＋消費税

第4巻　裴　俊淵著『現代企業における生産と流通―「拡張した延期・投機論」の構築をめざして―』
　　　　平成17年，156頁，本体2500円＋消費税

第5巻　馮　晏著『企業とNPOのパートナーシップ・ダイナミクス』
　　　　平成25年，302頁，本体3200円＋消費税